心理学超全史 上

～年代でたどる心理学のすべて～

ウェイド・E・ピックレン＝著
川口 潤＝監訳 大森佳子・久米佑天＝訳

NEWTON PRESS

Books by Wade E. Pickren

A History of Modern Psychology in Context, with Alexandra Rutherford
Portraits of Pioneers in Developmental Psychology, edited
with D. A. Dewsbury and Michael Wertheimer
Internationalizing the Psychology Curriculum in the United States, edited
with F. T. L. Leong, A. J. Marsella, and M. M. Leach
Psychology and the Department of Veterans Affairs, with Rodney Baker
Psychology and the National Institute of Mental Health, edited with S. F. Schneider
Evolving Perspectives on the History of Psychology, edited with D. A. Dewsbury

Originally published in 2014 in the United States by Sterling Publishing Co., Inc.
under the title The Psychology Book: From Shamanism to Cutting-Edge Neuroscience,
250 Milestones in the History of Psychology.
This edition has been published by arrangement with Sterling Publishing Co., Inc.
122 Fifth Avenue, New York, NY 10011 through Tuttle-Mori Agency, Inc., Tokyo.

「我らは所詮《しょせん》，夢の産物。たわいのない一生は眠りでしめくくられる」

——シェイクスピア『テンペスト』（1611年頃）より

心理学超全史 上

～年代でたどる心理学のすべて～

序文

「心は場所や時には左右されぬ。心には己の場所がある。
そして心は自らのうちに地獄から天国をつくり，また天国から地獄をつくり出す」
——ジョン・ミルトン『失楽園』より

40年以上前，私は今もなお脳裏から離れない，ある実験を行いました。「邪悪な心はどのような状況下で芽生えるか？」という問いへの答えを模索するなか，スタンフォード大学の地下で行った模擬監獄での単純なロールプレイで，ボランティアで参加した学生が躊躇なく冷酷な行為に走るのを目にしたのです。事実，無作為に「囚人」役と「看守」役に振り分けられた主に中流家庭出身の若い白人男性で構成されるグループが，行動と心理状態を劇的に変化させていく様子を観察していくうちに，私は当初2週間の予定だった実験をわずか六日間で中断せざるを得なくなりました。この実験は，周囲の状況による強制力が個人の性向に勝ってしまうことを衝撃的な形で示しました。それ以前にスタンレー・ミルグラムがすでに実証したとおり，ほとんどの普通の成人市民は理不尽な権威に盲目的に従ってしまうおそれがあるのです。

それから数十年後（2004年），イラクのアブグレイブ刑務所で起こった捕虜虐待は，スタンフォード大学での監獄実験の結果をさらに裏づけるものとなりました。2007年の私の著書『ルシファー・エフェクト　ふつうの人が悪魔に変わるとき』では双方の状況を比較し，このようなあからさまな権力の不均衡が生じた際の精神力動を明らかにしました。同著では，脱個人化，権威への服従，自己弁護，合理化，非人間化などの精神力動を論じています。特にアブグレイブ刑務所は，普通の人間を無関心，あるいは理不尽でさえあり，邪悪な振る舞いをする偏見に満ちた人間に変えてしまう拠点となっていました。私は邪悪な言動を引き起こす力学の研究に加え，緊急時またはいじめの現場における人々の間で働く力と，見て見ぬふりをする悪，一般社会の無関心，他者の苦しみへの無関心を引き起こしてしまう状況を理解しようと努めてきました。

私はキャリアの大半を邪悪の心理学を研究することに費やしました。その理由は，権威がさまざまな状況下で，邪悪な心を生み出す体制的な圧力を生じさせるためです。大恐慌の時代にニューヨーク州サウスブロンクスのゲットー（貧民街）で育ったことは，私の人生観と優先順位づけに大きな影響を与えました。都市部のゲットーでの暮らしは，「都会で生き抜くための術」をいかに身につけていくかにかかっています。利用できる，あるいは自分の助けになる力をもっているのは誰かを知り，誰を避け，誰に取り入るべきかを知ることでもあります。状況からかすかなサインを読み取り，いつ勝負に出て，いつ引くべきかを判断し，もちつもたれつの関係を築くのです。そして私にとって最も重要だったのは，やせっぽちで病弱な自分のような子どもが，どうすれば受け身の追従者から大胆なリーダーへと変貌を遂げられるかを知ることでした。そのために，さまざまな状況で追従者とリーダーの両方を観察しました。いったん鍵となる行動と態度の違いがわかると，常にリーダー，キャプテンの座に就き，選挙で選ばれて代表者になるのは簡単でした（アメリカ心理学会［APA:American Psychological Association］の会長になるのでさえ）。

あの時代にゲットーで暮らすことは，もたざる者として生きるということでした。暴力の犠牲となった子どももいれば，根はいい子だったのに年上の人間にそそのかされ，ひどい悪事に手を染めるようになった子どももいました。いくばくかの金を得るために，子どもたちを使って違法薬物の販売や盗みなどの悪事を働く者がおり，そのような子どもたちの臓器を売る者さえいました。私の目から見て，そのような悪事に手を染めた子どもたちと，よいことと悪いことの境界線上に踏みとどまり，善悪の判断を見誤らなかった自分やその他の友達との違いは明らかでした。それは少なくとも父親が長い時間家庭にいる，両親の揃った家族があったからです。

しかし，たいていの場合はいい子だったとしても，東151番街の大人への通過儀式が待っています。仲間入りを認めてもらうには，皆，食料雑貨店から何かをくすね，新入り同士で喧嘩《けんか》をし，度胸のあるところを見せ，人を脅しつけなくてはなりません。当時の私たちにとって，それらはいずれも邪悪なことではなく，悪いことでさえありませんでした。ただグループのリーダーに従い，仲間内のルールに従っただけだったのです。そのような環境で育ったわけですから，腐敗した権威に対する私の好奇心がどこから生じ，アメリカをベトナムやイラクでの不必要かつ不道徳な戦争に駆り立てた政権への挑戦も含め，生涯をかけた自分の使命として，そのような権威に公然と立ち向かうようになった理由は明確です。

かつてのアメリカ心理学会の仲間で歴史家でもあるウェイド・ピックレンは，精神と行動の研究における驚くべき歴史的マイルストーンを編纂《へんさん》し，40年以上前に行われたスタンフォード監獄実験で起こった出来事について，読者により広範かつ有益な背景知識を提供しています。むろん，このユニークな読み物にはそれ以上の意味があります。歴史的な背景知識を躍動感ある表現で伝え，人間を人間たらしめる条件に賛辞を送っているのです。先史から人類はお互いを，そして自らをより深く理解しようと模索してきました。人の残虐性の原因については，悪霊の憑依からユーモアの欠如，反社会性パーソナリティに至るまで，多岐にわたって説明されています。20世紀には，攻撃的な衝動は性心理コンプレックスや脳の偏桃体のニューロンの過度な活動に由来するものだと考えられていました。たしかに，生物学的，心理的，環境的要因が複雑に相互作用した末に暴力が生じますが，大規模な調査によると，たいていの場合は私たちの想像以上に，その場の「状況」から生じる圧力が行動に大きな影響を及ぼすといわれます。

スタンフォード監獄実験で導き出された重要な結論の一つは，状況の変化をもたらす者による，広く浸透している半面とらえどころのない権威は，個人の抵抗しようとする意思を圧倒するということです。そして，状況を左右するほど強力な圧力をもたらす複雑な仕組みが存在します。しかし，ほとんどの心理学者は，状況を決定づけ，それに合法的または非合法的な実体を与える，法的または政治的，経済的，宗教的，歴史的，文化的構造に内在する組織的な権威が本当はどこに起因するものなのかを深く探ろうとしませんでした。しかし邪悪について完全に理解するには，「腐ったりんご」のみに注目するのではなく，「腐っていないりんご」がたまに入れられることのある「りんごを腐らせる樽」の性質を暴き，ひいては「りんごを腐らせる樽をつくっている者」が誰なのかを突き止める必要があることを，私たちは自覚しなければなりません。そのため私は，人間の行動力学を余すことなく評価するには，人の権限，状況による権威，組織の権威の範囲と限界を認識する必要があると論じてきました。

心理学のすばらしい点は，人間の心を徹底して調べ上げた結果として，個人と社会全体の生活の質が向上するという究極のゴールが待っていることです。このためには，さまざまな精神障害と異常の根底にある生物学的メカニズムを理解することが不可欠であるのはいうまでもありません。この100年あまりで脳についてかなり多くのことがわかってきましたが，近年の推定では大脳皮質と小脳には1000億ものニューロンがあるとされ，脳はこの世で最も複雑かつ理解が難しいものだといわれています。オバマ元大統領が立ち上げたBRAINイニシアチブは，脳のニューロンのさまざまな活動と心理状態，そしてそれらがもたらす行動との関連性に光明を投じることになるでしょう。しかし今後も，この驚異的な器官のすべてを解き明かすことはできないかもしれません。

たしかに，神経科学は脳の働きについて重要で詳細な情報をもたらしていますが，近視眼的な学問は木を見て森を見ずという過ちの原因となり，脳科学が人生や人としての経験について与えてくれる知見には限界があります。かたや，社会心理学はより広い視点に立って，文化的枠組みのなかで個人間の相互作用を俯瞰《ふかん》的に観察します。個人または集団の好ましくない行動を変える，または回避するには，特定の状況下で各個人がどのような強み，美徳，弱みを示すのかを理解する必要があります。それから，特定の行動が起こる背景，環境において作用する状況の圧力を一通り，より詳しく認識しなければなりません。そのような圧力には，部外者から見てわかりにくい文化的規範も含まれます。それを是正，または回避する方策を学ぶことは，好ましくない個人の反応を減らすという面では，好ましくない状況にすでに陥った人々に対して是正措置を講じるよりもはるかに効果が高いといえます。

社会的問題に対するほとんどの是正プログラムは，教育，プロパガンダ，治療，懲罰，拷問，投獄，追放により，個人を更生させることだけに的を絞っています。しかし，そのようなやり方は現在の事象のみに注目し，未来に目を向けていないため，状況や体制，個人の反応スタイルがそれぞれ異なることが問題の元凶となっている場合，望ましい効果をめったに得られません。その代わりに，標準的な医学的モデルとして公衆衛生のアプローチを採用して一般大衆の予防を促進することこそ，個人の病を治癒し，悪い行いを正していくことにつながると信じています。ただし，常に謎のベールに包まれている真の権威に敏感になり，そのルールと規制すべてをよく理解しなければ，行動が変わったとしても一過性のものにすぎず，状況の変化も単に錯覚に終わるでしょう。

最後に，私が考える今日の最新の心理学のすばらしい点は，新たな広い見識に深みが加わったことです。一部の心理学者はそのようななか，心と脳，文化と世代を超えた個人，集団，社会の行動の秘密を解き明かす，新たな手法と手順を開発しつつあります。

スタンフォード大学
心理学名誉教授
フィリップ・ジンバルドー

はじめに

心理学は長い歴史をもちますが，今のような研究が始まったのはごく最近です。そのことを示す際に，記憶を研究した著名な科学者ヘルマン・エビングハウス（1850～1909）の名がよく引き合いに出されます。人類はたしかに，きわめて長い間にわたり，現在私たちが心理学と呼んでいるような発想と実践について，たくさん考察してきました。この150年間，これらの発想の科学的研究を進めようとする努力が行われています。科学と同様，現代の心理学には職業としての側面もあり，人々の生活を向上させ，現代社会の需要に対応する一助となり得る多くの手法が考案されてきました。このような二面性により，心理学は現代人の生活のあらゆる側面に応用できる，含意に富んだ実り多い学問となることができました。

心理学の範囲

子どもの発育，意思決定，仕事，睡眠，老い，健康をはじめ，日常生活にすばらしい利点をもたらす有用な心理学研究テーマは多数あります。ジークムント・フロイトのエネルギー論からノーベル賞受賞者ハーバート・サイモンのコンピューター・モデルに至るまで，心理学者は心の働きに関するさまざまな理論を打ち立ててきました。心理的な問題を抱える人々を助けることを目的とした治療も，心理学者にとって重要な仕事の一つとなっています。

近代心理学とその手法はヨーロッパと北米で急速に発達しましたが，双方のルーツは有史時代を通じて見いだすことができます。本書を読めば明らかになりますが，さまざまな時代，場所において，思慮深い人々が人間とは何かを理解することに貢献してきました。何千年にもわたり，心理的な原理は宗教，哲学，医療，その他の思想体系と緊密に関連づけられてきました。そのなかには，占星術や天文学も含まれます。すべての文明で，人間の精神，心，行動についての著書を残し，心の不調について理解しようと努めた人々が存在します。自分自身と他者を理解する方法として，手相学，人相学，骨相学のような形で，教育を受ける機会がなく，文字さえ書けない人々の間にも，思考と身体を関連づけて考える手法が浸透していました。

この『心理学超全史』は，何世紀にもわたる心理学的な発想と，その発想を陰ながら支えてきた人々について述べた本です。人間と動物の心理学は，世界の偉大な思想家を魅了してきました。私たちは，そうした思想家たちが心理学についてどのように述べ，書いてきたかを探っていきます。たとえば，アメリカの哲学者で心理学者でもあるウィリアム・ジェームズは，次のような友人への手紙を書いています「心理学とは，いまいましい学問だ。知りたいと思うことのすべてが，完全にそれ以外の学問に起因している」。ジェームズは，この分野において最も偉大な著書の一つとされる『心理学原理』を20年もの歳月を費やして書き上げたのちに，苛立ち紛れにこのように記したのです。しかし，ジェームズが心理学を否定していなかったことは明白です。事実，1910年にこの世を去るまで，心理学界に多大な貢献を続けました。したがって，このコメントは心理学の複雑さを反映したものと解釈できるでしょう。一体，人間の思考と行動のような多岐にわたるものを，どのように理解すればいいのでしょうか。

たしかに心理学は，あらゆる科学的および専門的分野のなかで最も複雑です。一見すると，単なる常識問題のように思えたり，直観的にわかる真実，庶民の知恵のような形で表れます。しかしよく見てみると，表面上は常識と思えるようなことが，実際には知識，微妙な意味合い，機知に富んだ科学なのです。認知心理学の分野を例にとってみましょう。1970年代，イスラエル出身の心理学者ダニエル・カーネマンとエイモス・トベルスキーは，人に理性的でなく自分の利益にもならないような判断をするよう仕向けるものは何かと思案していました。彼らは，人は先行きが不透明な状況で判断しなくてはならないとき，たとえば，飛行機の墜落や自動車事故で今後も多数の人が死ぬと思うかといった質問をされると，答えを導き出す際に，心理的近道（これはヒューリスティックとも呼ばれます）に頼ることを発見しました。心理的近道は，すぐに思いついた例を述べる利用可能性ヒューリスティック，または例が思いつかない場合には代表的なものから推定する代表性ヒューリスティックに基づいています。カーネマンとトベルスキーは，人は意思決定をする際に常に理性的とは限らない，いや，むしろたいていの場合は理性的ではないということを証明しました。まったく異なる証拠に基づいているものの，それよりほぼ1世紀前に，人間は理性ある生き物ではないとフロイトも論じています。『心理学超全史』を読み進めるうちに，理性と感情，そしてそこから生じる重大な結果について，たくさんの疑問に行き当たることになるでしょう。

個人の生き残りだけでなく，生物種としての人類の生き残りのために重要な，数多くの行動についてはどうでしょうか。ご存じかもしれませんが，フロイトは人間の性行動について広範な著作を残しています。彼は，人生における基本的な動機は性的なものであり，快楽と社会規範の間で生じる緊張をどのように解決するかによって，人生の早い時期に人格が形成されると述べました。フロイト以前，そしてそれ以降も，人生における性生活の位置づけや，大多数の人間が感じる強い性衝動をどう理解すべきかについて，人々は理論を展開してきました。ある社会では，セクシャリティは祝福すべきものであり，オープンにされている一方で，それについて話すこと自体がタブー化している社会もあります。最近，男女の性的魅力の典型的パターンは古代の進化過程に基づいているという理論を，ある進化心理学者が発表しました。ほかの分野の心理学者は，性的魅力とは社会によって構築されるものであり，魅力的に映るものは生活環境によって決まると論じています。

現代社会で最も頻繁に耳にする疑問は，人格に関するものです。私はどのような人間でしょうか。恋愛，仕事，その他の人生の局面で成功するため，どうすれば自分という人間をいっそう理解できるでしょうか。人類は何千年にもわたり，このような疑問やその他の人格に関する疑問の答えを探し求めてきました。古代メソポタミアとエジプト，中世のイスラム国家では，自らと他者を理解する手段として十二宮が考案されました。手相占いと数霊術も，古代では人の行動を理解，予測，制御する手段として用いられました。事実，身体的な特徴は，たいていの場合において自分自身を理解する手がかりとされてきました。人相学では，顔の形から人格を理解することを追求し，骨相学は頭蓋の形と突出部分をもとに人格や能力を説明しました。似たような身体的特徴に基づく理論は現代でも根強く残っており，尊敬を集めている発達心理学者のジェローム・カガンやネイサン・フォックスも，恥ずかしがり屋の子どもとそうでない子どもには典型的な身体的相違があると主張しています。心理学者は20世紀に入ると，調査やアンケートへの回答に基づいた別のアプローチをとるようになりました。これにより，回答者の統計的データを集計することができ，人格に関する理論において，明らかにもっと科学的なアプローチをとれるようになりました。しかし，ジークムント・フロイトやカール・ユングのより古い理論も，世界中の何百万人もの人々をいまだに魅了しています。『心理学超全史』では，人格についての画期的な理論についても探求していきます。

この後に続くページで解説する人類の多岐にわたる豊富な経験は，知的な興奮と刺激に満ちています。さまざまな心理学の分野における重大な発見と理論が言及されています。心理学の科学は地球上のほぼすべての生命とつながりがあるため，そのすべてを網羅することは難しいですが，本書を通じて，興味深い，重要な，そしてときにはユーモラスなマイルストーンを目にすることになるでしょう。愛情から性，友情，憎悪まで，人間関係についての人々の考えすべてがこの本に詰まっています。また，ゆりかごから墓場までの人の発育を理解するのに大いに貢献した発見と理論についても述べています。私たち皆にとって，仕事も重要なことです。心理学者はその理解にも多大な貢献をしてきました。人格と心の健康，病にはつながりがあることが多く，この分野においても心理学が果たした重要な役割に気づくことでしょう。ここ20年ほどで幸福は研究の対象となり，特にポジティブ心理学が台頭していますが，この最近のトピックがどのように過去の発想とつながっているかがわかります。心理学は脳科学も網羅しています。19世紀半ばから脳がいかにして行動を決定づけるか，逆に経験によって脳がどのように変わっていくかについての理解が，科学者たちの間でかなり進みました。脳科学者が用いた発明と技術は，記憶の形成のような基本的な心理学的プロセスや，向精神剤がどのように作用して気分の落ち込みや不安を和らげるかといったことを説明してくれます。つまり，心理学というテーマは膨大なもので，多角的な側面と重大なマイルストーンから成っているのです。

年代について

『心理学超全史』では，それぞれのトピックが年代順にまとめられています。人類の歴史における早い時期の発見については，日付は定かではありませんが，たいていの場合は理論が提唱された日，本の刊行日，また，ある出来事が起こった日といった具合に，具体的に日付を示すことができます。日付自体が議論の対象となる内容については，一般的に認められるようになった日付や時期を採用しました。

謝辞

本書の執筆に当たり，洞察に満ちた仕事をしてきた大勢の学者に感謝します。科学，医学，職業，技術の分野の歴史学者の研究のおかげで，心理学の歴史に関する私の考えをまとめることができました。国際行動社会科学史学会（The International Society for the History of Behavioral and Social Sciences）および人文科学史フォーラム（Forum for History of Human Science），心理学史学会（Society for the History of Psychology）の栄誉ある会員の皆様は，思想と実践の数多くの支流を解き明かすという，必要な作業を行い，その流れを現代心理学という主流へとつなげました。アレクサンドラ・ラザフォードの支援と洞察により，この本は完成に至りました。彼女の貢献に特に感謝します。

シャーマニズム

アンリ・エランベルジェ（1905～1993），スディール・カカル（1938～）

イスラエルの洞窟内の墓穴から70以上もの亀の甲羅とともに，1万2000年前の高貴な女性の遺体が発掘されました。このことから，シャーマニズムが少なくとも紀元前1万年から実践されていたことがうかがえます。近代史では一般的に，未発達または原始的な社会におけるこのような「医療行為」は軽視されてきました。しかし，精神医学歴史学者のアンリ・エランベルジェと，インド人の精神分析学者であり歴史家でもあるスディール・カカルは，シャーマニズムがいかに精神的，肉体的な癒しと苦痛の緩和を人々とその集落にもたらしたかを指摘しました。

人類初の心理療法であるシャーマンによる施術は，集落の世界観に根差していたために人々に受け入れられました。未発達な社会では，病気になった人の魂は身体から抜け，おそらくは盗まれたのだとみなされます。シャーマンの仕事はその魂を見つけ，もとの身体に戻すことです。理解しやすいように二つの例を次に挙げます。まずシベリアでは，シャーマンは精霊の地へと旅して魂を見つけてくるといわれます。精霊と交渉し，贈り物を捧げ，ときには魂を取り戻すために戦うことさえあります。そして，それをもとの持ち主の身体に返すのです。次にラテンアメリカでは，ススト（スペイン語で「突然の恐怖」の意）に苦しむ人は，恐れまたは邪悪な呪文をかけられた末に魂を失ったとみなされます。クランデロ（土着の男性祈祷師）は公衆の前で癒しの儀式を執り行い，夜の間に患者の衣服に付着した花や種子を特別に調合します。そしてその調合物で地面に線を描き，魂が持ち主のもとへ帰る道を見つけられるようにします。

シャーマンの施術と現代の心理療法の共通点は，患者が失ったものを取り戻すという点です。現代においてこの状態は，社会生活から離脱する，または正気を失うことを意味し，その失われたものを取り戻す方法を見つけることが，治療者の仕事になります。

参照：ユング心理学（1913年），精神分析（1899年），文化依存症候群（1904年），無意識の発見（1970年）

癒しの儀式を執り行うシャーマン。オーストラリアにて（2012年）。

紀元前6500年

穿頭術《せんとう》

少なくとも新石器時代から人類が穿頭術，つまり人の頭蓋に穴を開ける手術を行っていた証拠があります。古代人がこの外科手術を行っていた証拠が初めて発見されたのは1860年代，ペルーで発掘された頭蓋からでした。しかし当時のヨーロッパ人は，先住民にそのような手術を施す能力があったかどうか，懐疑的でした。その後の20年間でさらに多数の証拠が発見され，古代世界でこの手術が広く普及していたことがわかりました。事実，フランス北部で紀元前6500年の埋葬地から発掘された120個の先史時代の頭蓋のうち，40個に穿頭術による穴が開いていました。しかし，なぜ当時穿頭術が行われていたか，その理由は定かではありません。

古代ギリシアの医学書には，頭部のけがを治療する方法として穿頭術の記述があったと報告されています。そしてローマ帝国時代までには，2世紀のローマの内科医で外科医，そして哲学者でもあったガレノスが，穿頭術は脳への圧迫を緩和したり，けがによる骨の破片を取り除く際の標準的な治療法であることを記しています。ペルーで穿頭術を施された頭蓋が発見されて以来，中南米の至るところで同じような頭蓋が発見されるようになりました。

初期近代のヨーロッパでも，穿頭術は頭部の外傷を治療するための一般的な外科処置だったことが，豊富な資料から明らかになっています。この施術は長年にわたり実施され，19世紀に入ると，より洗練された器具が使用されるようになりました。この時代の穿頭術は，家庭で行われるのが一般的でした。現在でも同じ処置が穿頭術としてではなく，頭蓋内の出血を治療する手段に形を変えて行われています。

先史時代になぜ穿頭術が行われていたか，その明確な理由を知る術はありませんが，かつての研究報告から得られた証拠をよく調べてみると，何らかの精神病を治癒するためだった可能性があります。12世紀に，うつや躁病の治療法として推奨されていたという記録もあります。

心の病を治療するために外科的介入が有効かもしれないという考えは，近世の精神疾患患者の治療にはつきものの瀉血《しゃけつ》や瀉下《しゃか》の治療から想起されたものでした。またそれは，20世紀に重篤な精神疾患の治療法として用いられたロボトミー手術を連想させるものでもあります。

参照：精神外科（1935年）

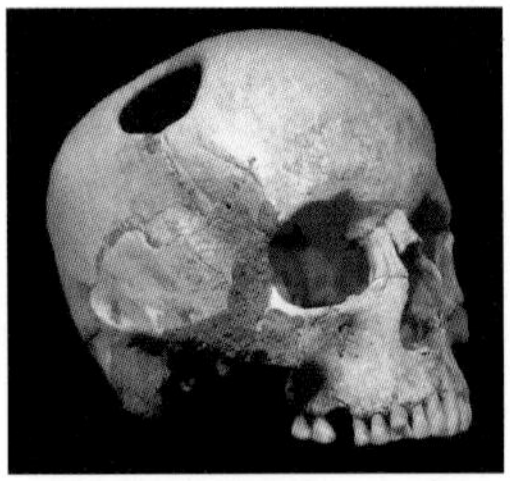

左：穿頭術後も生き延びた少女の頭蓋（紀元前3500年）
右：オランダの画家ヒエロニムス・ボスが『狂気の石の抽出』，またの名を『愚か者の治療』として知られる絵画を描いた1494年当時も，穿頭術はよく知られていました。

紀元前5000年

手相占い

その始まりがいつだったのかは定かではありませんが，人類は己と他者を知る手段として身体的特徴を「解読」しようと試みてきました。その長い歴史のなかで，手相占いは最も古い実践例といえるでしょう。一人ひとりの人間は精神界，宇宙，自らが属するコミュニティから成る生命の輪の一部にすぎないという，人生についてより全体論的な見方がされていた時代に，手相占いは信じられるようになりました。この世界観に従えば，各人の体が生命の輪とつながる印をもつという考えは納得のいくものでした。推論では，インドや中国が手相占いの起源とされていることがよくありますが，その起源はわかっていません。しかし，歴史的証拠から古代ギリシアとインドで実践されていたことはわかっています。手相占いが有史時代以前に始まったことは，まず間違いないでしょう。ある意味，手相学では手をその持ち主全体を象徴するものとみなし，手の特徴は個人の魂，心，身体の状態を反映していると考えます。そのような視点で手相を見れば，性格や生まれもった運命さえ知ることができるのです。より高度なレベルでは，手は小宇宙とみなすことができ，森羅万象の精神的および物理的な側面，そしてそのなかにおける人類の役割とつながっています。ほくろ，線，しわ，色といった手の物理的な特徴は，惑星，星々，数字と関連づけられます。それぞれの特徴に意味があり，左右の手で解釈や診断は異なります。

手相の重要性にとどまらず，手は記憶を操る心理的ツールとなっていました。手のそれぞれの部位に独自の記憶を助ける機能があり，特定のタイプの記憶を呼び覚まします。典型的な見方として，ある部位に対して特定の記憶を割り当て，関連づけるようになっていました。

歴史において手相占いが重要な点は，人々に世界と，その世界における自分の位置づけを理解する機会を与えたことです。手相とその解釈は精神世界への入口であり，人の内なる性質を示すものでもありました。厳密にいうと心理学の範疇に入らないものの，個人間の違いについて論じた心理学の先駆けといえます。

参照：人相学（1775年），アメリカにおける骨相学の普及（1832年），体型と気質の類型（1925年）

フランスの画家シャルル＝アンドレ・ヴァン・ローが描いた『占い師』（18世紀）

紀元前700年

心理占星術

クラウディオス・プトレマイオス（紀元前168〜90），
カール・グスタフ・ユング（1875〜1961）

人間の行動は宇宙の影響を受けているという考え方は古代からあり，少なくとも紀元前3000年にさかのぼることができます。この時代に石の円筒に刻まれた絵文字は，星の位置を通じて神々の営みを示したものだといわれています。何世紀もの歳月を経て，宇宙が人々の運命に影響を与えるという説が広まり，多くの場合，特定の形而上学的，宗教的，哲学的体系と結びつけられました。そのような多様な体系は，人間に関する諸事について言及，説明し，その行方さえ占うものであり，中世にはその対象は個人へと向けられました。

紀元前７世紀のバビロニアでは，この体系は，十二宮から成る星座の間を１年かけてめぐる太陽の動きを模した星座表へと発展しました。一例として，プトレマイオス朝時代のエジプトで建設されたハトホル神殿から，紀元前１世紀につくられたとされるデンデラの黄道帯が発見されています。バビロニアの占星術は，エジプト人，ギリシア人，ローマ人，インド人によって採用され，形を変えていきました。星座表のなかで出来事や運命に影響を与えるとされていた星や惑星の象徴として，十二宮が動物で表され，そのときに上昇しているシンボルが優勢であるとされました。占星術は，何千年にもわたり，天気，政治，錬金術，医学と関わりのある技術的科学とみなされてきたのです。大いなる天界が，ちっぽけな個人と結びつけられました。「上なるものは下なるものと等しい」ということわざは，この発想に由来します。この世界観は，地上は天界に支配され，医学的には人の健康にも特定の十二宮が特定の体の部位に影響することを意味していました。

時とともに，占星術は健康と人間の運命を理解するためだけでなく，個人の人格を言い表すものへとなっていきました。台頭しつつあった「心理占星術」の分野において決定打となったのが，アレキサンドリアの学者クラウディオス・プトレマイオス著の『テトラビブロス（四書）』です。２世紀に執筆されたこの書籍は，太陽，月，惑星の位置と動きを心理的な動機と結びつけ，誕生時に上昇していた星座が，その人の性質に影響を及ぼすと説きました。たとえば，いて座が上昇しているときに生まれた人は哲学的で，知識を好み，旅好きのように。20世紀には，スイスの心理学者カール・ユングが心理占星術を自らの「**元型**」の理論に組み込み，集合的無意識を反映したものとして十二星座を説明しました。

参照：投影法（1921年），元型（1934年），TAT（Thematic Apperception Test, 1935年），ミネソタ多面的人格目録（MMPI: Minnesota Multiphasic Personality Inventory, 1940年）

アンドレアス・セラリウスの『大宇宙の調和』（1660年）。プトレマイオスの宇宙構造論を示した十二宮を含む地図です。

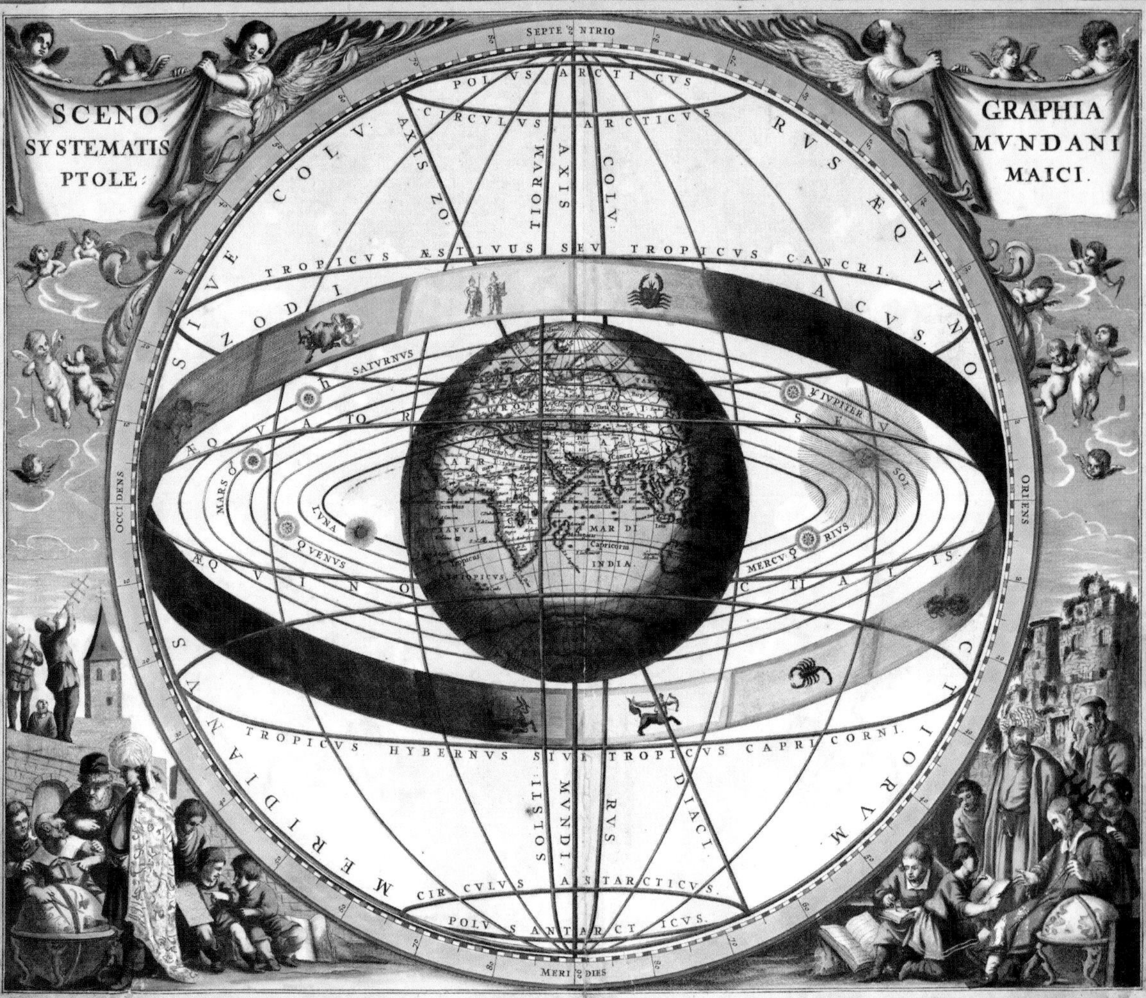
SCENO-
SYSTEMATIS
PTOLE:
GRAPHIA
MVNDANI
MAICI.
SEPTENTRIO
POLVS ARCTICVS
CIRCVLVS ARCTICVS
TROPICVS ÆSTIVVS SEV TROPICVS CANCRI.
TROPICVS HYBERNVS SIVE TROPICVS CAPRICORNI.
CIRCVLVS ANTARCTICVS.
POLVS ANTARCTICVS.
MERIDIES
ORIENS
OCCIDENS
SATVRNVS
IVPITER
MARS
SOL
VENVS
MERCVRIVS
LVNA
AXIS MVNDI.
INDIA

釈迦の四《し》諦《たい》

ゴータマ・シッダルタ（紀元前563～483）

現存する釈迦の生涯に関する資料によると，彼は裕福な特権階級の出身であることがわかっています。まだ年若いうちに，釈迦ことゴータマ・シッダルタは3度にわたり，身をもって世界の苦しみを知ることになりました。最初は，近くの町を訪れたところ病に苦しむ男に，2度目に同じ町を訪れたときに老いた男に，3度目は墓場に死体を運ぶ人々に出会いました。これらの出会いに彼は心を深く動かされ，富や特権も苦しみから逃れる助けにはならないと思い至りました。29歳頃にシッダルタは故郷を離れ，宗教の真理を求める放浪者として暮らし始めました。宗教的な師の下で学んだのち，6年にわたる過酷な禁欲や苦行を続けましたが，人生の苦しみをなくすことはできないと気づきます。そのような方法では悟りは得られないと実感した彼は，35歳頃に静かに座し，人間のありようについて考えることにしました。伝説によると，そのようにしてイチジク属の木である菩提樹の下に座っているうちに，悟りを開き，ブッダ（目覚めた者の意）となり，人生に必要なものは中庸，つまり極端に快楽にふけったり苦行をすることもない，規律ある暮らしだと気づいたといいます。

目覚めた者として，釈迦は存在の三つの特徴を説きました。（1）すべては一時的なものであり，常に変化し，（2）この世に不滅のものなどなく，（3）存在の中核には苦しみや不満があるということです。釈迦は苦しみを克服するには四つの真理，つまり四諦を受け入れなければならないと説きました。一つ目の真理は人生に苦しみはつきものであること，二つ目は煩悩が苦しみの根本的原因であること，三つ目は煩悩を滅すれば，苦しみも終わるということ，四つ目は八正道，つまり中庸によって悟りを開くことができるということです。

何世紀にもわたり伝えられてきた釈迦とその門弟の教えは，どのように中庸の道を行けばいいかを詳しく説明しています。現代人の生活において，仏教心理学は日常生活に瞑想と心配りを取り入れることで，心を癒します。仏教心理学は，洞察，自己変革，現実に関してより深い認識を扱い，個人と社会を解放するという大きな魅力があります。

参照：健康の生物心理社会モデル（1977年）

釈迦像，スリランカにて。

紀元前500年

儒教思想

孔子（紀元前551～479）

孔子は生涯を通じて，外交官，教師，哲学者などさまざまな役割を担いました。紀元前500年頃には，政治顧問という大役も務めています。彼が説いた「仁義の道」は，どのように生き，自分の務めを理解し，他者を扱うべきかの手本を示したものです。

儒教には，運命，心，一般人の倫理，自己修養，学者の倫理という，相互に関係した五つの側面があります。孔子は，人は誰しも誕生，老い，病，死という運命を背負っていますが，同朋との関係のなかで道徳的に振る舞う責任があると述べています。心理学的に見ると，儒教には，認知力も含む智の心と，倫理的または良心ともいえる仁愛の心という，二つの側面があります。

一般人の倫理では，近しい者に仁愛または親愛の気持ちを示し，正しい行いをし，それぞれの人，特に目上の人に敬意を示すように促しています。そうすることで，礼節を守り，社会がスムーズに機能することに貢献できると説いています。仁愛，正義，礼節は仁義の道であり，それは天道を反映することを目指します。仁義の道における自己修養を通じて，すぐれた道徳を身につけ，智，仁，勇という三つの徳を積むことができるのです。これらの考えをまとめたものは日本では五つの徳，すなわち五常（仁，義，礼，智，信）として知られています。

1970年代半ばの文化大革命の終焉以来，中国でも学問としての心理学が急速に発達し，中国科学院でも重視されるようになりました。中国の心理学者は，儒教の伝統に基づき人間関係，全体論，弁証法的自己観，人との調和，体面を重んじるところが，中国人の人格の特徴だと論じています。

参照：ビッグ・ファイブ・パーソナリティ特性（1949年），道徳発達（1958年）

孔廟の外に立つ孔子像。中国の上海にて。

紀元前350年

アリストテレスの霊魂論

アリストテレス（紀元前384～322）

アリストテレスの心理学に関する名著『霊魂論』は紀元前300年頃に執筆されました。書名は「魂について述べた書」という意味です。アリストテレスは，単なる問答や憶測より，むしろ経験に基づく情報を提示しようと努めました。彼は初期の議論で，人間の心理（具体的には，感情と感覚について述べています）を理解できるか否かは，身体とその生理的機能に関する知識にかかっていると論じました。アリストテレスは生理学的心理学の可能性を示したと言う人もいます。

アリストテレスによれば，魂，すなわち精神は，生命のある世界と生命のない世界の違いを決定づける重要不可欠な力の源です。生きとし生けるものすべてに魂がありますが，魂の形はそれぞれ異なります。最も低い次元の植物には，栄養を感じる魂があります。動物は周囲のものを認識し，痛みを避けて快楽を追及することができる感受性の魂をもちます。最も高次元の人間は，栄養を感じる魂と感受性の魂に加え，理性の魂をもち，心の構成要素でもある思考と論証の能力をもちます。

アリストテレスにとっての知識は認知から始まるもので，それは五感からのインプットに基づいています。さらに，人間には記憶もあります。記憶は受動的な心の働きとして生じ，一般的な知識として蓄積されます。記憶という受動的な心の働きは，知恵を貯めこもうとする思考といえます。ただし，それを実践で役立てるためには，知的活動や論証を通じ，活発な精神によって活性化させなければなりません。本質的に，これは万物を理解することにつながります。活発な精神とは純粋な思考であり，すべての人が等しくもっているものです。

活発な精神の活動の例として，類似性，対照，接触の原理に基づき，過去の経験や情報が想起されることが挙げられます。つまり，ある出来事や物を思い出すとき，それと似た出来事や逆の出来事，あるいは同時に起きたほかの事柄や，そのときそこにあったものも一緒に思い出すことがあるということです。この連想記憶の原理は，現在にも引き継がれています。

参照：短期記憶（1956年），記憶の処理水準モデル（1972年）

生誕の地，スタギラに立つアリストテレス像。ギリシアにて。

紀元前350年

アスクレーピオスと治療技術

癒しと医術の神となったアスクレーピオスは，ギリシア神話における重要人物です。ある物語では人間として，別の物語では神として描かれます。同じく癒しと関連のある神アポロンを父にもち，母はコローニスですが，その母は出産時に死んだ，またはアポロンによって殺されたといわれています。アスクレーピオスは博識で医術に長けたケンタウロスのケイローンに育てられ，その知識を伝授されます。

のちに，外科手術，さまざまな薬物，水薬，癒しの呪術の使い方の知識を得，女神アテネから，蛇の髪をもち見る者を石に変えるというゴーゴンの血でつくられた強力な水薬を授かります。癒しの力があり，死者さえ蘇らせることができるその水薬は，猛毒でもありました。

すぐれた知識と技術を用いた治療により，アスクレーピオスは広く知られ，崇められるようになりました。生と死，病と健康といった医師の仕事の二面性を象徴する蛇の巻きついた杖がシンボルです。紀元前350年頃，子弟たちがアスクレーピオス信仰を始め，「アスクラピア」と呼ばれる治療所を開設しました。

アスクラピアに治療を求めて訪れた人々は，清めの期間を経て，聖なる泉の水を飲み，一晩またはそれ以上の期間，特別な衣服を着て地下室で眠りました。その地下室で，アスクレーピオスは病を癒す力を発揮し，患者に予知夢，またときにはそれ自体に治癒の力がある夢を見せました。

アスクレーピオス信仰は，精神，宗教，医療の間の歴史的なつながりを示すものです。癒しの技は神聖なものとみなされ，その実技は門外不出で父から子へと伝えられていました。夢療法を伴うアスクレーピオスの医術は初期の心理学的治療も象徴しており，近代の精神医療の重要な先駆けといえます。

参照：ユング心理学（1913年），心身医療（1993年）

ボルゲーゼ公園にあるアスクレーピオスの神殿，ローマにて（2009年）。

ΑΣΚΛΗΠΙΩΙ . ΣΩΤΗΡΙ

バガヴァッド・ギーター

ヒンドゥー教という名称は，イギリス人がインド亜大陸に広まっていた，多様で互いに関連性のある信仰とその慣習につけた総称です。ヒンドゥー教徒の心理学は，西洋的な考えでいうと医学分野ではなく，むしろヒンドゥー教として知られる伝統に基づく，心理的な原理と慣習が混ざり合ったものです。

ヒンドゥー教の基礎を成す古代書物の種類には，『ヴェーダ（知識）』，『ウパニシャッド（哲学書）』，『プラーナ（古き物語）』などがあります。『マハーバーラタ』は比較的「新しい」書物で，紀元前2世紀頃に編纂されました。その第6巻に収録された重要な叙事詩，あるいは物語というべきものが『バガヴァッド・ギーター』です。説明を簡単にするため，それらの文献に記されていることのうち，本書で取り上げるのは数点の原理のみですが，ヒンドゥー教徒の心，自己，人間関係についての思想はそれだけでは伝えきれないほど豊かです。

タマス（惰性），ラジャス（激性），サットヴァ（純性，または光）という三つのグナ（原理）が互いに作用し，この宇宙で起こっているあらゆる事象を生み出します。その三つすべてが必要不可欠なものですが，サットヴァは精神的な要素と考えられます。ほかのグナとの均衡を保ち，どれもがうまく機能するようにしつつ，サットヴァを発達させていくことが理想的とされています。この原理の実践であるヨガの目的は，心を穏やかにし，自己実現または自己認識を可能にすることです。自制，適切な行動，ヨガの実践を学ぶと，自分のなかの意識が変わり，無益な考えや習慣が，プラスの建設的な考えと行動に変わります。ヨガには複数の形があり，それぞれが行動，聖なる詠唱，献身，知識など，特定のものに重点を置いています。

西洋的な言葉で表現すると，このような実践は発達した精神へと導くことを意味し，ヒンドゥー教の考えによれば，精神の発達は学生期《がくしょうき》，家住期《かじゅうき》，林住期《りんじゅうき》，遊行期《ゆぎょうき》という四つの段階を経ます。自己実現への道のりのなかで，各段階に学ぶべき教訓があります。手引き，指導，そしてとりわけ自己開発のために，指導者を求めるのが一般的です。

参照：トランスパーソナル心理学（1968年）

知性と智慧の神，ガネーシャの木彫りのレリーフ。インドにて（2007年）。

160年

体液説

ヒポクラテス（紀元前460～370），**ガレノス**（130頃～200）

体液説とは，健康と人格に関係する均衡と不均衡についての理論です。伝統的な中国医学，アーユルヴェーダ療法，ユナニ医学など，ほかの均衡について論じている理論とも多くの部分で似ています。体液説に初めて明確に言及したのは，紀元前4世紀頃のギリシアの医師ヒポクラテスで，彼は4種類の基本的な体液（血液，粘液，黄胆汁，黒胆汁）の均衡を保つことが，身体の健康を保つのに不可欠だと説きました。ローマ人の内科医で外科医，哲学者のガレノスは，ヒポクラテスの理論をさらに拡大させ，論文『De Temperamentis（混合）』（160年）で人の性格について論じました。多血質（自信があり陽気）の人は血液が優勢であり，粘液質の人は物静かな性格で感情を表に出さず，黄胆汁質の人は，熱を帯びて乾燥しているという黄胆汁の性質を反映して怒りっぽく，そして黒胆汁質の人は悲観的で陰気な性格。これら四つの体液の均衡が保たれた結果，理想的な人格がもたらされるとしました。

ヒポクラテスとガレノス，その支持者によると，体液とその他の要素の均衡の理論とは，身体的健康と個人の人格が，星や惑星，政治，地域社会での生活，食事，気候も含めた生命の輪の一部につながっていると仮定したものです。そのすべての側面が，個人の健康と運命に重大な影響を及ぼすとみなします。身体と心の病は，体液の不均衡により起こると考えられ，医師は症状に応じて治療するため，自然の体液の均衡を崩す可能性のある占星術的，気候学的，社会的，性格的要素を考慮のうえ，患者について詳しく知る必要がありました。

「気質」という用語が好んで使われるようになったものの，体液説は現代もなお残っています。カール・ユングが提唱した人格に関する理論は，体液説の伝統を大いに受け継いだものでした。なかでも，ユングの理論に基づく人格テスト，**マイヤーズ・ブリッグス・タイプ指標（MBTI）**は広く採用されています。生体医学の発展により，体液論のアプローチは下火になりましたが，適切な医療を施すためには心理的要素を評価することが不可欠だと，20世紀までに再認識されるようになりました。

参照：ベドラム（1357年），ユング心理学（1913年），マイヤーズ・ブリッグス・タイプ指標（MBTI, 1943年）

リンブルク兄弟の『アナトミカル・マン』（15世紀初頭）。四つのラテン語の説明書きには，各星座の性質が四つの様相（温，冷，湿，乾），四つの気質（怒りっぽい，陰気，陽気，物静か），そして四つの方位に分類されて述べられています。左上：おひつじ座，しし座，いて座は，温暖乾燥，怒りっぽく男性的，東の方位に属する。右上：おうし座，おとめ座，やぎ座は，寒冷乾燥，陰気で女性的，西の方位に属する。左下：ふたご座，みずがめ座，てんびん座は，温暖湿潤，陽気で男性的，南の方位に属する。右下：かに座，さそり座，うお座は，寒冷湿潤，物静かで女性的，北の方位に属する。

Aries. leo. sagittarius. sunt
calida et sicca collerica
masculina. Orientalia
Taurus. virgo. capricornus.
sunt frigida et sicca melanco
lica feminina. Occidentalia
Aries
Taurus
Gemini
Cancer
Leo
Libra
Scorpius
Augustus
September
Gemini
aquarius.
libra. sunt calida et
humida masculina
sanguinea. Meridionalia
Cancer. scor
pius. pisces.
sunt frigida et humi
da flemmatica femini
na. Septentrionalia.

900年

肉体と魂の維持

アブ・ザイード・アーメド・イブン・サール・バルキ（850〜934）

8世紀中期から1258年のモンゴル軍によるバグダッド侵攻までのイスラムの哲学および科学の黄金期に，学者のアブ・ザイード・バルキは心の病，特にうつの問題を理解，治療する方法について論文を著しました。そのなかで，彼は現代の認知療法のある側面を彷彿とさせる神経症治療のための合理的な療法について述べ，コーランで言及されている精神疾患の三大構成要素，すなわちナフス（精神），カルブ（心），アクル（理性）を組み入れて，心の健康のためのアプローチとしました。心が健康であるためには，それら三つの要素のバランスを維持する必要があります。

アブ・ザイード・バルキの『Masalih al-abdan wa al-anfus（肉体と魂の維持）』は，ナフスの健康を保つ重要性，良好な精神衛生を身につけて心の病を予防すること，心の病になったらどのように健康を回復すればよいか，心因性の症状とその分類，アンガーマネジメント，恐れとパニックへの対処，悲しみと深刻なうつの治療，脅迫観念と否定的な心の声への対処について論じています。また，同著では神経症を，恐れと不安，怒りと攻撃性，悲しみとうつ，強迫観念という四つのカテゴリーに分け，特にうつ（アルハズン）について詳細に解説しています。うつは愛する者の死，所有物の喪失，または目標の不達成や成功できなかった結果として起こり得ると指摘しました。うつの治療は抑うつ的な考え方に対抗する認識を養うことを基本とします。この治療は宗教的な伝統のなかで行われるため，回復のために，コーランを唱えることも推奨されていました。

アブ・ザイード・バルキは身体的な健康と精神的状態の関係についても記しています。肉体と心がどのように作用し合うと心身症が起こるかに関して説明し，負の感情に打ち勝つような肯定的な考えや記憶を用いて心と体のバランスを保てば，これを予防できると説きました。

西洋では，医療と心理学の伝統を汲んで，20世紀に入ってから認知療法の発達と心身症の理解が進みました。それより1000年以上前にアブ・ザイード・バルキが同様のアプローチを提唱したのは，特筆すべきことといえるでしょう。

参照：医学典範（1025年），心療内科（1939年），認知療法（1955年）

1258年のバグダッド侵攻を描いた14世紀の見開き挿絵の右部分。ラシードゥッディーン・ハマダーニー『イスラム年代記大要』より。

1025年

医学典範

アヴィセンナ（980〜1037）

アブ・アリー・アル＝フサイン・イブン・アブ・アラー・イブン・スィーナーは，西洋ではアヴィセンナとして知られる人物で，イスラムの伝承において最も重要な哲学者であるとともに，偉大な業績を残した医師でもあります。彼はたくさんの著作を執筆し，その範囲は形而上学，存在論，認識論，心理学と多岐にわたり，トーマス・アクイナスへの影響を通じて，西洋哲学にも多大な影響を及ぼしました。膨大なページから成るアヴィセンナの医学書『医学典範』は，1025年に完成し，少なくとも17世紀までヨーロッパとアラブ世界において標準的な医学参考書とされてきました。

アヴィセンナはペルシャ人の収税吏の息子で，幼少の頃からずば抜けた記憶力と知性を発揮しました。17歳には医師として働き始め，生涯にわたり判事，教師，行政官としても活躍し，複数の宮廷で医師および大臣の地位に就きました。多忙な実務をこなしながら，どうやって学者として実り多い仕事ができたのでしょうか。自伝によると，アヴィセンナは軍事作戦中，馬に乗りながら，多数の書き物をこなしたといいます。

心理学の分野では，「浮遊する人」の思考実験を考案し，自己認識を探索する手段としました。この実験では，物理的に何も触れていない状態で自分が浮遊しているところを想像するよう言われます。アヴィセンナは，そのような状態でも人は自分が存在していることを知っているとし，魂，つまり自我は，身体とは別のところに存在すると結論づけました。

『医学典範』の第１部は，健康における心と身体の相互作用について述べています。ここでは，古来の四体液説の概念を採用し，四つの気質がそれと相互に作用すると説いています。アヴィセンナは，精神的，情緒的特性は身体的な健康にも影響しますが，身体も心と感情に影響を及ぼしていると論じました。すなわち，運動は精神的，情緒的健康にとって有用なのです。彼はこの点で，現代の健康心理学の考えを先取りしていたといえます。

参照：心療内科（1939年），精神神経免疫学（1975年），健康の生物心理社会モデル（1977年），心身医療（1993年）

複数の内臓，頭蓋，骨を描いたページ。アヴィセンナの『医学典範』14世紀版より。

ورا القشره الثالثه فهو اسلم وان كان ورا الثالثه فهو اصعب • واما في المده مما كان وجعه اشد
يسيرا وهو زائل عن الثقب • وورا القشرة الاولى وما دونه يسيره
وحدثها ولونها وورا القشرة الثالثة على نفس الثقب الحدقة
والسواد بعده اصناف احدها ان يتو ا

الثانيه سواد العيون

امراض القرنية

الاسم	السبب	العلامة	الاستفراغ	التدبير الكلي	الدلوك السهل الوجه	الامزجة	الاسنان	الازمان	البلدان
[illegible]	احتراق القرنية من حركه وخروج العليه ريح او بخار	ان تبدو سماد لراس العلة او اللطافة او العينة او لبس السماد	بالفصد اكحال اللدن ممتلئا	بدويا السائلة وايامها الفصد ودب	سيد عما على الروائد بقطعة رصاص ودوسما سع هعم وبدويا الوجع المحرق	الحارة	الشبان	الصيف	الحارة
الحفر	حكة من خارج او حدة او	ان يرى فيه ذهب حروص العينه وقد حصل بحفور	ترك	اساو الادارة وبدلها بالسيـ المنو	بدويا الكحل والصدوف المحرق	الرطب	الصبيان	الربيع	الجنوبية
[illegible] القرنية	رطوبه متعلقه نصف منها وتعفن هالا او دمل او صلابة مجارب الفضلة البدنه	خشنة الطرفة وتشكله او يكون الدم من ذلك	نوص السفسج والسكر	بدويا المارقسيا الغض	الاشياف الاحمر	الرطبة او المعتدلة	الصبيان والصبيح	الربيع	الجنوبية
سلخ القرنية	من خارج مثل صدمة او حصاد او دواء حاد	السلاخ جرم القرنية	بالفصدان حمست العين	ايتاف الاباد	بالكحل الاصفهاني	الحارة	الشبان	الصيف	الحارة

يتوهم من يراه انه بثر والفرق بينهما ان السو يكون العمق فان كانت العين كحلا او سهلا او زرقا
السو يسمى العمى يشبه العنبه • والثالث ان يعلو السو حتى يصال هدب العين • والرابع يسمى
والسادس ان الباض يعرض عن الاثر الذي في عمق القرنية •

1357年

ベドラム

1357年，ロンドン中心部にあるベスレム病院に，初めて「精神疾患患者」が入院しました。その次の世紀のいつからか，同院は精神障害者の治療を専門にするようになりました。18世紀まで，ベスレム病院は精神障害者向けのイングランド唯一の医療機関でした。

17世紀より前，精神疾患患者は通常，家族により自宅に閉じ込められるか，田舎を徘徊していました。1600年代までに，精神を病んだ浮浪者たちは，同名の有名な詩にちなみ「ベドラムのトム」と呼ばれるようになります。その後かなりの歳月を経ても，比較的稀なことではありましたが，ヨーロッパでは精神疾患患者が施設に収容されると，体内の4種の体液，つまり血液，粘液，黄胆汁，黒胆汁のバランスを調整すれば健康を取り戻すことができるという，古代の**体液説**に基づく治療が施されました。一つまたは複数の体液が過剰だと，感情と行動の乱れを特徴とする狂気が生じるとされ，それに基づいて体液のバランスを整えるべく，瀉血，水風呂，ヒルに血を吸わせる，下剤の投与などの治療が行われました。しかし，ほとんどの場合，精神疾患患者が治療を受けることはなく，単に地域社会の一員として扱われていました。

17世紀までに，ベスレム病院は恐ろしい場所へと変容し，その略称であるベドラムは「騒々しい混乱が起きている状況」を指す言葉となりました。ロンドンおよびウエストミンスターにおける調査結果をまとめたジョン・ストウの著書『A Survey of the Cities of London and Westminster』(1720年)によれば，1700年代初頭に入院できたのは「混乱し，荒れ狂っているが治癒可能な者，自身または他者に危害を加えるおそれのある者，貧しい者」に限られました。18世紀後期にベドラム訪問は人気の娯楽となり，一人当たり1ペニーを支払って精神疾患患者を見物していました。

ベドラムに代表されるような治療モデルは，精神疾患に対する認識の変化に伴いすたれていきました。啓蒙時代の思想家の一部が，精神疾患とは体液のバランスの乱れではなく，理性を失うことによって生じるものだと考えるようになったのです。

参照：道徳療法(1788年)，抗精神病薬(1952年)

『精神病院』(1732年)。浪費家トム・レイクウェルが転落していく様を描いたウィリアム・ホガースによる絵画の連作『放蕩一代記』のうちの1枚です。

1489年

ダ・ヴィンチの神経科学

レオナルド・ダ・ヴィンチ（1452〜1519）

レオナルド・ダ・ヴィンチは通常，史上最も偉大な芸術家の一人とみなされています。『モナリザ』（1503〜1506年），『最後の晩餐』（1495〜1498年）は，人類史で最も称賛されている絵画作品です。よく知られているように，ダ・ヴィンチは発明家兼技術者でもあり，なかでも空飛ぶ装置，灌漑《かんがい》装置，兵器の設計は，その建築画，都市計画デザインとともに，当時の時代のはるか先を行くものでした。しかし，脳と感覚の生理学，その結果として導き出された心理学の分野における業績は，それほど高く評価されませんでした。

ダ・ヴィンチは，芸術作品をより精密に表現するため，心身がどのように機能するかに関する物理的基礎を理解しようとしました。1489年頃に描かれた彼の初期の解剖図では脳の構造が詳細に描写され，そこに「senso comune（センソ・コムーネ）」，つまり感覚入力が集まっています。ダ・ヴィンチは，その部位こそ魂が宿る場所であり，人間の判断もそこから来るものだと論じました。それから数年後に再び脳の解剖を行い，精密な解剖図を描くために脳室へ蝋を注入する技術の先駆者となりました。そして，空想，想像，認知が，脳のそれぞれの特定部位とどのように関連づけられるかについて述べたのです。

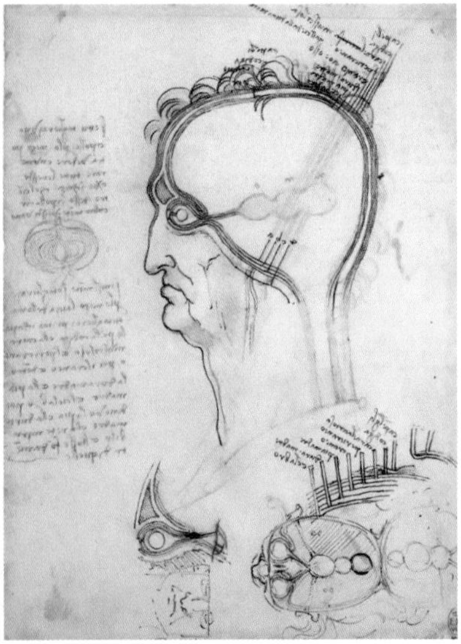

ダ・ヴィンチの感覚生理学の研究は，傑出したものでした。視覚がその中心に据えられたのも，目は魂の窓であると考えた彼からすれば，当然のことでした。生前に出版されなかったものの，複数のノートに，光，目，そして視力による知覚のメカニズムに関する記述がびっしりと書かれています。ダ・ヴィンチは，視覚とは光が目から入ったのち，脳に伝達される現象であることを論じた，最初の研究者の一人です。同様に，嗅覚と触覚に関する研究でも時代の一歩先を行っていました。

謎めいた絵画『モナリザ』の作者は，世界，人体，人間の魂の注意深い観察者でもありました。ダ・ヴィンチは，芸術の心得がある科学者だったのです。

参照：セレブリ・アナトメ（大脳解剖学，1664年），脳機能の局在性（1861年），脳イメージング（1924年）

上：レオナルド・ダ・ヴィンチはこの解剖図で，人間の頭皮をタマネギにたとえています。
右：ポプラの木版に描かれた油絵『モナリザ』（1503〜1506年）。ダ・ヴィンチは神経系の解剖図にも，最も人気の高い絵画作品と同じくらいの緻密さと謎を込めました。

1506年

専門用語としての心理学

マルコ・マルリッチ（1450〜1524）

人類は何千年も前から，心理学的疑問について思案してきました。しかし，近代的な意味での「心理学（Psychology）」という用語が最初に使われたのは，1506年になってからでした。クロアチア出身のルネサンス期の学者マルコ・マルリッチが，著書『Psichiologia de Ratione Animae Humanae（人間の思考の心理学）』の題名にこの用語を用いたのです。その後およそ2世紀にわたり，この用語は学術書にも娯楽書にも見られるようになり，科学的専門用語としての素地が固められました。心理学という言葉の実際の使用例と，そこから派生した言葉のほとんどに，伝統的な理論および哲学の流れを汲んだ，人間の魂と人間性にまつわる意味が込められていました。

16世紀から17世紀にかけて，ドイツ語圏の国々では，フィリップ・メランヒトン，ヨハネス・トーマス・フライギオス，ルドルファス・ゴクレニウス，オットー・カスマンなどの学者が各自の著書で心理学について言及しています。たとえば，メランヒトンは広く用いられている学術書『Commentary about the Soul（魂についての解説）』（1540年）で，人間の本質と心理的機能について論じています。それは，メランヒトンが友人への手紙に書いたとおり，「（教授と生徒）がこの分野における科学的知識を得るのを助ける」ためでした。メランヒトンが人間心理に哲学的なアプローチをとったのに対し，ほかの学者たちはより広義にこの用語を用いました。たとえば，1588年にパリでは『Psychology: The book about the reality of spirits, knowledge of erring souls, phantoms, miracles and strange happenings（心理学：魂の真実，過ちを犯す人間についての知識，亡霊，奇跡，不思議な出来事についての書）』が出版されました。

著名なドイツ人哲学者で博識なクリスチャン・ウォルフは，心理学的考察の二つの手法を著書『経験的心理学』（1732年）と『哲学的根拠』（1734年）のなかで別々に論じ，「魂の科学としての心理学」の概念を説明しました。彼の研究は，その後の科学としての心理学の発展に向けた重要な転換をもたらしました。

哲学者で百科事典編集者のデニス・ディドロは，著名な『百科全書』（1751〜1772年）のなかで心理学を意味するフランス語「psichologie」を用い，フランスにこの言葉を広めました。19世紀初期までには，心理学という用語はアメリカの大学の教科書にも使用されるようになっていました。

参照：カント：心理学は科学か？（1781年），実験心理学（1874年）

オックスフォード大学の嘆きの橋。英語圏における初期の心理学研究の多くは，ジョン・ロック，ジョン・ウィルキンス，トーマス・ウィリスなどが指揮をとり，オックスフォード大学とケンブリッジ大学で行われました。

HENRICUS
BOYD
A.D.
1913
GE

1517年

プロテスタントの自己

マルティン・ルター（1483～1546）

カトリックの修道士マルティン・ルターは1517年にカトリック教会の慣習を批判した『95カ条の論題』を執筆したとき，宗教的な慣習だけでなく，人間としてのアイデンティティについても重大な変革を始めました。一人ひとりが神の前に立ち，一人ひとりの信仰のあり方が問われ，神との関係が個人の言葉で語られるようになったのです。それと対照的に，カトリック教徒にとっての救済は教会を介して得られるものなので，教会の信徒である個人のアイデンティティは集団のなかに埋もれていました。

ルターの当面の目標は，彼が間違っていると考える教会の慣習に疑問を投げかけることでしたが，その活動の影響は教会や宗教的な事柄の枠を越えて広がっていきました。改革の影響が，人々に自分という存在を新たな目でとらえる機会をもたらしたのです。新興のプロテスタントの信仰は信徒に，精神的生活に集中し，魂の修養に専心するよう求めました。神との個人的で私的な関係を強調することで，思考と感情に意識を集中させることを促し，主観性を養うことができます。日常生活での教義の実践が新たな重要課題となり，教会へ通う回数と同様に，自分の事業を行い，日常生活における課題に精力を注ぐさまに，その人の信仰のあり方が表れると説きました。キリスト教信者が神との個人的関係を維持するのを助ける新しいツールとして，道徳書や日記なども導入されました。

信仰を助けるものとして最も人気があったのが，読者を内省へと導き，自らの精神的な成長を判断する際の手引きとなる格言とことわざが詰まった道徳書でした。道徳書と日記は，信徒が精神的生活に注意を払い，罪深い考えや衝動の自制を強化する助けとなりました。神との個人的で私的な関係を強調し維持することは，物事の本質に対する感性を豊かにし，精神的生活へ注意を払う必要性を高めます。そして，結果として主観性が磨かれることになるのです。これこそが現代の心理学と，それが強調する個人的自己へと通じる道を開くことにつながったのです。

参照：モンテーニュ随想録（1580年），リヴァイアサン（1651年），タブラ・ラサ（1690年），日常の書簡と小説（1719年），道徳感情論（1759年），生体の機能（精神と身体，1939年）

ジョン・バニヤンの著書『天路歴程』（1678年）の19世紀版に載った，本を読むクリスチャンの挿絵。イギリスの詩人で銅版画職人のウィリアム・ブレイクが描きました。この記念碑的なキリスト教徒の寓話は，新たな教義を得たキリスト教徒たちに，精神的な自我の確立へと導く私的な精神的生活に集中するよう促しました。

1538年

魂と生命

フアン・ルイス・ビベス（1492〜1540）

学問として確立される以前の心理学を研究したフアン・ルイス・ビベスはスペインの哲学者で，後期ルネサンス時代の偉大な思想家や重鎮と交友がありました。その交友関係のなかでも，とりわけエラスムスとトマス・モアに信頼を置き，ほかにもイギリスのヘンリー８世とその最初の妻，キャサリン・オブ・アラゴンとも親交がありました。

ビベスはスペインのバレンシア地方のユダヤ人の家に生まれました。おそらくスペイン人による迫害を理由に，家族はキリスト教に改宗しています。ビベスはキリスト教の学校で教育を受け，17歳になるとバレンシアをあとにしてパリ大学に入学します。３年間の美術の学位を修めた後，民間人と世俗的な権威の間で頻繁に起こる諍《いさか》いに嫌気がさし，大学を去りました。

ビベスは，当時ヨーロッパで最も進歩的で自由な社会を築いていたベルギーに移住し，ルーヴェン大学で数年教鞭をとります。そこでの思想の自由とその実践は，彼が心と感情の働きについて独自の哲学を発展させる源泉となりました。偉大な学者エラスムスと親しくなり，西ヨーロッパ中の人文哲学者と思想家から成る交友関係の輪の一員に加わります。オックスフォード大学で1523年から1528年まで教鞭をとり，1528年にベルギーに戻ると余生をそこで過ごしました。

ビベスの偉大な哲学的・心理学的作品といえば，『De Anima et Vita（魂と生命）』（1538年）でしょう。ビベスはこの著書で，感情が思考と健康に及ぼす影響について理論を展開しています。彼は人格，つまりその人の気質は，マクロ環境（気候，自然地理）とミクロ環境（家族，友人，他者との直接の関係）の両方から影響を受けると最初に論じた学者の一人です。記憶を形成する際の感情の役割についても，自らの経験に基づき解説しました。また，女性と貧しい人々に教育を受けさせるよう熱心に働きかけました。健康的な社会を築くためには，あらゆる人に教育を施す必要があると信じていたのです。

ビベスはデカルトとジョン・ロックの著書に影響を与え，感情と記憶の相互作用の理解に多大な貢献を果たしたとして，学者の間でも高く評価されています。

参照：心身二元論（1637年），タブラ・ラサ（1690年）

フアン・ルイス・ビベスの肖像画（作者不詳）

causis Corrupt. Ar
veritate fidei Cath

1580年

モンテーニュ随想録

ミシェル・ド・モンテーニュ（1533〜1592）

ミシェル・ド・モンテーニュは，この随想録の冒頭に「まったく私は，私自身をここに描いているのです」と記しています。執筆当時の常識からすれば，これは異例のことでした。その時代に公的に発表される書物のほとんどが，理論的または科学的テーマ，あるいはその両方を扱ったものだったのに対し，モンテーニュは自分の人生を話題にし，「私はこの世で最も多くのことを学んだ人間です」と宣言しました。このような描写から，現代的な自我と個人のアイデンティティの原型を見ることができます。

現代の心理学では，個人の個性と，私的な精神生活は当たり前に認められていることですが，これまでの歴史で常にそうだったとは限りません。自我，自分の世界の中心にある個人としての「自分」という考えは，哲学，医学，宗教，日常的な習慣の変容を経て，時間をかけて発達していったものです。1580年に発行された『モンテーニュ随想録』は，この自我の概念の発達初期において多大な貢献を果たしました。

随筆という表現形式は，モンテーニュが考案したものです。彼自身の経験を語るには，理想的なジャンルでした。なぜ新しい表現形式を考案する必要があったのでしょうか。モンテーニュは法学を学びましたが，まだ38歳のときに法曹界から引退しました。彼の生きた時代は，カトリックと新たなプロテスタントとの間で激しい紛争があり，各国が宗教をめぐり戦争を起こし，宗教を理由にした迫害が至るところで行われていました。そのため，宗教に基づく知識と確信に言及することは，さらなる紛争と流血沙汰を引き起こすだけだと結論づけたのです。それにモンテーニュは，政府，風習，人間は動物よりすぐれているという考えに対しても懐疑的になっていました。彼は人間の経験とは常に変化するもので，知識もそれゆえ常に変化すると指摘しています。

モンテーニュは随筆を変わりゆく経験を語る手段として考案しました。このため読者は世の中を理解するための有効な手段として，各自の実体験を思い起こすようになったのです。

参照：心身二元論（1637年），リヴァイアサン（1651年），タブラ・ラサ（1690年），日常の書簡と小説（1719年），道徳感情論（1759年）

上：ミシェル・ド・モンテーニュの肖像画（作者不詳）　右：『モンテーニュ随想録』1595年版の口絵

Montaigne

ESSAIS

DE

Ex libris ... s. Antonii

MICHEL SEIGNEVR

DE MONTAIGNE.

~~Cinquiesme edition, augmentée d'un troisiesme liure et de six cens additions aux deux premiers~~

Sixieme edition

Viresque acquirit eundo.

A PARIS,

Chez ABEL L'ANGELIER,

au premier pillier de la grand

Salle du Palais.

Auec Priuilege du Roy.

1588.

1621年

憂うつの解剖

ロバート・バートン（1577〜1640）

イギリスの偉大な学者で，能弁家，コーヒー愛好家でもあったサミュエル・ジョンソンは，かつてロバート・バートンの憂うつに関する論文を，「早起きして読みたくなる唯一の書」と評しました。バートンはオックスフォード大学の特別研究員であり，学問に身を捧げる静かな生活を送っていました。初期の詩と戯曲を除いて，彼は『憂うつの解剖』の執筆に生涯を捧げました。初版が発行されたのは，1621年。その後，第6版まで出版されました。憂うつがファッショナブルとされた17世紀初期のイングランドで，生活の明敏な観察者だったバートンは個人的にも絶望感と闘っていました。

『憂うつの解剖』は，過去と未来の両方に目を向けているという点で，重要な書物です。バートンは古代の事例からも学びを得ています。アリストテレスの言葉を引用し，憂うつは黒胆汁の過剰によるものとするヒポクラテスとガレノスの**体液説**を採用するとともに，哲学，錬金術，文学などを含む，当時入手可能だったほぼすべての文献に論拠を求めています。さらに，本書は未来にも目を向けており，憂うつは創造性と純粋さの証拠であるとし，現代では一般的となった精神障害の分類の重要性や，性別による違いの議論もなされています。

今なお，『憂うつの解剖』は憂うつの性質について疑問を提起してくれます。「憂うつ」を「うつ」の古い言い回しと理解していいのか，憂うつとは単に生理的なものか，文化的背景が気分の理解と表現をどのように形づくるかという点を考慮すべきか，といった疑問です。

参照：体液説（160年），アメリカの精神障害分類（DSM, 1918年），抗うつ薬（1957年）

ドイツのルネサンス期の画家アルブレヒト・デューラーによる『メランコリアI』（1514年）。憂うつは芸術家気質に由来するものであることを表現しています。

MELENCOLIA I
16 3 2 13
5 10 11 8
9 6 7 12
4 15 14 1

1637年

心身二元論

ルネ・デカルト（1596～1650）

17世紀には，自然界のなかでの人間と，自然の法則の枠組みにおける人間の能力について，新たに理解されるようになりました。フランスの哲学者ルネ・デカルトの著書，とりわけ『方法序説』（1637年）はこの分野の参考書とされました。

哲学者だったデカルトは，人間の心と身体の自然な理解を模索しながらも，カトリック教会に忠実であろうとしました。カトリックの教えでは，人の心は神から直接の影響を受けているため，魂と身体は区別され，単に自然の一部として説明することはできないとしています。教会との対立を避けるため，デカルトは，心の機能は魂よりもむしろ身体の特性と考えられるという心身二元論を提唱しました。記憶，認知，想像，夢，感受性は生体機能を介したプロセスなので，自然界の秩序の一部として人間が研究，理解できるものであることを意味すると主張したのです。

ウィリアム・ハーベイが心臓はポンプだとした医学的発見（1628年）や，パリ郊外の王立庭園にあった機械仕掛けの像をつくる職人の仕事などがデカルトの着想源でした。庭園の仕掛けでは，訪問者が隠れた場所にあるプレートを踏むと，水圧によって像があたかも意志があるかのように動き出します。デカルトは機械的な動きの原理をモデルとして用いて，記憶や夢，その他の心の働きが神の摂理に頼らずに起こる仕組みを理解する手段としました。デカルトは具体的なイメージを受け取り，動きを身体に伝達する脳の松果体を介して，心と身体が相互に作用するという理論を展開しています[1]。これは魂こそ理性のありかであり，神の力の影響を受ける特別な領域であるという考えに矛盾しないものでした。

デカルトのアプローチは，カトリック教会の教義とその当時の新しい理論である機械論のどちらにも矛盾しないものでした。心と身体の間に内在する領域を明確に説明するうえで，後世の思想家たちが，人間は超自然よりもむしろ自然界の秩序のなかの一部であると思い至るのを助ける遺産を残したのです。

参照：タブラ・ラサ（1690年），人間機械論（1747年）

[1] デカルトは松果体が心（精神）と身体（物質）の相互作用を担うものと位置づけましたが，現代の科学ではその説は否定されており，ホルモン分泌に関わる内分泌器官の一つととらえられています。

国際機械技術博物館（CIMA:Centre International de la Mécanique d'Art）に所蔵されたオートマタ（機械人形）の一例。人間の身体は機械的に動くものだと説明するうえで，デカルトが引き合いに出したものです。

1651年

リヴァイアサン

トーマス・ホッブズ（1588〜1679）

イギリスの哲学者トーマス・ホッブズは，個人の心理学の基礎を築くうえで，重要な役割を果たしました。彼の著書，とりわけ『リヴァイアサン』(1651年)は，社会を構成しているのは，自我のある独立した人間であると断言するものでした。ホッブズは，心理学には欠かせない，現在の所有的個人主義を予期した，あるいはその創出を促したといえるでしょう。なぜ個人に焦点を当てたのでしょうか。

近世においては，自然状態における人間性のありかは，哲学者，神学者，教養のある人々全般にとって，きわめて重要なトピックとなっていました。人間社会に重大な変化が起こった結果，現代のような心理学的な考え方が生じ始めたのです。ホッブズが著作活動を行ったのは，戦争が長引き，それまで広く受け入れられてきた宗教の真理へ重大な疑問が投げかけられ，政治的秩序が確立された時代でした。科学界の新たな動きにより，自然界についての知識は神のなせる業としてすべてを説明しようとするよりも，人為的な枠組みのなかで論じられ，さらに，大勢の人が都市部へ移り住み始めたことにより，社会のあり方も大きく変化しました。

ホッブズは新たな社会契約について，すべての生命は霊的または抽象的なものではなく，完全に物理的なものであり，精霊や天使を信じる必要はないという想定に基づいていると論じました。生命について，「心臓はばね，神経は多くの紐から成るもの」と物理的観点から説明し，物理的なもののみが実存し，人の行動は物理的な要因により決定づけられると唱えました。人間は皆この性質を備えているため，よりよい社会を築くための共通の基盤がありますが，社会はそこに住む人々の利益に基づいて築かれなくてはなりません。ホッブズは，利己的な衝動を抑えるには，強力な政府が必要であると説きました。ホッブズの言葉を借りると，強い君主，リヴァイアサンなしには，平民の人生は「万人の万人に対する闘争」に巻き込まれ，人の一生は「独りぼっちで貧しく，きたならしくてひどい目にばかり遭い，しかも短い」ものとなるのです。

参照：プロテスタントの自己（1517年），モンテーニュ随想録（1580年）

トーマス・ホッブズの『リヴァイアサン』口絵（1651年）

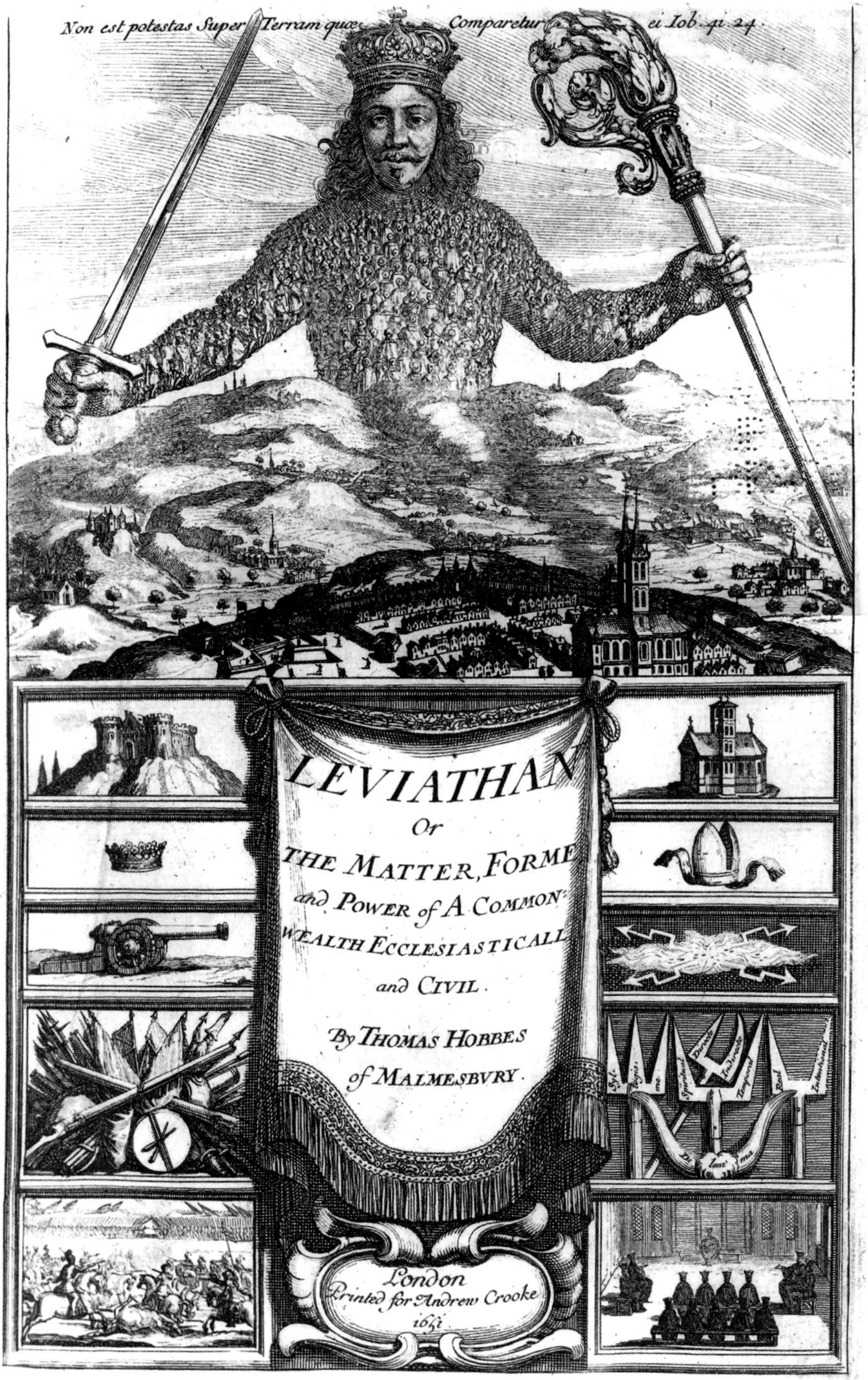
Non est potestas Super Terram quæ Comparetur ei Iob. 41. 24.
LEVIATHAN
Or
THE MATTER, FORME and POWER of A COMMON-WEALTH ECCLESIASTICALL and CIVIL.
By THOMAS HOBBES of MALMESBURY.
London
Printed for Andrew Crooke
1651

1664年

セレブリ・アナトメ（大脳解剖学）

トーマス・ウィリス（1621～1675）

医師で解剖学者のトーマス・ウィリスは，著書『Cerebri Anatome（大脳解剖学）』で「神経学（neurologie）」という用語を用い，現代の神経学および精神医学の基礎を築きました。ウィリスは，友人への手紙に書いたとおり，「人間の心のありかである秘密の場所を解き明かす」ことを目指しました。通常の状態と病的な状態，両方の状態の脳に関する彼の著書は当時，計り知れない影響を及ぼし，現在の私たちの脳の理解へとつながる研究への関心を呼び起こしました。たとえば，1664年の『大脳解剖学』英語版刊行から1年以内に，四つのラテン語版が出版され，その後の2年でさらに五つの版が出版されました。実際には，執筆はウィリスと数人の同僚が共同で行ったもので，共著者には，挿絵の版画も制作し，建築家，芸術家として著名なクリストファー・レンも含まれていました。

ウィリスはオックスフォード大学のクライスト・チャーチ・カレッジで教育を受け，1667年にロンドンに転居するまで，その地にとどまっていました。当時台頭しつつあった新たな実験哲学の研究に没頭し，専門は化学と血液でした。しかし1660年頃，興味が神経解剖学と神経学に移ります。

新たな分野を追及していくうちに，ウィリスはそれまでのキャリアで発揮したときと同じく，注意深い観察力と博識さを発揮するようになりました。脳を「人間のなかの理性的な魂の中心地であり……動物の体を主に動かしているもの」とし，レンやその他の同僚とともに『大脳解剖学』を書き上げました。同著では，医師で解剖学者のウィリアム・ハーベイが初めて提唱した比較解剖学を応用して，血液循環の仕組みを説明しています。人間以外の脊柱動物と無脊柱動物の例から，脳の解剖学とそれに関連した機能についての理論を展開しました。また，患者の病歴と死体解剖も，結論の根拠として役立てました。神経解剖学だけでなく，脳神経，脊髄神経，自律神経についても，解説，図解しています。脳の機能障害にまで分析の範囲を広げた『Pathologiae Cerebri（脳病理学）』（1667年）とともに，『大脳解剖学』は，脳と神経系統について包括的に解説したヨーロッパ初の書物となりました。

参照：心身二元論（1637年），脳機能の局在性（1861年），ミラー・ニューロン（1992年）

脳の断面の解剖図。『Anatomie de l'Homme（人体解剖図）』（1831～1854年）より。

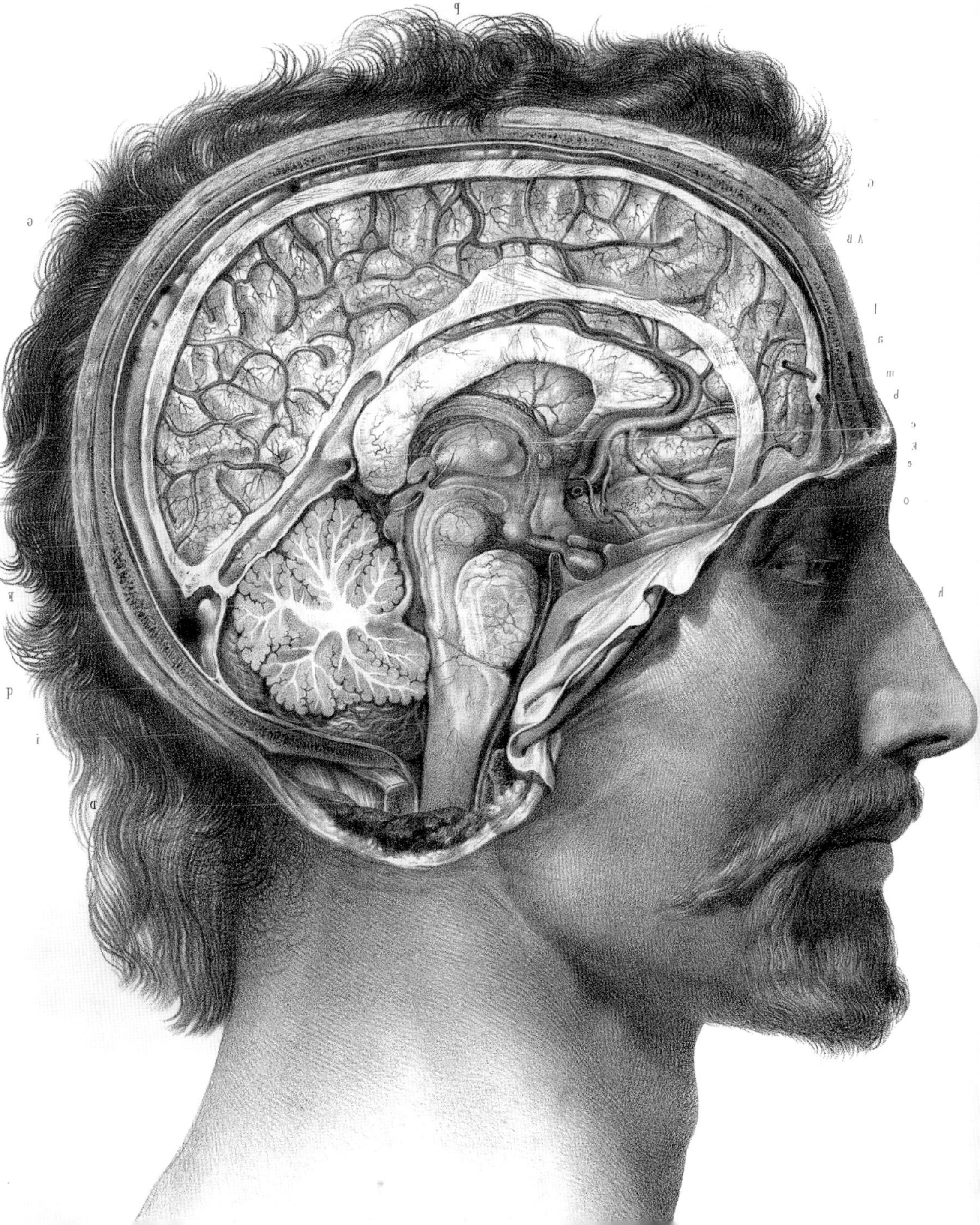

1690年

タブラ・ラサ

ジョン・ロック（1632〜1704）

人はどうやって知識を得るのでしょうか。イギリスの哲学者ジョン・ロックにとって，これは本質的な問題であり，答えは人としての経験でした。代表作『人間知性論』（1690年）で，ロックは生得論を否定し，すべての観念は経験を通して得られると説きました。つまり，生まれたときには，人の心はタブラ・ラサ（ラテン語で「何も書かれていない石板」の意）であり，感覚的な経験がそこに刻まれ，経験から得た観念がその内容として埋まっていきます。そうであれば知識の有無は，どのように経験を積み，物理的世界から観念を得るかということにかかってきます。ロックは，観念が単純なものから複雑なものになっていくのを理解する方法として，観念連合を提唱しました。そのようにして，経験哲学，そしてそれよりずっと後の時代の新たな心理学の科学の基礎を築いたのです。

ロックをそのような新しく革新的なアプローチへと導いたものは何でしょうか。まだ彼が10歳の頃，宗教的意見と政治的意見の相違が，王と議会の間の内乱につながりました。それから20年近く，日常は危険と隣り合わせで，紛争が頻繁に起こりました。そこでロックは社会生活のよりよい基盤を見いだしたいと願い，人々に過度に政治寄りでも宗教寄りでもない明確な独自の観念を形づくるよう促すことで，紛争のない社会をつくることに貢献できると考えました。

それが現代の私たちにとってなぜ重要なのでしょうか。今日も続く**「生まれか育ちか」**という議論に加え，ロックの発想は，人間の行動を神の御手による介入よりも自然の法則の観点から考えること，つまるところは，心理学の科学の発展を可能にするものだからです。

参照：道徳感情論（1759年），生まれか育ちか（1874年），行動主義（1913年），豊かな環境（1961年），スタンフォード監獄実験（1971年）

オックスフォード大学クライスト・チャーチ・カレッジ。ロックが教育を受け，そのキャリアの初期に教鞭をとったところです。

1719年

日常の書簡と小説

ダニエル・デフォー（1660～1731），**サミュエル・リチャードソン**（1689～1761），**ヘンリー・フィールディング**（1707～1754）

人々は何千年にもわたり，手紙を書いたり物語を語ったりしてきました。18世紀初頭，ヨーロッパの至るところで見られるようになった新たな自意識と私生活を反映し，それらの発展に貢献した新しい文書による通信方法が二つ登場しました。一つは新たな種類の私信で，もう一つは大衆に消費される娯楽という形態をとった小説です。いずれも，識字率の向上を反映したものでした。

移住と仕事を理由に，家族が地理的に離れた土地で暮らすことが多くなりました。手紙はこの時代，個人的な経験，感情，内なる考えを表現する新たな手段としての重要性をもつようになったのです。この種の通信は，家族や友人同士の愛情と親密さを示す手段として，「親しい人への手紙（familiar letter）」と呼ばれるようになりました。このようにして，手紙は自己主張を可能にする媒体として，次第に人格をもつようになり，プライベートなものになっていきます。

18世紀前半，イングランドで文章による新たな芸術形態として小説が誕生しました。ダニエル・デフォーは事業で失敗して破産，投獄されるなどの浮き沈みを経験しましたが，あるときは商人，あるときは風刺小冊子発行者として活動しながら，最初の小説『ロビンソン・クルーソー』を1719年に執筆しました。その後，サミュエル・リチャードソンの『パミラ』（1740年），ヘンリー・フィールディングの『トム・ジョウンズ』（1749年）も刊行されました。

文学の一形態としての小説は，私生活と日常生活の重要性を新たに強調したものでした。この新しい文学形態では，登場人物たちはごく普通の名前をつけられ，テーマも日常生活であり，なじみの人物たちが翻弄される様子に大勢の読者が感情移入しました。登場人物の考えや感情を背景に，読者は同じような考えや感情が自分の内にもあることを認めます。その結果，普通であるということ，日常的なもの，主観性により関心が向けられるようになりました。

参照：プロテスタントの自己（1517年），モンテーニュ随想録（1580年），道徳感情論（1759年）

アレクサンダー・フランク・ライドンが描いた挿絵『島内を調べるロビンソン・クルーソー』。『ロビンソン・クルーソー』1865年版より。

1747年

人間機械論

ジュリアン・オフレ・ド・ラ・メトリー（1709〜1751）

ルネ・デカルトは，心と身体は別のものとして理解しなくてはならないと唱えました。心は不滅であり，そこに理性が宿るのは神の力によるもので，そのため魂，つまり心は物理的なレベルにおとしめられることはなく，その機能的構造を説明することはできないとしたのです。その一方で，デカルトは心の機能と思われる記憶，認識，想像，夢，感情は実際には身体機能に属するもので，神の力よりむしろ自然の法則の影響を受けるとも論じています。この考えが**心身二元論**の基礎となりました。

デカルト派の二元論が巻き起こした混乱ののち，ほかの学派の哲学者たちは，すべての心理的機能は実際には身体的な仕組みから生じるものであり，したがって，自然な物理的プロセスの観点から説明できるものだと論じました。フランス陸軍医のジュリアン・オフレ・ド・ラ・メトリーは著書『人間機械論』（1747年）のなかで，挑発的な持論を展開しました。純粋に唯物論的な観点から，人間というものを論じたのです。それは事実上，人間の性質と物理的な性質を同等に扱ったものでした。ラ・メトリーによれば，これこそデカルトの理論が暗に示していたことであり，動物と人間はそれゆえに機械的または唯物論的観点から理解すべきものだと述べたのです。

ラ・メトリーのこの唯物論的説明は，彼自身が高熱を伴う重病に苦しんだときの観察の末にもたらされたものでした。この経験から，脳と神経系の変化は実際に心理作用にも変化をもたらすと結論づけました。その結果，魂（心）と身体を別個のものと見る考えを退け，人間の心理は完全に身体の生理的現象から来るものであるとしました。人間を神の創造物の頂点，つまり天使の次として位置づけた古い概念から，自然の法則に従った存在とする現代的な理解への移行に一役買ったという点で，ラ・メトリーの功績もデカルトの功績と並んで重要といえます。

参照：心身二元論（1637年），種の起源（1859年）

イタリアの発明家イノセンツォ・マンゼッティが1849年に制作したオートマタ「フルート奏者」の細部

1759年

道徳感情論

アダム・スミス（1723〜1790）

豊かな内なる精神世界をもった現代的な個人的自我が人々の間に芽生えたのは，いつのことでしょうか。科学革命，宗教改革，家庭生活の変容，自然界に関する新たな理解に加え，「商業的な社会」の出現も触媒の役割を果たしたと考えるべきでしょう。商業的な社会とは，そこに属する人々とその人間関係が，何をつくり，買い，売るか，といった市場のやりとりに基づき決定づけられる社会です。

人々が各自の内なる生活を自分だけのものととらえる個人的自我を発達させるのに，商業的な社会はどのように役立ったのでしょうか。エジンバラの哲学者アダム・スミスは，それがどのように起こるかを2冊の本で説明しました。『道徳感情論』（1759年）と『国富論』（1776年）です。商業的な社会では，物品の交換をしていくうちに，他者の労働によってつくられた物と引き換えに自らの労働も含む義務が人々の間に課されます。したがって，そのような社会は物理的な利得を求める個人により構成されますが，常に混乱が生じないのはなぜでしょうか。

商業的な資本主義の社会では，個人は自分の行動の結果を考慮しなくてはなりません。つまり，いったん商品の交換と価格について約束したら，商品を渡し損ねたり，受け取り損ねたりすると，その後の関係に悪影響を及ぼします。そこでスミスは，人々が平等な商業的やりとりを交わすには良心が不可欠な役割を果たすと論じました。そのためには内なる自意識が必要であり，そのおかげで主観性と自主規制が強化される――名高い「見えざる手」説です。スミスによると，人は自分の利益のために行動しますが，同時に他者のことも考慮します。彼はこれを「道徳心」と呼びました。道徳心は社会が機能することを可能にします。資本主義社会の欠点についての議論はさておき，市場社会の出現が個人的自我の発達に貢献したことは否めないでしょう。

参照：プロテスタントの自己（1517年）

19世紀に発明された，10進法導入以前の値のキーが配された古いレジの細部。商業的社会の出現により，個人的自我の概念と同様に，このような機械も普及していきました。

4º
2º
1º

1762年

ルソーの自然人

ジャン・ジャック・ルソー（1712～1778）

スイス生まれのフランス人哲学者ジャン・ジャック・ルソーは，アメリカ大陸の旅行記などのさまざまな情報源から，社会が誕生する前の人間のあり方を想像しました。そのような状態では，人は品位ある簡素な暮らしをしていると考え，生来の人間は善良だが社会によって毒されると唱えました。そして，次のような疑問を呈しています。「心が穏やかで身体が健康な自由人には，どのような不幸が待ち受けているのか？」。ルソーによれば，人間の行動は理性よりもむしろ感情によるものだといいます。この点において，主観性に重きを置いた彼はロマンティシズムの先駆者ともいえるでしょう。

人間は本来，善良であると強調することは，やがて人は自分の幸福を追求しつつも，仲間が苦しむことも望まないという『社会契約論』（1762年）の発想につながっていきます。このように，社交生活は個人の自由とは相反するものでありながら，情緒または仲間意識により成り立っているというわけです。

人は生まれながらにして善良ですが，社会のなかで生きなくてはなりません。このため，社会の悪しき影響を最小限に食い止め，生来の性行に磨きをかける唯一の手段として，教育を習慣とすべきだとルソーは説きました。こうして，子どもを小さな大人のように扱うよりも，発育段階に応じて子どもに教育を施すことを提唱したのです。小説『エミール』（1762年）では，人の発育をそれぞれの年齢層に応じた特徴をもつ3段階に分けました。これにより，暗唱による学習に重きが置かれていた当時の教育慣行を否定し，子どもの自然な好奇心に応じた教育を施すべきだと論じました。このアプローチでは，教育は子どもの精神と道徳心の発達を促します。

ルソーの教育モデルは明らかに心理学に適ったものです。彼の発想は19世紀の教育心理学者ヨハン・ペスタロッチとフリードリヒ・フレーベルに影響を与え，ひいてはレフ・ヴィゴツキーとジェローム・ブルーナーによる革新的な20世紀の教育心理学にも受け継がれました。

参照：アヴェロンの野生児（1801年），幼稚園（1840年），子どもの家（1907年）

上：ルソーの肖像画（版画，1833年）　右：スイス，ジュネーブのルソー像

1766年

メスメリズム

フランツ・アントン・メスメル（1734〜1805）

同時代のほかの理論家と同じく，ドイツの医師フランツ・メスメルは，健康状態も含め，星と惑星が常に人の生活に影響を及ぼしているという考えを信じていました。メスメルは1766年に執筆した博士論文で，病とは惑星が人体内の体液に悪影響を及ぼした末に起こるものだと論じました。治癒は，彼が動物磁気と呼ぶもののバランスが回復するかどうかにかかっていました。その後，メスメルはこの治療法をさらに洗練させ，患者に磁気を帯びた鉄の棒を触れさせるようになります。名声を得た彼は，動物磁気によって，植物，本，布など，あらゆる物体に磁気を帯びさせることができると信じるようになりました。そして，それらの物体は遠くからでも患者の体内の磁性のバランスを回復させると主張しました。さらに後年のメスメルは，自分が触れたり見つめたりするだけで患者の体内のバランスが整い，治癒へと導くことができると信じるに至ります。

才能ある盲目の少女の治療においてウィーンで不評を買ったのち，メスメルは1777年にパリに移住しました。そして間もなく，マリー・アントワネットを含む裕福な婦人の治療に携わるようになります。そこでは特別にしつらえた部屋でのグループ療法を導入し，音楽を静かに流し，患者に磁気を帯びた鉄の棒を持たせて座らせました。青みがかった紫色の服を着たメスメルが部屋のなかを歩きまわり，患者にそっと触れていくと，ほぼいつも，悲鳴，けいれんが起こりました。なかには失神する者まで出ました。たいていの患者はこの療法で治ったと報告しましたが，ここでまたしてもメスメルは医学界の反発に遭います。今回は王立委員会（当時フランス大使を務めていたベンジャミン・フランクリンを含む）が，すべての効果は単に患者の空想にすぎないと結論づけたのです。

メスメルは評判が悪かったものの，彼の理論はあまたの改良を経て19世紀にも引き継がれ，二つのきわめて重要な成果を残しました。一つはメスメリズムから昇華した催眠術，二つ目は，メスメルの功績により無意識に関する新たな理論が導き出され，フロイトの**精神分析**の下地ができたことです。

参照：人相学（1775年），アメリカにおける骨相学の普及（1832年），精神分析（1899年）

人さし指から発せられる冠状の電気をとらえたキルリアン写真

1775年

人相学

ヨハン・カスパー・ラヴァーター（1741〜1801）

人相学とは，己と他者を理解する手段として，人類が長きにわたり身体に現れるサインを「読み取ろう」としてきた試みの流れを汲むものです。西洋では，精密科学で多数の自然現象が説明できるようになるにつれ，このような昔からの体系への信頼性が薄れていきましたが，完全に途絶えたわけではありませんでした。特に，教育や正規の学習の機会を得られなかった人々にとって，人体は依然として世界を理解するための拠りどころであり続けました。それは生活様式が田園地方から都会へ，農作業から小さな町工場での雇用へと移行した産業革命の時代においても変わりませんでした。

古くから人格を理解するために体系立てられた人相学を，18世紀末期にスイスの牧師ヨハン・カスパー・ラヴァーターが再流行させせました。ラヴァーターは外見と内的性質，能力を関連づける体系を確立し，図解をふんだんに取り入れた人相学に関する書籍を４冊出版します（1775〜1778年）。これらの書籍は１世紀にわたり重版されました。のちに人格と知性と呼ばれるようになる人の気質と能力を，わかりやすく図示していました。

ラヴァーターは，この体系は人々が己と他者の性向と感情を理解する一助となり，自己管理と社交関係の管理を容易にするものだと提唱しました。人の内面的生活を対象とした人相学は，日常的または実用的な心理学としての役割を果たし，科学的心理学の登場へと続く社会の地盤を整えたのです。

人相学は哲学者のイマヌエル・カントや小説家のジェーン・オースティンなどの名士から市井の人々に至るまで，あらゆる階級を惹きつけました。小説家にとって，人相学の用語の使用は登場人物の性格の説明を端的に表すことにつながります。人相学とその初期の支流である骨相学が，特定の人種の優位性を正当化するために利用されることは避けられません。しかしそれにより，人々が己と隣人の感情，類似点，相違点を理解するための言語が誕生したのも事実です。

参照：手相占い（紀元前5000年），アメリカにおける骨相学の普及（1832年），体型と気質の類型（1925年）

上：ヨハン・カスパー・ラヴァーターの肖像画（版画）

右：『シルエット法』。ラヴァーターの『Essays on Physiognomy（人相学論）』（1789年）より。顔の特徴を明確に示すシルエットは，人相学的観点から人の性格を判断するうえで重要でした。

1781年

カント：心理学は科学か？

イマヌエル・カント（1724～1804）

生涯を通じてドイツの小さな町ケーニヒスベルクで過ごしたにもかかわらず，イマヌエル・カントは西洋の知識層の系譜のなかで最も偉大な哲学者とされています。心理学の分野で，カントは手ごたえのある課題を提示し，心もまた，自然科学の各分野に適用されているのと同じ手法で研究できると主張しました。

カントの主張は，心に関心をもち，実験的に研究しようとしている科学者に課題を突きつけました。その課題に取り組むため，人がどうやって世界を認知しているかを説明するカントの理論と向き合わざるを得なくなったのです。1781年に出版した書籍『純粋理性批判』で，カントは現実には叡智《えいち》界と現象界という二つの異なる側面があると論じました。叡智界は外的であり，純粋な状態の物体（物自体）から成り，人の経験から独立して存在します。人の心が物自体の存在を認識すると，それは現象へと変わり，心のなかで分類されます。

ここに，カントが呈した疑問の真髄があります。心とは受動的というより，むしろ能動的なものだと考えたのです。彼の理論では，人が経験を積む際，心は特定のルールに従ってその役割を担うことになります。実際に世界が整然としているからではなく，心が世界での経験をそのように系統立てて整理するようになっているため，現象は12の先験的分類にまとめられます。

この論争が心理学の科学への扉を開けることにつながらなかったのは，なぜでしょうか。それは，カントが精神作用は時間のなかに存在するものの，空間的広がりはもたないと唱えたためです。カントによれば，これは人間の心の働きを数学的に表現するのは不可能であることを意味します。そして数学は真の自然科学の象徴なので，心理学は科学たりえず，単なる歴史的・記述的学問にすぎないというわけです。19世紀が終わりを迎える前に，心の働きを実験的に測定する方法を見いだしたと確信する科学者たちは，カントが提示したこの課題に真っ向から取り組むことになります。

参照：丁度可知差異（JND:Just-Noticeable Difference，1834年），感覚生理学（1867年），精神時間測定法（1879年）

ロシアのカリーニングラードに建つイマヌエル・カント像

KANT

道徳療法

ウィリアム・トゥーク（1732～1822），**フィリップ・ピネル**（1745～1826），**ヴィンチェンツォ・キアルージ**（1759～1820）

ヨーロッパの啓蒙時代，人間は論理的な生き物として再定義されました。狂気は体液のバランスの乱れではなく理性を失うことにより起こるものとして説明され，その治療法もおのずと変わります。瀉血や瀉下に代わり，患者が理性を取り戻せるよう手助けすることを目指した治療は，道徳療法と呼ばれるようになりました。

道徳療法が最初に始まったのは1788年のイタリアです。医師のヴィンチェンツォ・キアルージが改革に当たり，患者を鎖でつないだり折檻することを禁じ，患者を鎮めるためにアヘン[2]を頻繁に用いました。フランス人の医師フィリップ・ピネルは1792年にパリのビセトル精神病院の院長に就任し，啓蒙主義に基づき新たな人道的治療方針を打ち立てました。そのような治療こそが，理性の回復に役立つと信じたのです。患者たちを手かせ足かせから解放し，敬意と品位をもって扱うことで，治療は大いに成功しました。

それとほぼ同じ時期のイングランドでは，クエーカー教徒が精神障害に苦しむ信者の治療について懸念し，ヨーク療養所を開設します。ウィリアム・トゥークの指揮のもと開設されたその療養所は，精神疾患とは適切な治療により回復可能なものであるとの信念に基づいた施設でした。施設の職員は博愛と親身な気遣いをもって仕事に当たり，患者の健康回復に役立つ作業に従事する機会を提供しました。

アメリカの初期の精神科医も，ベビーベッドのような小さなベッドに患者を寝かせて体を動かす余地をなくすなどの拘束方法も含め，当時は比較的人道的とみなされていた治療を採用していました。その根拠は，そうすることで患者が落ち着き，徐々に意識と理性が回復していくというものでした。

道徳療法は1830年代までには，たいていのアメリカの精神病院における標準となり，患者数が少ない間は多数の成功例が報告されました。しかし19世紀後半になると，精神病院の患者数が大幅に増加し，経済的支援と地域社会の支援は減る一方でした。そのため同世紀末には，精神病院は単に正気を失った人を押し込めておくための人間倉庫と化してしまったのです。

参照：ベドラム（1357年），抗精神病薬（1952年）

---

[2]現在，アヘンは法律によって医療および学術研究以外の譲渡，譲受，所持などについて規制されています。

強い酒が人の身体と心に及ぼす影響の対照表。1812年にベンジャミン・ラッシュが書きました。ラッシュは独立宣言書の署名者の一人で，アメリカにおける道徳療法の創始者の一人でもありました。

A MORAL AND PHYSICAL THERMOMETER.

A scale of the progress of Temperance and Intemperance.—Liquors with effects in their usual order.

TEMPERANCE.

70	*Water,*	Health and Wealth.
60	*Milk and Water,*	Serenity of Mind, Reputation, Long Life, and Happiness.
50	*Small Beer,*	
40	*Cider and Perry,*	Cheerfulness, Strength, and Nourishment, when taken only in small quantities, and at meals.
30	*Wine,*	
20	*Porter,*	
10	*Strong Beer,*	
0		

INTEMPERANCE.

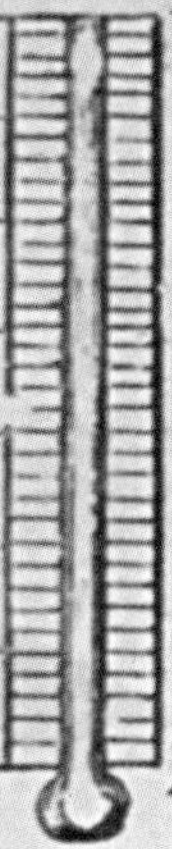

		VICES.	DISEASES.	PUNISHMENTS.
0				
10	*Punch,*	Idleness,	Sickness,	Debt.
20	*Toddy and Egg Rum,*	Gaming, Peevishness, Quarrelling,	Tremors of the hands in the morning, puking, bloatedness	Jail.
30	*Grog—Brandy and Water,*	Fighting, Horse Racing,	Inflamed eyes, red nose and face,	Black Eyes, and Rags.
40	*Flip and Shrub,*	Lying and Swearing,	Sore and swelled legs, jaundice,	Hospital or Poor House.
50	*Bitters infused in Spirits and Cordials.*	Stealing and Swindling,	Pains in the hands, burning in the hands, and feet,	Bridewell.
60	*Drams of Gin, Brandy, and Rum, in the morning,*	Perjury,	Dropsy, Epilepsy,	State Prison.
	The same morning and evening,	Burglary,	Melancholy, palsy, appoplexy	do. for Life.
70	*The same during day and night,*	Murder,	Madness, Depair,	GALLOWS.

1801年

アヴェロンの野生児[3]

ジャン・マルク・ガスパール・イタール（1774～1838）

1800年1月のある寒い日，裸の少年が震えながらフランス南部の農家へ迷い込んできました。12歳くらいと思しき少年は，話すことができず，人間としての振る舞いもわからず，鏡に映った自らの姿を自分自身と認識することができませんでした。間もなく，少年はおそらく5歳頃から何年も森のなかで孤独に暮らしていたことが明らかになります。高潔な野人について，そして，その野人を文明化するプロセスにおける教育の役割を啓蒙的に論じる際に，野生児ヴィクトールは格好の材料となりました。

ヴィクトールはパリに連れていかれ，数人の専門家の鑑定を受けました。そのうちの一人は，彼を「先天的な重度の知的能力障害」と診断しました。その後間もなく，当時の王立聾唖《ろうあ》研究所の主任だった医師のジャン・マルク・ガスパール・イタールのもとで養育を受けることになります。イタールは先の診断に異議を唱え，ヴィクトールの障害は他者と関わりをもたなかったことに由来するもので，社会への順応と教育により治癒可能だと主張しました。こうして，ヴィクトールは教育の効果を試すための試験台となります。

イタールと助手は5年にわたりヴィクトールに言葉と文明的な生活の仕方を教えようと試みました。少年は調理された食事を食べ，きちんと衣服を着用し，風呂に入ることを覚えましたが，言葉を発することはありませんでした。イタールが発見したことは，のちの実験科学により証明されます。すなわち言語の獲得には臨界期があり，その時期を過ぎてしまうと言語の習得はきわめて困難になるのです。

概念的なレベルからは，イタールとヴィクトールの例は，人間の発育の研究に対する新たなアプローチといえます。イタールはヴィクトールに関して1801年と1806年に二つの報告書を作成しています。イタールがヴィクトールの教育に失敗したことを仕方なく認めた一方で，フランスの文部大臣はその系統だった手法を高く評価しました。イタールの報告書を，同じく役に立つ介入を必要としている子どもたちの研究への新たな科学的アプローチとして絶賛したのです。

参照：ルソーの自然人（1762年），幼稚園（1840年），子どもの家（1907年）

[3] このヴィクトールが「野生児」だったかどうかについては疑問もあり，現在では批判的な意見も提出されています。知的障害だったのではないか，あるいは自閉症と似た振る舞いがあることから自閉症だったのではないかなどと考える研究者もいます。

『カピトリーノのオオカミ』のブロンズ像。ローマの伝説的創始者である双子，ロムルスとレムスの幼児期を描いたものです（13世紀）。

IN CAPITOLIO P

1811年

ベル・マジャンディの法則

チャールズ・ベル（1774～1842），**フランソワ・マジャンディ**（1783～1855）

人の知性を神の力ではなく自然法則の観点から説明できるかという問いは，19世紀に大きな論争を巻き起こしました。この時代には実験が真実を見極める方法となり，実験室が実験を通じて真実を発見する場所となりました。

感覚神経と運動神経の違いは，スコットランドの解剖学者チャールズ・ベルが1811年に，フランスの心理学者フランソワ・マジャンディが1822年に，それぞれ別々に証明しました。これにより，実験を通して神経系の機能を心理学的な意味合いから追求することが可能になったのです。ベルとマジャンディが指摘したのは，それぞれの種類の知覚神経が，視力，聴力，触覚などの特定の知覚機能と結びついているということです。この発見はベル･マジャンディの法則と呼ばれるようになり，ドイツの心理学者ヨハネス･ミュラーは特殊神経エネルギー説を発展させるのにこれを応用しました。研究者たちは特殊神経エネルギーの概念を用いて，人体の神経系がどのように機能し，人の思考と行動にどのような役割を果たしているのかに関する機構モデルを発展させることができました。

２種類の神経を実験で区別することの科学的な意味合いは，反射作用の研究に見ることができます。イギリスの生理学者マーシャル・ホールは，感覚と運動を分けることで，末梢神経の作用と動作との間に特定の関連性があることを証明しました。ホールは反射作用を例にとり，高度な精神機能の介入なしに起こる神経作用の観点から，人の行動を説明しました。かつてルネ・デカルトなどは，人の行動は意識的に起こるものであり，脳と魂は同等で，魂が人の行動を支配しているため，実験の必要はないと提唱しましたが，ホールの考えはそれに真っ向から反論するものでした。ホールの研究を生理学的に見ると，人の行動のいくつかの側面は刺激と反応に基づいていることを示唆していました。こうして，脳の機能と人間の行動との関連性を理解するのに，実験が役立つことが確証されたのです。

参照：脳機能の局在性（1861年），感覚生理学（1867年）

チャールズ・ベルが著した『Manuscript of Drawings of the Arteries（動脈図解書）』に収録されている図。「最も一般的かつ規則正しい総頸動脈の分岐ネットワーク」を示しています。

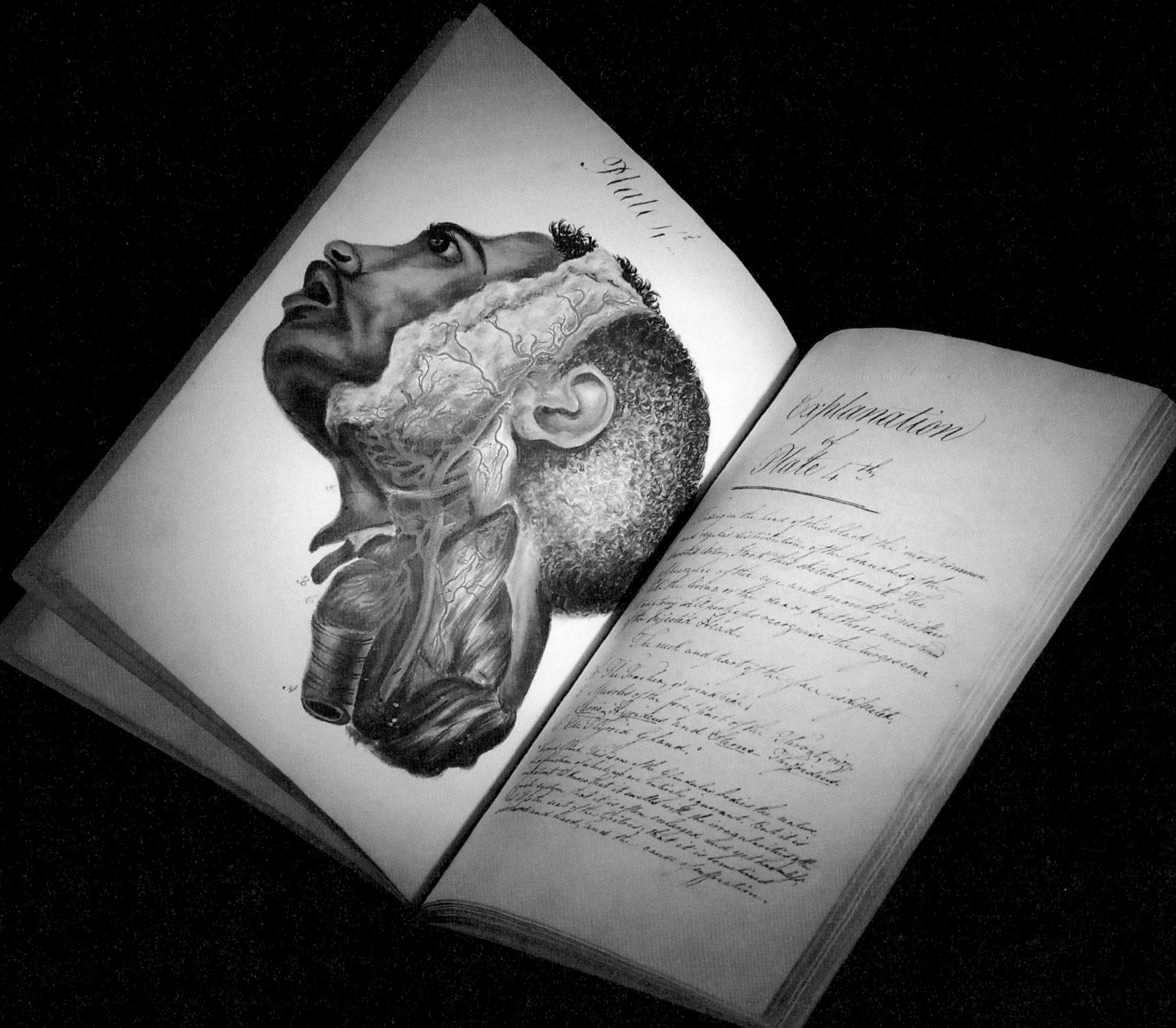
Plate 4th
Explanation
of
Plate 4th

1832年

アメリカにおける骨相学の普及

フランツ・ヨーゼフ・ガル（1758〜1828），**ヨハン・スプルツハイム**（1776〜1832），**オーソン・ファウラー**（1809〜1887），**ロレンゾ・ファウラー**（1811〜1896），**サミュエル・ウェルズ**（1820〜1875）

ウィーンの医師フランツ・ヨーゼフ・ガルは，頭蓋の凹凸をその下にある脳の構造と関連づける方法を編み出しました。その方法は間もなく骨相学と呼ばれるようになりました。1832年，ガルの生徒ヨハン・スプルツハイムによって骨相学はアメリカに紹介され，自己啓発が大きな関心を集めていた当時，大いに人気を博しました。人柄と性格は科学的に研究できるだけでなく，そのような研究を自己啓発にも適用できるという考えを大衆が受け入れ，信じたのです。

骨相学の人気に乗じて，野心的な二人の兄弟がアメリカで特に成功を収めました。オーソンとロレンゾのファウラー兄弟は，義理の弟サミュエル・ウェルズとともに，ニューヨーク，ボストン，フィラデルフィアで1830年代末に骨相学クリニックを開設します。このクリニックの目的は骨相学的な検査と診断をすることでした。ほとんどの場合，たとえば両親が子どもの問題行動の原因を探りたい，婚約中のカップルがお互いの相性を知りたいなど，患者の具体的な要望に応じて検査と診断が行われました。骨相学者があらかじめ告知した日程で全米を巡回し，待ちわびていた顧客を出張診断することもありました。

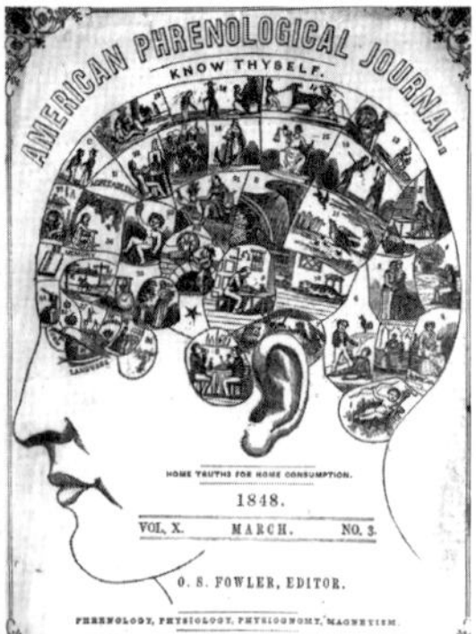

ファウラー兄弟とその他の訓練を積んだ骨相学者は，アドバイスマニュアルを作成し，今でいう自己啓発本を何冊もやがて出版するようになりました。あるときには，コインを入れると開く機械に自己診断を通じた人格分析書を入れて販売する，自動販売機まで企画されたほどです！

絶大な人気と，専門家としての正当性を確立しようというファウラー兄弟の努力にもかかわらず，骨相学の科学的な有効性には常に疑いの目が向けられていました。しかし，骨相学はさまざまな検査やセラピーを通じて人々が自分の人生を理解し，向上させる一助となりました。したがって，アメリカにおける臨床心理学の出現の下地を築いたともいえます。

参照：手相占い（紀元前5000年），人相学（1775年），脳機能の局在性（1861年），優生学と知能（1912年）

上：1848年にファウラー兄弟とウェルズがニューヨークで発行した*American Phrenological Journal*（アメリカ骨相学ジャーナル）

右：ジョセフ・ベッカーのスケッチを原画とした木版画（1882年）。ホワイトマウンテンズの出張骨相学者いわく，「ええ，お嬢さん，あなたの頭蓋は非常にすばらしい」

1834年

丁度可知差異（JND）

エルンスト・ウェーバー（1795〜1878），**グスタフ・フェヒナー**（1801〜1878）

たいていの学者は18世紀から19世紀にかけて，精神作用を数学的に説明することができないため，心を科学的に研究するのは不可能だと考えていました。そんななか，ドイツの心理学者エルンスト・ウェーバーによる触覚の研究に関する書物が1834年に初めて出版され，感覚の違いを認知する人間の機能に関する研究の先鞭《せんべん》をつけました。重さや温度の感知の差異についての研究で，ウェーバーはそのような違いは特定の法則に従い数学的に説明できると結論づけたのです。彼は，実際にいくら増えたかではなく，比較対象に比例して重いときに，人は重さの違いにはっきり気づくことを発見しました。触感，光，音などの各感覚について，違いを検知するのに必要な差異は，もとの刺激の量に比例していることになります。ウェーバーはその比率を計算し，それぞれの感覚について，丁度可知差異またはJNDと呼ばれるものを確立しました。たとえば，重さの違いを検知する丁度可知差異は，常に重いほうの物の1/30となります。

1850年，ドイツの哲学者で心理学者のグスタフ・フェヒナーは，心理学の世界と物理的世界の間に法則とも呼べる関係があることを実験で証明しました。フェヒナーのアプローチは，のちに精神物理学として知られるようになります。ウェーバーによるJNDの発見に基づき，フェヒナーはそれぞれの感覚のJNDが一定の比率なら，それは主観的に経験した刺激の強度を表す測定単位とみなすことができると推論しました。そして検知可能な最も強度の低い刺激から始め，連続するそれぞれのJNDを点でつないでいけば，物理的世界と人の主観的な経験との関係を説明，予測することができるという，数学的な法則を発見しました。ウェーバーとフェヒナーは，心理的な現象を量的に説明できると証明したのです。

参照：感覚生理学（1867年），実験心理学（1874年），精神時間測定法（1879年）

上：グスタフ・フェヒナーの研究は，JNDが一次関数ではなく対数として表現できることをはっきりと示しました。

右：1892年にフェヒナーからインスピレーションを得てヨハネス・エミール・クンツェが描いた図

1835年

背徳症（サイコパシー）

フィリップ・ピネル（1745～1826），ジェームズ・プリチャード（1786～1848），ハーベイ・クラックリー（1903～1984），ロバート・ヘア（1934～）

偉大なフランス人医師フィリップ・ピネルは1790年代，自らが院長を務めるパリのサンペトリエール病院に変わった病態の患者が時折いると記しました。そうした患者は知的な障害はなく，精神異常でもありませんが，統合失調症患者のような逸脱行動が見られました。ほとんどは男性でした。1835年，イギリスの精神科医ジェームズ・プリチャードは，そのような個人の説明に「背徳症」という言葉を使いました。プリチャードは彼らの認知力に問題はなく，妄想もないことに気づきます。異常は行動に見られ，常識的な感情や社会の規範をほぼ完全に無視したような行動をとると述べています。

アメリカの精神科医ハーベイ・クラックリーは20世紀半ば，男性の入院患者のある集団に見られる症状を示す用語として「サイコパシー」という言葉を使いました。彼は著書『The Mask of Sanity（正気の仮面）』（1941年）のなかで，魅力的だが道徳基準と良心を一切もたない人々について，興味深い一方で恐ろしい記述を残しています。サイコパスとは「正気の仮面」を被り，外面は普通で，むしろ魅力的かつ社交的に見えますが，完全に破滅的な行動をとる人々を指します。同書は大衆の想像力をかき立て，サイコパスにまつわる社会現象に触発された映画『郵便配達は二度ベルを鳴らす』『サイコ』『羊たちの沈黙』などが制作されました。

クラックリーは症例の描写を通してサイコパスを説明しました。カナダの精神科医ロバート・ヘアは，診断の一助としてサイコパシー・チェックリスト（1980年）を考案しました。これは20項目のチェックリストで，不特定多数との性行為，衝動性，自責の念の欠如，表面的な魅力，病的な虚言癖，自らの行動の責任をとることの拒否などを診断します。

この障害はアメリカ精神医学会の精神疾患診断統計マニュアル『Diagnostic and Statistical Manual of Mental Disorders（以下DSMと略記）』のなかで「反社会性パーソナリティ障害」として分類されています。この障害の持ち主は人を欺き，攻撃的で，自責の念や忠誠心がなく，他者の権利を常に無視すると説明されています。サイコパスの診断は，他者への計画的な暴力行為を予測するための唯一かつ最善の方法となっています。

参照：ベドラム（1357年），統合失調症（1908年），アメリカの精神障害分類（DSM, 1918年）

何人もの子どもを殺害した大量殺人鬼で1440年に絞首刑になった最も悪名高いサイコパス，ジル・ド・モンモランシ＝ラヴァルことジル・ド・レ男爵の姿を描いたイラスト。アルバート・モル著『Handbook of Sexology（性科学ハンドブック）』（1921年）より。

1838年

ミュンヒハウゼン症候群

ヘクター・ギャビン（1815～1855），リチャード・アッシャー（1912～1969）

身なりの整った若い男性が大都市の緊急救命室を訪れ，しつこく続く重篤な消化器症状に悩まされていると訴えました。検査の結果，その原因は毒物の摂取だとわかりました。入院中の男性はこれまでの病歴について事細かに語り，看護師やほかの患者を楽しませました。看護師のうちの一人が，彼を別の病院で見かけたことに気づきます。実際には，この若者は自分で毒物を飲んでおり，自ら招いた問題によって入院するのは初めてのことではないと判明します。ドイツの騎兵隊幹部で，軍での手柄と英雄的な行為を大げさに語ったことで評判となったミュンヒハウゼン男爵カール・フリードリヒ・ヒエロニュムスの名にちなんだ人為的な（虚偽の）疾患，すなわちミュンヒハウゼン症候群を患っていたのです。のちに公衆衛生改善における功績で名を上げるエジンバラの医師ヘクター・ギャビンが，1838年にその症状について初めて言及しました。イギリスの医師リチャード・アッシャーが，1951年にこの症候群を名づけました。

ミュンヒハウゼン症候群はありふれてはいないものの，興味深い疾患です。転換性障害と関連性があり，患者は典型的には医学的知識が豊富で，ほとんどの場合，病院またはその関連施設で働いた経験があります。長期間にわたり何人もの医師の下で治療を受け，複数回入院し，この病気を見抜かれないよう，病院を転々として治療を受けることもあります。

この病気の患者は，医療専門家に関心を向けてもらおうと奮闘し，注目を集め，特別な配慮をしてもらうなど，病人の役を演じることで得られる副次的な利益を目当てとしています。心気症やその他の身体表現性障害とは異なり，ミュンヒハウゼン症候群の患者は意識的，意図的に身体的な症状をつくり出すと考えられています。

奇妙で危険なバリエーションとして，代理ミュンヒハウゼン症候群があります。これは，（典型的にはその世話をする人物が）子どもや肉親など，ほかの人物の疾患を誘発または偽装することです。たとえば，親が子どもに薬物や病原菌に汚染されたものを投与し，治療を求めます。場合によっては，親が子どもの精神疾患症状を誘発することもあります。しかし，注目を集めたい対象は病人ではなく，世話をしている自分自身なのです。

参照：アメリカの精神障害分類（DSM, 1918年），心療内科（1939年）

ドイツの画家オーガスト・フォン・ヴィレが描いた，砲弾に乗るミュンヒハウゼン男爵（1872年）

1840年

幼稚園

フリードリヒ・フレーベル（1782～1852）

子どもを中心とした教育理念の起源は，18世紀にフランスの哲学者ジャン・ジャック・ルソーが著した書物にさかのぼります。そこでは，子どもには生まれつき学びたいという欲求が備わっている，または自然な流れのなかで子どもは学びへと導かれるという発想が具体的に表現されていました。このアプローチにおける教育の役割は庭師のようなもので，子どもが自然に成長していけるように世話をすることです。これをはっきり表した言葉として，ドイツ人の教育者フリードリヒ・フレーベルが「子どもの庭」を意味する「kindergarten」という用語を使うようになりました。

フレーベルは孤独な幼少期を過ごしました。母はまだ彼が赤ん坊のうちに亡くなり，ルター派の牧師だった父は仕事に忙殺されていました。ドイツのなかでも特に自然に恵まれた地方に暮らしていたためか，人生の早い時期で自然に強い愛着を感じるようになります。フレーベルは自然とはつまるところ，万物の調和と相関性の表れであると考えました。

若きフレーベルは，子どもの教育に生涯を捧げることを決意します。スイスの教育家ヨハン・ペスタロッチの影響を受け，子どもたちが遊び，歌い，探検し，体験を通じて学べる場をつくることを目指しました。

1837年，フレーベルは二人の友人とともに，ドイツのチューリンゲン州に子どもが遊び，さまざまな体験ができる施設を開園します。彼はこの施設を1840年から「幼稚園」と呼ぶようになります。子どもの体験を促すために，自分の哲学を具現化した玩具，あるいは「贈り物」とも呼ぶべきものを一式つくりました。そのうちの一つはボールで，自然の調和と人類の完成された状態を暗示しています。模様の入った幾何学的な形状をしたブロックもあり，これは子どもに一つの要素が全体の一部であるという関係性を教えるためのものでした。フレーベルは体験や素材を通して，学校を子どもが自然にもって生まれた資質を高め，学んでいける場にしようとしました。

奇妙なことに，当時の幼稚園はドイツやその他の国でもあまり成功しませんでした。しかし19世紀末までには，世界中の多くの国に普及したのです。

参照：ルソーの自然人（1762年），子どもの家（1907年）

ドイツの画家ワルター・フール（1859～1929）が描いた『Three Girls Reading（読書する3人の少女）』（油彩・画布）

1843年

機械は思考できるか？

チャールズ・バベッジ（1791～1871），**エイダ・ラブレス伯爵夫人**（1815～1852）

1747年にフランスの医師ジュリアン・オフレ・ド・ラ・メトリーは『人間機械論』を出版した当時，人々の怒りを買いました。しかし，それから約1世紀後，博識なイギリス人チャールズ・バベッジが「考える」ことのできる機械を設計します。バベッジはこの機械を「解析機関」と名づけました。これにより，20世紀中期の認知研究，コンピューター，人工知能の原型が示されたのです。

バベッジは，機械が人間の計算能力を高めることを期待して解析機関を設計しました。その前の機械である階差機関は，有限差分法の原理を用いて数表を自動的に計算，印刷するためのものでした。

その後，汎用性のある演算ができるより複雑な機械を設計し，近代電算処理の先駆者となります。解析機関はパンチカードを用いて機械的な計算機を制御する仕組みになっており，前の計算結果を入力することができるようになっていました。バベッジは亡くなるまで設計の改良を続けました。

詩人のバイロン卿の娘としてよく知られているエイダ・ラブレスは，すぐれた数学者で，バベッジと親交を結びます。近代電子演算におけるラブレスの最も重要な貢献といえば，イタリアの技術者ルイジ・メナブレアによる解析機関に関する講演記録についての注釈でしょう。ラブレスは1843年に出版されたその注釈のなかで，解析機関はただ数字を演算するのみならず，音程などの抽象的な形で表現される素材も扱える可能性があると指摘しました。そして，繊細な音楽さえも解析機関で作曲可能だろうとまとめています。しかし一方で，解析機関が真の創造性をもつ可能性には反対しており，解析機関はプログラムされているだけであると述べています。彼女の見解は「ラブレスの異論（Lovelace objection）」として知られるようになりました。

プログラム可能，記憶格納装置，中央処理装置など，解析機関が現代のコンピューターと同じ特徴をもっていたのは明らかです。バベッジの設計した機械は決して完成することがなかったものの，現代のコンピューターの原型となり，後世の科学者にインスピレーションを与えました。バベッジの研究は，現代の認知科学と人工知能研究を予期していました。

参照：チューリングマシン（1937年），サイバネティックス（1943年），ロジック・セオリスト（1956年）

マーガレット・サラ・カーペンターが描いた，エイダ・ラブレス伯爵夫人の肖像画（1836年，油彩・画布）

1848年

フィニアス・ゲージの興味深い症例

フィニアス・ゲージ（1823〜1860）

アメリカの鉄道網が急成長を遂げていた時代に，ある爆発事故によって人の脳と人格のつながりに関する新たな洞察が得られました。1848年，フィニアス・ゲージはラットランド・アンド・バーリントン鉄道の建設現場主任として，バーモント州キャベンディッシュ近くで新しい線路の敷設工事に当たっていました。ダイナマイトに誤って鉄の突き棒を落とし，火花が散って近くにあった発破用火薬に引火してしまいます。長さ約109cmの突き棒が爆風に吹き飛ばされ，ゲージの頭蓋を突き抜けて，その後方30mほど離れた場所に落ちました。棒は脳の前部を貫通し，前頭葉の大部分が損傷しました。前頭葉は脳のなかでも，行動，運動神経，問題解決能力と関連づけられている部分です。ゲージは左目の視力も失います。

このような大けがにもかかわらず，ゲージは生きていました。驚くべきことに，彼はただちに意識不明とはならず，ホテルの部屋まで自分で歩くことさえでき，傷口をきれいにしてもらったのち，数日後には仕事に復帰できるだろうと語っていました。しかし容体は一時的に悪化し，床につくことになります。ニューハンプシャー州の自宅での療養後，以前の仕事に復帰しようとしましたが思うようにいかず，厩舎でしばらく働いてからチリへ行き，そこで8年間を過ごします。その後，てんかんを患うようになり，死期が近づくとアメリカにまた戻ってきました。

ゲージが以前の仕事に復帰できなかった理由は，人格が変わってしまったからです。現場監督として働いていた頃のゲージは気分にむらがなく，落ち着いていて信頼の置ける男でした。ところが，けがの回復後は衝動的で子どもっぽく，怒りを抑えきれない人間になってしまったのです。知性が失われてしまったのも明らかでした。ゲージが遭遇した悲惨な事故は，前頭葉と人格の密接な関係を示す，最初の明確な事例といえるでしょう。

参照：脳機能の局在性（1861年），分離脳の研究（1962年）

上：脳の損傷後も生きながらえたフィニアス・ゲージ（1823〜1860）のキャビネットカードタイプの肖像写真。けがの原因となった鉄の突き棒をもっています。右：マサチューセッツ州医師会発行『Recovery from the passage of an iron bar through the head（鉄の棒貫通後の回復）』第2巻346ページ（1868年）より。

Fig. 1.

View of the tamping iron, and front view of the cranium, showing their *comparative* size.

Fig. 2.

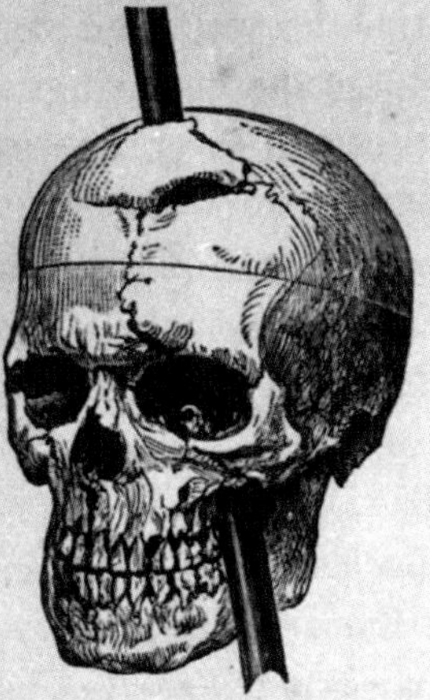

Front and lateral view of the cranium, representing the direction in which the iron traversed its cavity; the present appearance of the line of fracture, and also the large anterior fragment of the frontal bone, which was entirely detached, replaced, and partially re-united.

Fig. 3.

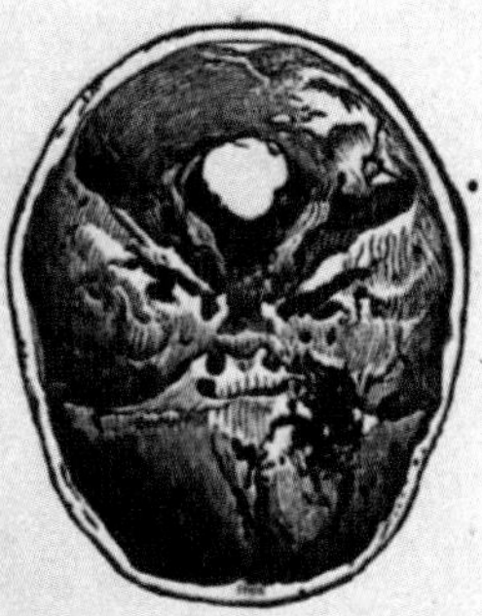

View of the base of the skull from within; the orifice caused by the passage of the iron having been partially closed by the deposit of new bone.

1851年

循環精神病

ジャン・ピエール・ファルレ（1794〜1870），**エミール・クレペリン**（1856〜1926）

学者のロバート・バートンは著書『憂うつの解剖』（1621年）のなかで，何世紀にもわたり，気分の浮き沈みの激しい人が存在することが観察されてきたと記しています。サルペトリエール病院で働いていたフランスの医師ジャン・ピエール・ファルレはこのような患者の心の浮き沈みを「循環精神病（folie circulaire）」という言葉で表現しました。1893年には，精神科医であり精神疾患の近代分類体系の創設者エミール・クレペリンが，「循環精神病」を「躁うつ病」という用語に言い換えました。アメリカ精神医学会のDSM第5版（通称DSM-5）で，この症状は双極性障害として分類されています。

さまざまな呼び名が示すとおり，その診断にはうつ状態と躁状態の症状が含まれます。事実，主にうつの症状が出ている場合でも，一度でも躁の症状が発現したことがある患者は双極性障害と診断されます。躁うつの症状がいったん始まると，何度も再発すると考えられています。

この精神疾患でうつの症状が見られることは，それほど理解は難しくありませんが，躁が意味することは一体何でしょうか。躁の症状は，典型的にはきわめて極端なもので，通常これは現実との乖離《かいり》，つまり精神が病んでいることを示します。気分が高揚し，幸福感さえ感じることがあり，診断を確定するには少なくとも１週間はその状態が続く必要があります。ときには怒りっぽくなり，暴力的になることさえあります。症状としては，目標を達成しようと極端な量の活動をこなしたり，観念奔逸《かんねんほんいつ》と呼ばれるような，いろいろな考えが次から次へと思い浮かんだりすることがあり，たいていの場合，睡眠時間が大幅に減ります。誇大妄想にとりつかれることもあります。

歴史的に見ても，創造性と躁うつ状態には関わりがあると考えられてきました。傑出した音楽家，画家，詩人，建築家，小説家もこの精神状態を経験しています。その多くが，躁状態にあるときに最も創造性が高まったと語っています。詩人のバイロン卿，小説家のバージニア・ウルフ，歌手のローズマリー・クルーニー，その他大勢の芸術家がこの精神疾患を患ったことで知られています。

参照：統合失調症（1908年），抗精神病薬（1952年）

上：躁うつ病を患っていたとされているフランスの詩人シャルル・ボードレールの写真（1863年）
右：イタリアの画家ブロンジーノが描いた『愛の寓意』（1546年）の詳細部分。自分の髪をわしづかみにして苦悩の表情を浮かべる老婆は，嫉妬を擬人化して表したものと考えられています。

1859年

精神療法

フィニアス・クインビー（1802～1866）

1800年代後期に新たな自助努力のムーブメントが起こり，健康を維持するためのさまざまな習慣や信条が生まれました。それらは新思想，または精神療法と呼ばれました。

このムーブメントの生みの親は，時計職人から催眠術師，さらに療法士へと転身したフィニアス・クインビーでした。1859年，クインビーはメイン州ポートランドに診療所を構え，心，行動，健康の間にある重要なつながりについて書物を著し，説いていました。その心理療法の手法では，患者と強い信頼関係が結ばれていれば，療法士は病の真の原因，すなわち患者の病に対する誤った信念を知ることができます。治療にはこの誤った信念を正すことが含まれ，正しい考え方をすることで健康を保ちました。これは心理療法の先駆けといえます。

クインビーの手法は社会的地位，学歴の垣根を越えて人々に影響を与え，魅了しました。かつてクインビーの患者だったマリー・ベイカー・エディは1866年にクリスチャン・サイエンス教会を設立し，1900年代初頭にはクインビーの影響を受けた大勢の男女が精神療法のアプローチを展開しました。多数の施術者が新思想の下でゆるやかにつながり，広い範囲にわたりこの療法の魅力を説いていました。新思想に関する書籍のなかには，何千，何百万部も売れたものもあったほどです。

アメリカの心理学者ウィリアム・ジェームズは，この動きを「健康志向の宗教」と呼びました。何百万人ものアメリカ人が健康と病気は心身の状態と重要な関連性があると信じていました。彼らにとって，そのような信条は菜食主義，果食主義，薬草を取り入れた食生活などの特殊な食餌療法，そして健康と精神機能を最大限に高めるための運動と結びつきました。健康な人とは，身体，心，精神が良好な状態にある人とされたのです。20世紀を通じて，心と身体のつながりの重要性は喜んで受け入れられました。それは薬草，食餌療法，運動への引き続きの関心とともに，**心療内科**，健康心理学，精神神経内分泌学のような新たな科学的アプローチにも表出していました。

参照：心理学原理（1890年），心療内科（1939年），健康の生物心理社会モデル（1977年），心身医療（1993年）

上：20世紀初期にオハイオ州クリーブランドのファースト・ディヴァイン・サイエンス教会が作成した蔵書票　右：マサチューセッツ州ケンブリッジのマウント・オウバーン墓地にある，メアリー・ベイカー・エディの記念碑。エディはフィニアス・クインビーの弟子の一人で，彼から学んだ原理をクリスチャン・サイエンスの初期の教義に反映しました。

1859年

種の起源

チャールズ・ダーウィン（1809〜1882）

1831年9月，チャールズ・ダーウィンはロバート・フィッツロイ船長の面接を受け，南米沿岸部の地図作成のため2年間にわたり航海するビーグル号に，紳士の客人として同乗することになりました。しかし実際には2年どころか，ビーグル号は世界旅行を2回するのと同じ距離を航海することになります。ダーウィンは船上の博物学者として，この航海中に標本の収集と入念な観察に没頭しました。彼は，何千点にもおよぶ地質学的，動物学的データを分厚い科学的日誌に記録しています。

1836年10月2日，ビーグル号はイングランドのフォルマスに着きます。プリマスサウンドを発ってから，約5年の歳月が流れていました。ダーウィンはそれから数年をかけて収集したデータを注意深く考察し，種は変化するのか，それならどのように，という疑問を抱くようになります。さまざまな資料からヒントを得て，彼はついに自然淘汰により徐々に進化が進むという理論にたどり着きます。1858年にイギリスの博物学者アルフレッド・ラッセル・ウォレスが似たような理論を導き出していたことを知るまで，ダーウィンは自分の進化論についてごく近しい数人の友人にしか話しませんでした。理論を導き出すまでの何年もの苦労が水の泡になるのではと危惧し，ダーウィンは持論を述べた『種の起源』を1859年に出版します。

ほぼすべての事例が動物の観察から導き出されたものでしたが，ダーウィンの理論では最初から，人間とその精神生活についても論じられていました。ダーウィンは心理学の発展において，三つの重要な貢献をしています。一つ目は，人間が自然の一部であるという証拠を示し，それゆえにほかの生物と同様，自然の法則に従って生きていると述べたこと。二つ目は，習性や能力の役割を定義の際の重要な側面とし，つまり特定の習性や能力がどのように有利に働き，生存に寄与するのかというアプローチをとったこと。三つ目は，ダーウィンの理論が，人間とほかの動物の能力を比較すること（これは比較心理学と呼ばれています）で実り多い結果が得られることを示唆しており，それが人間の進化の過程を理解するのに役立つこと。この分野はのちに発達心理学と呼ばれるようになります。

参照：心理学原理（1890年），機能心理学（1896年），感情の普遍的な表現（1971年）

上：1830年代末に描かれた，チャールズ・ダーウィンの肖像画（水彩画）
右：イギリスのロンドン自然史博物館に展示されている『進化のはしご』

1861年

脳機能の局在性

ポール・ブローカ（1824〜1880）

19世紀を通じて，魂，心，脳の性質についての激しい論争が絶えず起こっていました。精神機能は完全に脳の活動のみによるものなのでしょうか。または，2世紀前にフランス人哲学者ルネ・デカルトが論じたように，理性をはじめとする特定の機能は神の御手のみが制御できるものなのでしょうか。19世紀になると新たな世代の科学者たちが臨床的な症例研究を行い，自らの理論の裏づけとなるような証拠を見つけるべく研究室で実験するようになっていました。最も論争を呼んだのは，精神機能は局在的なものか，つまり脳の特定の領域だけで起こるものかというテーマです。フランツ・ガルは頭蓋の表面に関する研究，すなわち骨相学を発展させ，心の機能は完全に脳に由来するもので，ある特性は脳の特定の領域に見いだすことができると断言しました。大勢の人はガルのこの主張を無神論者的だとみなし，反証を見つけようとしました。しかし，19世紀半ばまでには少なくともいくつかの精神機能はやはり脳に局在していることが証拠により裏づけられました。

そのような機能の一つが言語でした。1861年に若きフランス人外科医ポール・ブローカは，「タン」という愛称で知られていたルボルニュという男性患者の症例を注意深く研究した結果，最初の具体的な証拠を提示しました。タンは何年も前から話す能力を失っており，その死の数日前にブローカの患者となっていました。ブローカはこれにより，話す能力は脳の前頭葉に局在しているという自分の理論を証明する機会が得られたと確信します。解剖の結果，左前頭葉の後部に損傷が見られました。ほどなくして，失語症と脳の部分的な損傷の関係を示したほかの事例も見つかり，その所見は議論に最終的な決着をつけるには至らなかったものの，脳機能の局在性の決定的な証拠が提示されました。話す能力が失われることは，現在では「ブローカ失語」として知られています。

ブローカ以降も，何人もの科学者が脳機能の局在性の証拠を提示しています。19世紀末までに脳の研究は明らかに科学の領域とみなされ，哲学や宗教に根拠を求める必要もほとんどなくなりました。

参照：フィニアス・ゲージの興味深い症例（1848年），分離脳の研究（1962年）

右のイラストは，空間処理，言語処理，感覚を司ると信じられている脳の前頂葉を強調しています。

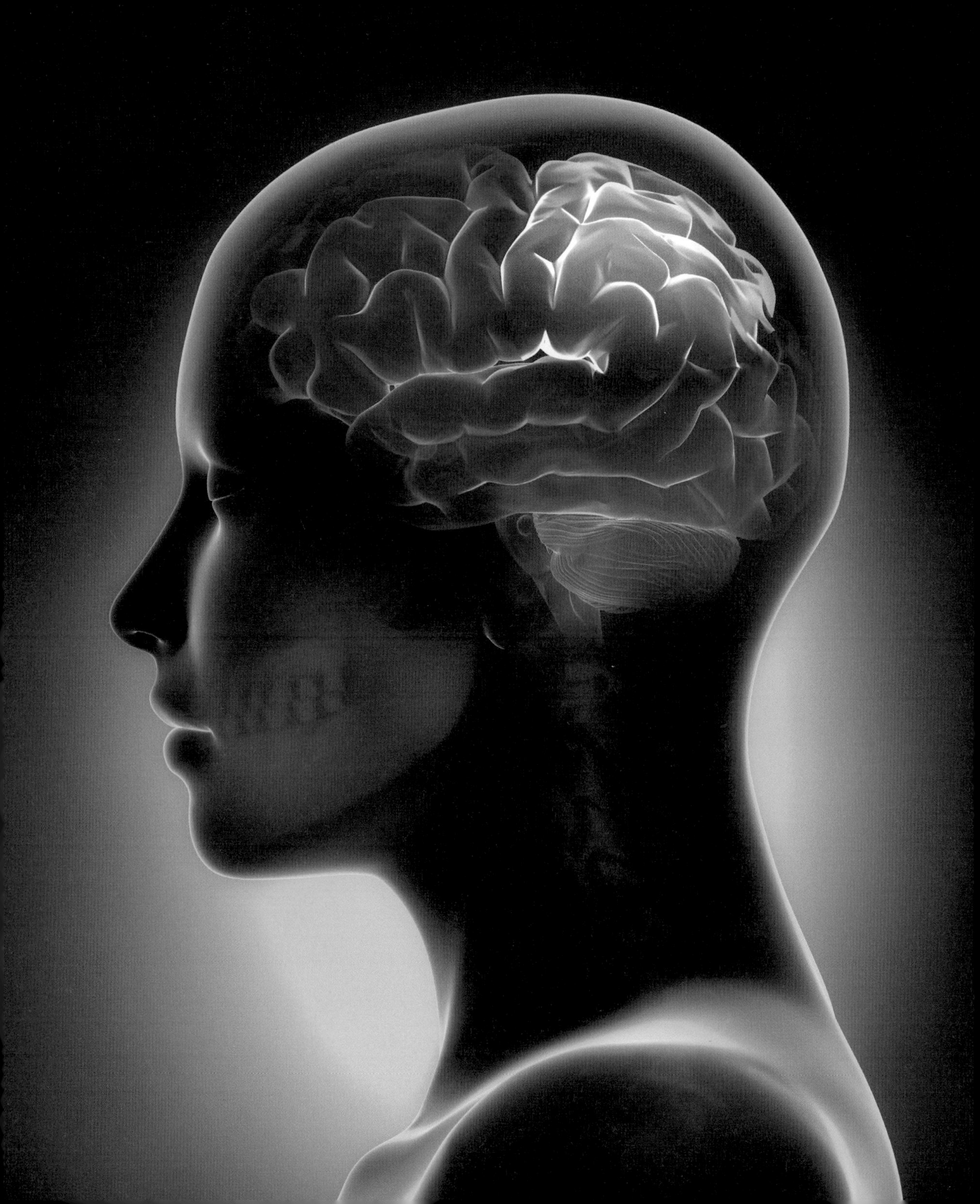

1866年

ダウン症

ジョン・ランドン・ダウン（1828〜1896）

知的障害の最も一般的な原因の一つは，21番染色体が通常の2本ではなく，3本あることです。世界の大部分で，これにより生じる症状は21トリソミーとして知られています。それがダウン症と呼ばれるようになった背景には，興味深い物語があります。

さまざまな精神障害のある人々に言及する際に，「白痴（idiocy）」[4]という用語が広範に使われていた時代に，イギリスの医師ジョン・ダウンはよりよい治療に役立つ分類を模索していました。ダウンは薬剤師の息子として育ち，父の跡を継ぐつもりでしたが，成績がよかったため医学部に進学しました。ロンドンで申し分ないキャリアを築けるはずだったにもかかわらず，1858年に王立アールズウッド精神科病院の院長になることを選びます。当時そこでは，患者の能力に応じた分類はめったに行われていませんでした。1866年，ダウンは民族性と関連づけた理論に基づく「白痴」の新たな分類を発表します。少なくとも19世紀のイギリスでは，多くの知的障害者にモンゴロイドを連想させる顔の特徴が見られたため，ダウンはこの症状を蒙古症（モンゴリズム）と呼びました。その後1世紀近く，蒙古症という用語が英語圏で広く使用されました。1961年に権威ある医学雑誌*The Lancet*に，ある医師グループが蒙古症という言葉を使わないよう求める記事を寄稿したため，現在使用されている用語「ダウン症」が採用されます。

アールズウッド精神科病院におけるダウンの努力により，知的障害者に対する治療方針も変わりました。フランスの医師ジャン・エティエンヌ・ドミニク・エスキロール（1838年）とエドゥアール・セガン（1844年）が，たいていの精神障害者は教育可能だと論じるようになり，少なくとも牢獄や救貧院以外の場所に移すべきだとの主張がなされました。アメリカでは社会活動家のドロシア・ディックスが，「知的な遅れが見られる者」が特別な教育を受けられるよう働きかけました。

ダウン，セガン，ディックスをはじめとする人々のおかげで，障害のある人もよりよい人生を送れることが証明されたのです。

参照：道徳療法（1788年），アヴェロンの野生児（1801年）

[4]現在ではこの用語は使われておらず，重度の知的能力障害とすることが適切であると考えられます。ただ，本セクションにおいては，当時の呼称についての記載を述べているため，そのままの訳を用いました。

学習障害のある人々のためにイングランドのサリーに設立された，王立アールズウッド精神科病院を描いた版画（1854年）。エドモンド・エバンズ（1826〜1905）作。ジョン・ランドン・ダウンは1858年にこの施設の院長になりました。

THE NEW ASYLUM FOR IDIOTS, AT EARLSWOOD COMMON, REDHILL, SURREY.

1867年

相貌失認

アントニオ・クアグリノ（1817～1894），**ジョンバティスタ・ボレリ**（1813～1891）

フランスの神経科医ジャン＝マルタン・シャルコーの患者のなかに，鏡に映った自分の姿を自分と認識できず，握手を交わそうとする人がいました。このように人の顔を認識できない状態，すなわち相貌失認はわりと稀な疾患といえます。複数あるうちの視覚失認症の一つで，見覚えのある対象物を認識することができませんが，その原因は一般的な知的障害ではありません。視力にも問題はなく，相貌失認を患っている人の視力は典型的には良好です。つまりそれは，脳損傷によって起こる疾患であり，通常は側頭葉と頭頂葉の損傷が関連しています。しかし最近になり，先天性の進行性相貌失認が確認され，これは顔の認識に遺伝的な要素が関係していることを示唆しています。

歴史的に見ると，著者は不明なものの，この症状は1847年に医学文献で初めて言及されています。1867年，アントニオ・クアグリノとジョンバティスタ・ボレリが，この疾患の患者について初めて詳しく説明し，右大脳半球の卒中を起こしたのち，顔と家の外観を認識する能力を失ったある男性の症例が詳述されています。この疾患が「相貌失認（prosopagnosia）」と呼ばれるようになったのは，1947年のことでした。より最近では，神経科医で作家のオリバー・サックスが著書『妻を帽子とまちがえた男』（1985年）のなかで，相貌失認について興味深い説明をしています。

おもしろいことに，影響を受けるのは人の顔の認識能力だけではありません。牛と羊の見分けがつかない農夫や，鳥の種の区別がつかなくなったバードウォッチャーの例も報告されています。

機能的磁気共鳴画像法（fMRI:functional magnetic resonance imaging）などの脳イメージング技術を使用した現代の研究では，顔の認識能力は特別なものだと示唆されています。人間も含めた霊長類に関する調査で，顔の認識を専門に担当するニューロン（脳細胞）が存在することがわかりました。どうやら，この脳細胞が損傷を受けると，自分の顔さえ認識できなくなってしまうらしいのです。

参照：脳イメージング（1924年），ミラー・ニューロン（1992年）

『Nude Before the Mirror（鏡の前の裸婦像）』（油彩・画布）。ドイツの画家カール・ピーポ（1869～1920）が描きました。

1867年

感覚生理学

ヘルマン・フォン・ヘルムホルツ（1821〜1894）

ヘルマン・フォン・ヘルムホルツは，19世紀で最も偉大な科学者といえるかもしれません。物理学，生理学，光学，音響学の分野に変革をもたらすような功績を残しました。心理学の分野における重要な功績は，神経インパルスの速度を測る手法を考案したことでしょう。精神活動を測定する可能性を示唆したこの手法は，間もなく反応時間測定法と呼ばれるようになります。ヘルムホルツは，エネルギー保存の法則が人間を含む生体や無機質の世界にも適用されることも証明しました。つまり，有機体が消費したエネルギーと熱は食物から得られるカロリーと等しくなり，機械そのもの，あるいは機械としてもとらえることのできる人間が，エネルギーをある形から別の形に変換することを示しています。

ヘルムホルツが著した『Handbook of Physiological Optics（生理光学ハンドブック）』（1867年）は生理学と心理学の両分野において画期的な書物で，光学の実験に基づき感覚と認知を明確に区別しました。感覚とは単に五感を通じて得られる生データであり，認知によりそれが意味あるものになるとしています。その説明のなかで，認知は脳，以前に学んだこと，文脈に依存した心理的プロセスであると論じました。

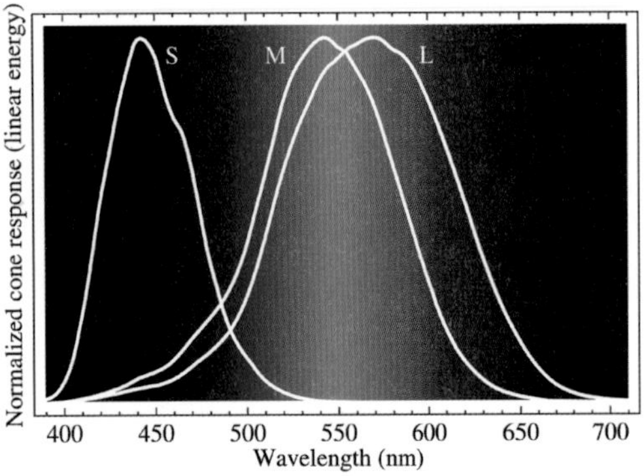

ヘルムホルツは色覚の三色説も提唱しました。イギリスの科学者エドワード・ヤングがそれ以前に論じていたように，現在は錐体《すいたい》細胞として知られている網膜の特定の受容体が刺激を受けることで色覚が生じると唱えました。主な受容体は赤，緑，青紫に反応する3種であるため，これは三色説と呼ばれています。ほかの色は，複数の受容体が刺激を受けることで認識されます。三つの受容体すべてが刺激されると，白が認識されることになります。ヘルツホルムの理論は，光波の物理的性質よりも，むしろ人間の脳と神経系のなかで何が起こっているかに重きを置いたものでした。彼の研究は，生理学と心理学の間に重要な関連性があることを示し，心理学の科学的可能性を切り開くうえで重要な役割を果たしました。これにより，心理機能を自然の法則に従って働くものとして理解しようとする潮流が生じたのです。

参照：実験心理学（1874年），精神時間測定法（1879年）

上：（3種類の）単色光に対する，ヒトの3種類の錐体細胞（L，M，S）の応答を正規化して表示した図（光の波長はナノメートル単位で示した）

右：ヘルマン・フォン・ヘルムホルツの像。ベルリンのフンボルト大学にて。

1871年

共感覚

グスタフ・フェヒナー（1801～1887）

共感覚とは，内部に壁のない家のように，複数の感覚が互いに結びつくことをいいます。これは，ある人が予期せずにある感覚を経験した際に，ほかの感覚も同時に経験する場合に起こります。これまでに音と色，匂いと色，動きと音の共感覚の例が報告されています。共感覚者，つまり共感覚の影響を受ける人のなかには，曜日を人または色と結びつける人もいたり，その他にも無数の組み合わせが考えられます。神経科学者のリチャード・チトウィックは，典型的なケースとして，味を形として感じ，食事の際に「このチキンは角が足りない，丸すぎる！」と言った友人について報告しています。最も一般的に報告される共感覚は，数字と色（または文字と色）で，たとえば，数字の７は赤として感じたりします。

共感覚についての初期の研究は，ドイツの哲学者グスタフ・フェヒナーが行いました。彼が1871年に発表した研究結果は，文字を色として感じる73人の共感覚者に関するものでした。1880年には科学者のフランシス・ゴールトンが共感覚は遺伝するようだと報告しており，この仮説はラマチャンドランとハーバードの研究（2001年）やグロセンバッカーとラブレス（2001年）の研究を含む最近の研究により，はっきりと裏づけられています。共感覚にはアルフレッド・ビネーやテオドール・フルノワなど初期の心理学者が強い関心を示し，時とともに世間の関心は薄れていきましたが，1980年代からまた注目を集めるようになりました。

共感覚はわりと稀といえるでしょう。共感覚をもつ人の割合は，200人から2000人に1人といわれており，芸術家，詩人，音楽家，小説家に見られることが多いようです。神経科学者のＶ・Ｓ・ラマチャンドランは，この関連性について，「このような人々に共通しているのは，深く秘められた類似性を強調するために，一見すると関係ないと思われる二つの事柄を結びつける能力にきわめて長けていることである」と述べています。

共感覚の原因として，脳の回路が混線しているためであるという仮説があります。たとえば，最も一般的な数字と色の共感覚は，近接する二つの領域，つまり数の形を処理する領域と，色を処理する領域の間で混線が生じているために起こっている可能性があるといいます。大勢の著名な神経科学者が，共感覚をさらに研究すれば，脳の機能と人間の意識の理解が大幅に進むと確信しています。

参照：精神的放電（大脳皮質への刺激，1941年），神経可塑性（1948年）

ロシアの作曲家アレクサンドル・スクリャービンが感じていた，音階と色の関連づけを示す図

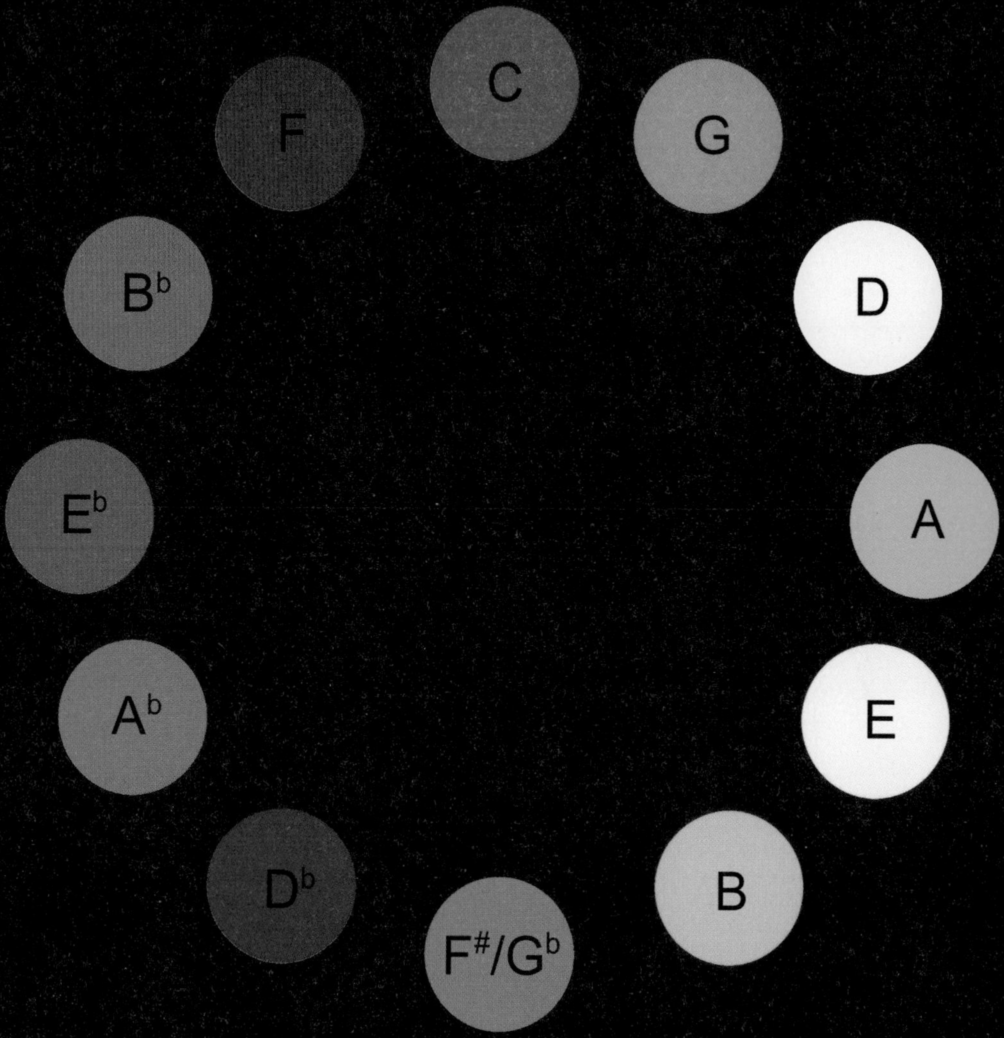
C
G
D
A
E
B
F#/Gb
Db
Ab
Eb
Bb
F

1872年

幻肢痛

サイラス・ウィアー・ミッチェル（1829～1914）

多数の人が切除・切断された後の四肢，眼，盲腸がまだあるように感じているとの報告が寄せられ，たいていの場合は痛みが伴うといわれています。そのような患者には，拳を握っている，ひじを曲げているなど，失われた四肢が特定の状態にあるようなはっきりとした感覚があることも少なくありません。また，その失われた部分はほかの部分よりも短くなったように感じることもあると報告されています。

1872年，アメリカの神経学者サイラス・ウィアー・ミッチェルが，この現象について明確な臨床的所見を述べました。それからかなりのときが過ぎても，原因は不明のままでしたが，この30年ほどで科学者たちは失われた四肢にまつわるこの謎を解明しつつあり，脳組織と**神経《しんけい》可《か》塑性《そせい》**についての新たな洞察が得られました。最近の研究で，刺激を受けた後の触覚に関する感覚が送られる脳の体性感覚皮質は可塑的な性質があることがわかりました。これはつまり，新しい経験によってこの部分が再構築されることを意味します。たとえば，猿の指がもはや脳への入力を行わなくなると，対応する体性感覚野はその指に反応しなくなり，隣の指に反応するようになります（体性感覚皮質では，大多数のニューロンが顔，唇，手などの敏感な部分に対応しています）。

この修復機能に関する発見は，多くのことを意味し，刺激的でもあります。神経科学者のV・S・ラマチャンドランは，シンプルながら効果的な幻肢痛の治療法を考案しました。まだ残っているほうの四肢を失った四肢に見せかけて脳に錯覚を起こさせる，ミラーボックスの手法です。まだ残っているほうの四肢が動くと，患者は失われた四肢の，この「学習された麻痺」をないものとすることができます。ミラーボックスを繰り返し使用すれば，脳のなかの対応する部分が感覚面で再構成されていきます。この手法の研究により，失った四肢について不快な症状を経験している多くの患者の痛みが大幅に軽減されることがわかっています。

参照：神経可塑性（1948年）

第一次世界大戦で四肢を失った人々。ウォルター・リード病院にて（1918年）。

1874年

生まれか育ちか

フランシス・ゴールトン（1822～1911）

チャールズ・ダーウィンのいとこで科学者のフランシス・ゴールトンは，著書『遺伝的天才』で，傑出した能力や天才は遺伝によるところが大きいと論じました。ゴールトンは環境が与える影響を取るに足らないものとして一蹴しましたが，フランス系スイス人の植物学者アルフォンス・ドゥ・カンドールはゴールトンの意見に異議を唱え，1873年の著書『Histoire des sciences et des savants depuis deux siècles（2世紀にわたる科学と学者の歴史）』で，科学者の育成に対する環境の影響の大きさを示す証拠を統計で示します。ゴールトンはカンドールへの反論として，1874年に『English Men of Science: Their Nature and Nurture（イギリスの科学者：その生まれと育ち）』を著し，「人の性質（生まれ）とはその人が生まれながらにもっているものすべてで，養育（育ち）とはその人が生まれたのちに受けるあらゆる影響のことである」と述べました。これはすぐに「生まれか育ちか」という言葉に言い換えられ，それ以降に延々と続く議論はいまだに決着に至っていません。

その後の科学の発展と標準化された知能検査は，人間の知能の発達における遺伝と環境の役割について激しい論争をもたらしました。1920年代から1930年代の研究では，マイノリティと白人の子どもの学力差は民族ごとの知能の差よりも，むしろ文化的，環境的，言語的な要素によるものであるという証拠が提示されました。心理学者は一連の研究のなかで，白人の孤児を多くの配慮と愛情が得られる環境に置いたところ，試験の成績が上がることを発見します。そして双子の研究から，遺伝子的には同じ子どもたちが異なる環境で育てば，人格と体格に大きな違いが生じる可能性があるといわれています。

それでもなお，高度に発展を遂げている神経科学と遺伝研究を根拠として，人格から精神疾患，知能にわたるさまざまな領域において，大勢の心理学者が「生まれ」の重要性を否定する立場をとっています。生まれと育ちのどちらが重要なのでしょうか。この議論の決着は，永遠につかないかもしれません。

参照：心理テスト（1890年），軍隊の知能検査と人種差別（1921年），フリン効果（1984年）

技術的な革新の一つひとつが，科学者と心理学者に子どもの発達における「育ち」の影響を再検証する機会を与えています。

1874年

実験心理学

ヴィルヘルム・ヴント（1832〜1920）

実験心理学の創始者として称えられているヴィルヘルム・ヴントは，この学問分野における近代的な研究に大きな功績を残しました。知識人として，また制度的な面でも，多数の重要なことを初めてやってのけた創始者として知られています。1874年に初の実験心理学のテキストブック『Principles of Physiological Psychology（生理心理学原理）』を出版。その5年後には，ドイツのライプツィヒ大学に世界初の心理学研究室を設立して，学問を志し集まった何十人もの若き心理学者を指導し，彼らが科学界で確かな実績を上げるのを後押ししました。

心理学を実験的な学問として発展させていく過程で，ヴントはグスタフ・フェヒナー，ヘルマン・フォン・ホルムヘルツなどの精神物理学および生理学分野の研究者が残した成果に基づき，体系的かつ反復可能な手法を用いて意識的経験を研究します。きわめて精密な機械装置を頻繁に使用し，刺激に対する意識的経験を観察，報告するよう訓練された参加者が受けた刺激を標準化された表現で説明しました。ヴントは，内観として知られるこの手法こそ，感覚，認知，注意といった標準的な成人の心の基本的性質の研究にふさわしいと感じていました。

しかし，ヴントはより複雑な分野でも功績を残しました。思考，言語，人格，社会的行動，慣習などのより高次の機能は，実験的な手法では研究不可能であり，主流とはいえないまでも，科学的心理学の一部としては重要だと考えたのです。このような分野では，自然な場面での観察と論理的な分析を伴う比較研究法と歴史的研究法を採用しました。心理学のこの分野については確固たる意見をもっており，これを題材に『民族心理学』と題する12巻から成る書物を著しました。この書物は，宗教，言語，社会的慣習など，集団生活のもたらすものを研究すれば，高次な心の働きを理解するヒントをどれだけ得られるかを克明に伝えています。この分野におけるヴントの功績は，1970年代に歴史学者が注目するようになるまで，ほとんど無視されてきました。彼は，実験心理学の分野を確立したのみならず，その手法の限界をも見極めていたのです。

参照：丁度可知差異（JND, 1834年），感覚生理学（1867年），精神時間測定法（1879年）

ヴィルヘルム・ヴントと同僚たち。ライプツィヒ大学の世界初の実験心理学研究室にて。

1877年

赤ちゃんの成長記録

チャールズ・ダーウィン（1809〜1882），**ウィリアム・プライアー**（1841〜1897），**L・ウィリアム・シュテルン**（1871〜1938）

人が乳幼児から大人になるまでの発達過程に，科学者は長らく関心を注いできました。発達心理学の分野は，19世紀初頭に「赤ちゃんの成長記録」が登場したことで始まりました。なかでも重要なのが，博物学者のチャールズ・ダーウィン，生理学者で心理学者のウィリアム・プライアー，心理学者のL・ウィリアム・シュテルンが記したものです。

ウィリアム“ドディ”ダーウィンは，1839年にチャールズ・ダーウィンとエマという誇り高き両親のもとに生を受けました。それから間もなく，父チャールズはこの男の子について，詳細にわたる記録をつけ始めます。最初の週，ドディはあくびや伸びをし，8日目にしかめ面をしてみせました。父は何カ月にもわたり，ドディの反射能力，動き，表情が発達していくさまを記録しました。その成長の記録『A Biographical Sketch of an Infant（赤子の略伝）』は1877年まで出版されませんでした。

ダーウィンが息子の成長記録を出版してからほどなくして，ウィリアム・プライアーが息子のアクセルの成長を記録した『The Mind of the Child（子どもの心）』（1881年）を出版し，ウィリアム・シュテルン，クララ夫妻が自分の子どもたちについての叙述的な研究をまとめた2冊の本を出版します。プライアーとシュテルンの子どもたちは定型発達をしており，そのケーススタディは，子どもの成長を克明に記録した書物として，より魅力的なものに仕上がりました。

アメリカ初の赤ちゃんの成長記録は，当時カリフォルニア州唯一の文芸雑誌の編集者だったミリセント・シンが著しました。1890年に生まれた姪のルースを研究対象にしたその記録は大きな関心を呼び，シンは1893年のシカゴ万国博覧会で講演し，壇上で最善の教育を施すためには子どもを注意深く観察することが絶対不可欠だと主張します。彼女はこの研究をもとに卒業論文を書き，1898年にはカリフォルニア州で博士号を取得した最初の女性となりました。

このような記録は19世紀に広まり，科学的にも興味深いものになりました。心理学という新興の科学における一連の系統だった観察により，のちに20世紀の発達心理学者はより注意深い対照研究に基づく仕事をするようになったのです。

参照：心理性的発達（1905年），愛着理論（1969年），ストレンジ・シチュエーション法（1969年），生態学的システム理論（1979年）

上：ウィリアム・プライアー　**右：ほぼすべての家族にとって，子どもの成長における重大な出来事を振り返るのは喜ばしいことですが，ダーウィン，プライアー，シュテルンが示したように，注意深い観察は一般的に子どもの発育について多くを知ることにつながります。**

1879年

精神時間測定法

ヴィルヘルム・ヴント（1832〜1920）

実験心理学という新たな分野では，心理過程を正確に測定することがきわめて重要でした。測定精度を追求した結果，反応時間実験または精神時間測定法と一般的に呼ばれる研究プログラムが誕生しました。これに貢献したのが観測の個人誤差，つまり天文学的現象の観測内容に個人差があるという，天文学における不思議な現象です。ここから，天文学者の間の生理的または心理的な違いの調査が始まりました。生理学の分野では，ヘルマン・フォン・ホルムヘルツが人の神経インパルスの速度は測定可能であることを示しました（1850年）。これは心理学においても重要で，精神活動の速度も測定できる可能性があることを意味します。

時計職人で発明家のマテウス・ヒップにより軍事目的の弾道学のために開発されたクロノスコープが改良され，人の反応時間の研究において，同時に受けた刺激を主観的に感じる時間の誤差を観測するのに用いられました。生理学者で心理学者のヴィルヘルム・ヴントは，このような実験を通して，時間を科学的研究の対象としました。反応時間の実験によって，ヴントの研究対象は感覚生理学の領域を越え，人の心理的経験の基本的な側面を調査するプログラムへと拡大しました。その結果，1879年にはドイツのライプツィヒ大学に世界初の心理科学研究室の設立資金を得ることに成功します。このためヴントは，科学的心理学の創始者とされているのです。

ほどなく，基本的な心理現象を研究するために同じく精密測定技術を用いていた研究者がヴントに続きます。たとえば，ヴントが研究室を設立したのとほぼ同時期に，イタリアの心理学者ガブリエレ・ブッコラが反応時間実験の手法を用いて，精神病院の患者の精神作用の不調を理解しようと試みました。「思考の速度」を理解する能力は，より技術の進んだ世界において，新たな心理学分野の視覚化をさらに進めたのです。

参照：丁度可知差異（JND, 1834年），感覚生理学（1867年），実験心理学（1874年）

上：ヒップのクロノスコープの較正に用いられた，ヴントのコントロールハンマー（1895年）
右：若き日のヘルマン・フォン・ホルムヘルツ

1880年

アンナ・O

ヨーゼフ・ブロイアー（1842〜1925），**ジークムント・フロイト**（1856〜1939）

人が心理的な苦しみを身体的な症状に変えるという発想は，現在は身体表現性障害と呼ばれている疾患を診断するうえでの基礎となりました。その長く豊かな歴史は，**精神分析**の始まりと関連があります。19世紀，**ヒステリー**に悩む患者が奇妙な身体的症状を示すことがよくあり，それらの多くは，神経学的に見てあり得ないものでした。たとえば，手袋型知覚障害として知られる症状では，患者は手首から先の感覚がないと訴えますが，医師が診察すると神経障害はないことがわかります。医師のヨーゼフ・ブロイアーは，仕事を通じて神経学者のジークムント・フロイトと知り合うと，ただちに「アンナ・O（本名はベルタ・パッペンハイム）」の症例について話します。ブロイアーは1880年，瀕死の父を看病しているうちにさまざまな症状に悩まされるようになった若い女性の治療に当たっていました。

アンナ・Oのケースにおけるフロイトとブロイアーの取り組みは，「転換」という概念を生み出すきっかけとなりました。フロイトによれば，転換を起こしやすい傾向にあるのは，ヒステリー患者の特徴でした。心のなかのイメージ，衝動，欲求が，フロイトの言うところの「エゴ」という精神装置と不適合を起こすと転換が起こります。このストレスに対処するため，受け入れがたいイメージに関連づけられた感情を抑制して意識の外に追いやります。しかし，エネルギーは残っており，それは受け入れがたい事柄の象徴と身体的表現として，感覚運動機能の乱れに変換されます。これにより，少なくとも一時的には，原因である心理的な葛藤が解消されます。

転換は偶然に起こるものではありません。フロイトによれば，症状が出る身体機能は常に，人生におけるある特別な瞬間に，特別に重要なことのために使われていたものだといいます。つまり，身体の部位または機能は特定の象徴的な意味をもっているといえます。

長年にわたり，転換性障害は一般的な疾患でした。1930年代に心療内科の分野が発達すると，重要な理論的役割を担うようになり，たとえば，ストレスと心配は十二指腸胃潰瘍の原因となり得るというような具体例と結びつけられました。しかし奇妙なことに，転換性障害と診断される症例数は，20世紀半ばを過ぎた頃から大幅に減少しています。

参照：ヒステリー（1886年），精神分析（1899年），心療内科（1939年），ストレス（1950年）

22歳当時のベルタ・パッペンハイム（1882年）

1885年

トゥレット症候群

ジョルジュ・ジル・ド・ラ・トゥレット（1857～1904）

1884年，パリのサンペトリエール病院の若き専門医学実習生だったジョルジュ・ジル・ド・ラ・トゥレットは，神経科部長のジャン＝マルタン・シャルコーから，不随意運動疾患について調査する任務を課せられました。当時は不随意運動に関する症例報告はごくわずかで，1870年代にメーヌの「跳ねるフランス人」という原因不明の過剰な驚愕反射をする木こりの集団がいた程度でした。

1885年のトゥレットの報告には，九つの症例のケーススタディが含まれていました。そのなかには，しかめ面やチック，突然の悪態や叫び声といった奇妙な不随意運動をする，有名な貴族婦人マルキーズ・ド・ダンピエールの例が挙げられていました。典型的な発症年齢は6歳から16歳で，顔や腕にチックが現れ始め，多くが男性に見られます。突然の動きに加え，本人の意思にかかわらず，会話の最中に相手の言った言葉を繰り返す（反響言語），他者の動きをまねる（反響動作）といった二つの症状がよく見られると報告されています。そして，トゥレットに言わせると最も現れてほしくない症状，つまり本人の意思にかかわらず悪態をついてしまう汚言症があります。ハリウッド映画でも描写されているため，一般にもよく知られているものの，当時においてもこの症状の発現が決定的な診断基準というわけではありませんでした。

長い間，トゥレット症候群はわりと稀だと考えられてきました。1973年でも，世界全体で500例ほどしかないといわれましたが，その後の高度な疫学的研究で，1000人に6人から8人ほどの割合でこの疾患を抱えた子どもがいることがわかりました。トゥレットの時代には，ヒステリー，遺伝性の変性，誤った躾《しつけ》などのさまざまな原因が挙げられていました。現在，トゥレット症候群の発現には，遺伝と環境の両方の要素が重要であると一般的に認識されています。ただし，具体的な遺伝経路はいまだに特定されていません。効果的な治療法としては，薬物療法とさまざまな行動心理学的療法があり，たいていの場合，これらの療法は組み合わせて用いられます。しかし，この疾患が完治することはありません。

参照：抗不安薬（1950年），認知療法（1955年）

上：ジョルジュ・ジル・ド・ラ・トゥレット（1870年頃）　右：『Pilgrimage of the Epileptics to the Church of Molenbeek（モーレンベーク教会への癲癇患者の巡礼）』（1642年）。ピーテル・ブリューゲル1世（1526～1569）作の絵画をもとにしたヘンドリック・ホンディウス1世作の版画です。

Hlondius ſculp: 1642. Cum pr

多重人格障害[5]

ピエール・ジャネ（1859～1947）

1885年に博士論文のための資料を集めている最中に，若き哲学科の学生で教師のピエール・ジャネは，遠くからでも催眠術にかかってしまうという変わった能力をもつレオニーという女性の症例を初めて記しました。さらに，催眠術にかかっている間のレオニーに三つの人格があることが明らかになります。全員が複数の人格をもつ，彼女とその他の参加者を対象にしたさらなる実験の内容は，ジャネの著書『Psychological Automatism（心理的自動性）』（1889年）に詳細に述べられています。この書物は当時の医学界および心理学界にセンセーションを巻き起こしました。一人の人間の人格が分離する状態を示す，「解離（dissociation）」という言葉をジャネは考案しました。ジャネの研究が広く知られるようになると，ほかにも人格分離，つまり多重人格の症例が報告されるようになりました。

1957年の映画『イブの三つの顔』は，イブ・ホワイト，イブ・ブラック，イブ・ジェーンという三つの人格をもつアメリカ人女性を描いたフィクションです。それぞれの人格が別々の人生を送っているように見えるこの映画は，多重人格のコンセプトを大衆文化に持ち込んだものです。しかし，1980年代，1990年代になって，この疾患は解離性同一性障害（DID:Dissociative Identity Disorder）という名称に変わり，何人かの著名人が複数の人格をもっていると明かすと，より身近なものとなりました。

DIDの診断基準には，二つ以上のある程度完全な人格があり，通常は短時間で別の人格が切り替わるという症状が含まれます。主人格は明確に区別がつくのが通例である一方，ほかの人格の立場は，主人格次第で大きく異なります。人格の数もまちまちで，二人から15人までに及ぶこともあります。現在では，別人格は完全に独立した人格としては認められず，衝突，感情，記憶を示すものであり，きわめて定型的な形で現れます。それでもなお，その症例はレオニーのときのように，人の個性の複雑さを示す証として私たちを魅了します。

参照：精神分析（1899年），投影法（1921年）

---

[5] 現在では解離性同一性障害と呼ばれています。

『ジキル博士とハイド氏』の宣伝ポスター。1880年代に制作され，分離した人格を克明に描写した戯曲です。

DR. JEKYLL and MR. HYDE
THE TRANSFORMATION
"GREAT GOD! CAN IT BE !!"

1886年

ヒステリー

ジャン＝マルタン・シャルコー（1825〜1893），
ジークムント・フロイト（1856〜1939）

ヒステリーの症状と考えられる史上初の記述は，古代エジプト（紀元前1900年頃）のパピルスに見てとることができます。紀元前５世紀のヒポクラテスの論文にも，ヒステリー（ギリシア語で「子宮」）の意）性障害について述べた一節が含まれているほどです。ヒステリーに関連した症状としては，子宮が上に移動することにより生じると考えられる息苦しさなどが含まれており，最も一般的な患者は性行為の機会を失った未亡人でした。

時代と文化圏を超えて，医事文筆家たちは似たような症状を記述し，さらにほかの症状も加えていきました。19世紀半ばまでには，ヒステリーは神経疾患と認識されるようになりました。いわゆる総合的な神経症として，その原因と治療について何百もの議論と研究が行われ，ヨーロッパ中で多数の著書が著されます。

1862年，神経学者のジャン＝マルタン・シャルコーがパリのサンペトリエール病院の院長に就任します。当初，シャルコーはヒステリーとは遺伝的素因により引き起こされる神経疾患であると考えました。彼はヒステリーについて豊富かつ複雑な記述を残し，日常生活の最も些細な場面にあっても発現すると述べています。毎週恒例のシャルコーによる症例検討会には一般大衆も招かれ，彼が思いのままに患者のヒステリー発作を誘発し，鎮めるさまが見られました。ジークムント・フロイトをはじめ，ヨーロッパ中の医師と研究者が，彼から学ぼうと集まりました。

当時の典型的な療法の失敗は，フロイトの精神分析の理論と実践につながりました。1885年から1886年の冬にかけてシャルコーのもとで研究に従事した後，フロイトはウィーンに戻り，そこでの臨床研究をもって，従来の遺伝説と器質的原因を否定します。代わりに，ヒステリーは精神的苦痛がチック，ひきつけ，けいれんといった身体的表現に転換されたものであるというモデルを確立しました。精神分析は，症状形成には心理的根拠があることを強調するものでした。つまり，ヒステリーの症状は抑制された心理的経験の象徴だとしたのです。精神分析療法では，禁じられた，またはトラウマとなった経験に光を当てることで，その呪縛から逃れることが目標とされました。

参照：アンナ・O（1880年），精神分析（1899年），シェルショック（1915年），心療内科（1939年），ストレス（1950年）

フランスの画家アンドレ・ブルイエが描いた『サルペトリエールでの臨床医学講義』（1887年）。ヒステリー患者ブランシェ・ウィットマンの催眠療法を実演するシャルコーを描いています。

1886年

実験催眠

ジョセフ・デルブーフ（1831〜1896），**クラーク・ハル**（1884〜1952），**アーネスト・ヒルガード**（1904〜2001），**ジョセフィーヌ・ヒルガード**（1906〜1989）

現代科学の研究対象としての催眠術の起源は19世紀後期にさかのぼり，フランスで活躍した心理学者であり哲学者でもあったジョセフ・デルブーフによる研究が最初だといわれます。ジャン＝マルタン・シャルコーなどの実践者たちの主張に疑問を抱いたデルブーフは，自らの研究結果を1886年に初めて発表し，催眠下にある参加者の類型を展開しました。しかし，この分野が全盛期を迎えたのは，20世紀の心理学研究の基礎を築いたアメリカの心理学者クラーク・ハルによる1933年の『Hypnosis and Suggestibility（催眠と被暗示性）』が出版されたときでしょう。

ハルは新行動主義を発展させた貢献者としてよく知られており，催眠が個人ごとにばらつきはあるものの，通常の意識下での現象であることが証明されたと研究で主張しました。これにより，催眠状態に陥ると，通常はその人の力の及ばないような並外れたことさえできてしまうという主張に反論しようとしたのです。しかし，同じ研究により，催眠状態にある人がおそらく痛みを感じておらず（催眠麻痺として知られる現象），催眠状態が解けた後で，催眠状態にあった間のことを覚えていないこと（後催眠健忘）も確認されています。その100年近く前にイングランドでジェームズ・ブライド，インドでジェームズ・エスデールが，手術中の麻酔として催眠が有効活用できることを報告していました。

催眠の実証実験は，1933年より特に心理学者の間で盛んに行われてきました。詳細は研究者ごとに異なるものの，それらの多くが催眠の成功には参加者の感応が欠かせないことに同意しています。傑出した研究者であるアーネスト・ヒルガードとジョセフィーヌ・ヒルガードはほかの研究協力者とともに，世界初の信頼性の高い催眠感受性の検査を考案します。ジョセフィーヌはまた，医療処置中の子どもの痛みを軽減する，効果的な催眠手法も編み出しました。ヒルガード夫妻による研究では，感受性に性差はないこと，8歳から12歳までの子どもの感受性がほかの年齢層の子どもたちと比べて高いことがわかりました。

催眠感受性と小説に没頭する能力，遊び，その他の芸術体験との間に強いつながりがあることが示されたのに加え，研究者たちは，いくらか類似点はあるものの，催眠状態とは夢または眠りの一形態ではないことも明らかにしてきました。

参照：メスメリズム（1766年），多重人格障害（1885年），ヒステリー（1886年）

1900年頃に作成されたポスター。催眠術師が人々に間抜けなことをやるよう指示しています。

1886年

性の精神病理

リヒャルト・フォン・クラフト＝エビング（1840～1902）

性暴力を楽しむことを指すサディズムという用語と，快楽を得るために自らを暴力にさらすことを楽しむことを指すマゾヒズムという用語は，ドイツの精神科医リヒャルト・フォン・クラフト＝エビングが考え出したものです。クラフト＝エビングは，あるとき，ドイツ文化（Kultur）における偉大な功績が失われるかもしれないという懸念を抱き，それは不道徳な行いが受け継がれた結果であると記しています。このような考えをもっていたのは彼一人ではなく，何人もの同時代の精神科医や医師らも悪行に警鐘を鳴らしています。これは20世紀初期の優生学を予期したものでした。

クラフト＝エビングにとって最も懸念すべきは，当時ますます頻繁に言及されるようになった性病理学でした。彼はこれらの病理の目録を作成し，分類するという任務を自らに課し，あらゆる読者への警告と抑止力となるよう，きわめて鮮明な例を挙げて解説しました。しかしそれは逆に，禁断の性行動に対する男性の想像力を煽ることになってしまいます。

200件あまりのケーススタディを通じて，クラフト＝エビングは性病理学の起源と軌跡を説明しています。異常な状態を，過剰な欲求，不適切な性的欲求，方向を誤った性的欲求といった広義のカテゴリーに分け，同性愛と両性愛は方向を誤った性的欲求として分類しました。彼の記述のユニークな点は，同性愛の原因を生物学的なものとして強調していることでした。

1886年に『性の精神病理』の初版（日本版の初版タイトルは『變態性慾心理』）が出版されると，クラフト＝エビングは，精神病院の患者ではないものの，自分がこの世で唯一のサディストまたはマゾヒストではないことを同書で知ったという人々から手紙を受け取るようになります。この点で，クラフト＝エビングによる性病理の分類は現代の性的アイデンティティを形づくるきっかけになったといえるでしょう。彼の説明した症例は，単なる悪徳というよりも自然界の一部としてとらえられています。

参照：キンゼイ報告（1948～1953年），人間の性反応（1966年），性的流動性（2008年）

クラフト＝エビングがサディズムとマゾヒズムという用語を著書で使い始めた当時，風変わりな性的行動はたいていの場合，隠されていたものの稀ではありませんでした。

1890年

心理学原理

ウィリアム・ジェームズ（1842～1910）

芸術家肌のウィリアム・ジェームズは，父の意向に従い，医師になるための教育を受けました。しかし医師として開業する代わりに，自分の存在意義について葛藤した末に，ハーバード大学の講師という地位を受け入れました。そこで，アメリカにおける心理学という新しい分野の草分けとなり，当時最も影響力のあるテキストとなった『心理学原理』を著します。これを20年の歳月をかけて書き上げ1890年に出版したのちに，ジェームズは友人への手紙に「心理学とは，いまいましい学問だ」と書いています。

『心理学原理』で，ジェームズは心理学を精神生活の科学として説明しました。彼は，この世界を生き抜き順応できるよう人間は意識と心を発達させたと論じ，科学的心理学の核心はその理解を促すことだと述べています。そのため，意識によって何がなされるのかは，それ自体が何なのか，またそこに何が内包されているのかという疑問よりも重要なのです。

心を研究する最善の方法は何でしょうか。ドイツでは，心理学者は世界初の心理学研究室にて，精神反応を測定するためにヒップのクロノスコープなどの洗練された機械装置を用いていましたが，ジェームズはこのアプローチを否定しました。その中身を計算したり反応速度を測定しても，人間の精神生活の複雑さは決して理解することはできないと考えたからです。その代わりに，意識を別の見地でとらえることを提案し，美しく普遍的な比喩として，意識とは動的で絶えず姿を変える流れのようなものだと述べています。人は二度と同じ川に足を踏み入れることはできず，この経験を機器でとらえることは不可能なのです。

習慣についても記し，それを「人生のはずみ車」と呼びました。また，現在ではジェームズ・ランゲ感情理論として知られている理論を提唱しました。これは，感情とは行動に続いて起こるものであるというものです（カール・ランゲはジェームズとは無関係のデンマーク人医師で，ほぼ同時期に同じ理論を提唱しました）。真実については，人生に役立つことこそ真実だという現実的かつ多元的な見解を示しています。

ジェームズと彼の著書は，アメリカの心理学の発展に多大な影響を与えてきました。その懐の深さは，*The New York Times*の死亡記事からも読み取れます。「ウィリアム・ジェームズ氏死去。偉大な心理学者にして，小説家ヘンリー・ジェームズの兄。アメリカ随一の哲学者が68歳で生涯を閉じた。長年ハーバード大学の教授を務め，アメリカの現代心理学の事実上の創始者，プラグマティズムの提唱者，精神科医としても活動」。

参照：精神療法（1859年），精神時間測定法（1879年），機能心理学（1896年）

上：1890年代頃のウィリアム・ジェームズ　右：イタリア，ローマのテベレ川（2009年）。絶え間なく変化する精神機能を，ジェームズは「意識の流れ」という比喩を用いて表現しました。

1890年

心理テスト

アルフレッド・ビネー（1857〜1911），**ジェームズ・マキーン・キャッテル**（1860〜1944），**ウィリアム・シュテルン**（1878〜1931）

心理学が初めて実用的に応用された重要な例といえば，心理テストの開発でしょう。1890年，アメリカの心理学者ジェームズ・マキーン・キャッテルは，「メンタルテスト（mental test）」という用語を使い始めました。コロンビア大学の学生を検査するキャッテルのプログラムは失敗に終わりましたが，20世紀のアメリカではこのような検査が心理学者という職業の専売特許となりました。

心理テストの一番の利点は，精神の発達を正確な数値で測れることです。対象の定量化は科学の顕著な特徴といえますが，目に見えない心の能力についても同じことができる検査の登場で，ときに懐疑的な大衆は，心理学も真の科学であると納得するようになりました。

20世紀初期までには，心理学者は心理テストの設計に熱心に取り組むようになりました。1905年，パリの心理学者アルフレッド・ビネーが知的能力を測る最初の有用なテスト，**ビネー・シモン知能検査**を設計し，1916年には，アメリカ人向けに改変したスタンフォード・ビネー知能検査が誕生します。それまで知能指数（IQ:Intelligence Quotient）の算定には，ドイツの心理学者ウィリアム・シュテルンが考案した算定方法（精神年齢÷実年齢×100）を用いていました。知能検査の登場以降，世界中の何百万人もの人々が，知能は数値で把握できるものであると信じるようになりました。

しかし，心理テストの用途は単に知能を測るにとどまりません。1920年代までには，人格を測る初のテストが設計されます。実業家や産業界関係者が，職業適性を判定したり人材選考の助けとなるようなテストを精力的に考案する心理学者の顧客となりました。第一次世界大戦時には，ある心理学者が「誰も自分をまったく理解してくれないと感じているか？」といった一連の質問をし，精神障害の有無を検出する初のテスト，ワーズワース個人データシートを開発します。第二次世界大戦が始まると，同種のテストとしてすでに開発されていた**ミネソタ多面的人格目録（MMPI）**が広範に用いられるようになりました。

心理テストは有益かもしれないという希望から始まりましたが，50年もしないうちに重要な産業となりました。実際に，アメリカ人とその他の国々の何百万人もの人々が，キャッテルが1890年に記したのと同じように「テストは興味深く，もしかすると訓練，生活様式，病気の兆候を知るのに役立つかもしれない」と感じたのです。

参照：ビネー・シモン知能検査（1905年），投影法（1921年），TAT（1935年），ミネソタ多面的人格目録（MMPI，1940年）

ジェームズ・マキーン・キャッテルは「メンタルテスト」という用語を考案しました。

1892年

アメリカ心理学会

G・スタンレー・ホール（1844～1924）

ドイツで科学的心理学の最初の研究室が開設してから数年後，この新しい学問分野は急速に発展し，1892年にアメリカ心理学会（APA）が設立されるまでになりました。設立の陰の立役者となったのが，起業家精神に富んだ心理学者G・スタンレー・ホールでした。彼は，経済学，歴史学，政治科学の分野と同じように，科学的心理学の分野を取りまとめる機が熟したと考えます。APAが設立されると，心理学はますます複雑かつ多様化していく社会を管理するのに有用なものとして栄えていきました。

最初の50年間のAPAの会員数の増加は控えめで，1940年時点では，正規会員はわずか640人でした。しかし1926年に議決権をもたない準会員のステータスが新たに設けられてから加入者が急激に増え始め，この準会員の人数は1940年には2000人以上に達していました。当時の準会員のほとんどが応用心理学を専門にしていたという事実は，第二次世界大戦後の爆発的なAPAの発展の予兆ともいえます。1945年から1970年にかけて，APAの会員数は大幅に増え，ある心理学者などは，このペースが続けば2010年には世界中の人間すべてが心理学者になるだろうとジョークを飛ばしたほどです。実際に，APAは2010年には15万人の会員と支部会員を擁するまでになりました。

心理学のなかでも，メンタルヘルス，臨床心理学，カウンセリング心理学の分野は急激に成長し，現在でも主流の分野であり続けています。第二次世界大戦以降，APAの組織は部門ごとにまとまった構造をとり，各会員は志を同じくする会員と肩を並べることのできる専門グループに属するようになりました。1944年に19の部門が承認され，それ以来，女性のための心理学，心理学の歴史，精神薬理学など，それぞれの会員の関心を反映した35部門が追加で設けられました。歴史的に見ても，心理学は一連の学問としては複雑で，単一のアプローチのみで実践するには複雑すぎるのです。

参照：実験心理学（1874年），精神時間測定法（1879年），心理テスト（1890年），軍隊の知能検査と人種差別（1921年）

上:マサチューセッツ州ウスターのクラーク大学の前でポーズをとる，ジークムント・フロイト，G・スタンレー・ホール，カール・ユング，A・A・ブリル，アーネスト・ジョーンズ，フェレンツィ・シャーンドル（1909年）
右：クラーク大学のジョナス・クラーク・ビル（2007年）。裕福な産業資本家ジョナス・クラークは，労働者階級の若者のために大学を設立すべく，G・スタンレー・ホールを雇いましたが，ホールはその代わりに大学院を設立しました。

CLARK
UNIVERSITY

1896年

機能心理学

ジョン・デューイ（1859～1952）

ジョン・デューイほど，アメリカ人の生活に大きな影響を及ぼした人はいないでしょう。彼の影響は，特に哲学，心理学，教育の分野で広く実感できます。しかし本書ではスペースも限られているため，心理学の分野にデューイが及ぼした影響を二つの観点から言及するにとどめます。

デューイは1896年に発表した『The Reflex Arc Concept in Psychology（心理学における反射弓の概念）』で，刺激と反応をそれぞれ別と考える当時の考えに反論しました。そのような分離は誤りで，一方なしには，もう一方は何の意味もないと論じたのです。デューイは共同研究者とともに，人の考えと行動を理解するうえで社会的背景がいかに重要かを強調した機能心理学の分野を新たに設け，周囲の世界に順応するために精神活動がどのように役立つかを考察する必要があると唱えました。コーネル大学の心理学者E・B・ティチェナーは当時のもう一つの主流な方法論である構造主義を提唱しましたが，デューイはそれに対抗します。構造主義は思考の内容と構造のみに着目し，応用のことはまったく扱っていませんでした。

デューイはシカゴで，長く関心のあった教育に携わり始めます。彼の教育分野における哲学者，心理学者としての輝かしいキャリアは，心の機能や働きを強調した機能心理学の分野で培われました。経験上，それまでの標準的な教育慣行である練習問題や詰め込み学習が子どもの心を鈍らせると悟り，代わりに体験学習の大切さを訴えました。子どもたちは実践から最善の学びを得られるのです。教えることは大事ですが，子どもには教えられたことを実践する機会を与えるべきです。それを確実に成功させるには，学校は教材を通じて批評的かつ創造的に子どもの興味を惹きつける機会を提供しなくてはなりません。

フリードリヒ・フレーベル，マリア・モンテッソーリ，レフ・ヴィゴツキーと同じく，デューイは実践から学ぶことに重きを置いた，教育心理学の力を信じていました。

参照：幼稚園（1840年），心理学原理（1890年），子どもの家（1907年），最近接発達領域（1934年）

上：E・B・ティチェナー。デューイと対立する方法論である構造主義の主導者でした。　右：ジョン・デューイは，アメリカで切手のモデルとなる栄誉に預かったアメリカ人心理学者二人のうちの一人です。

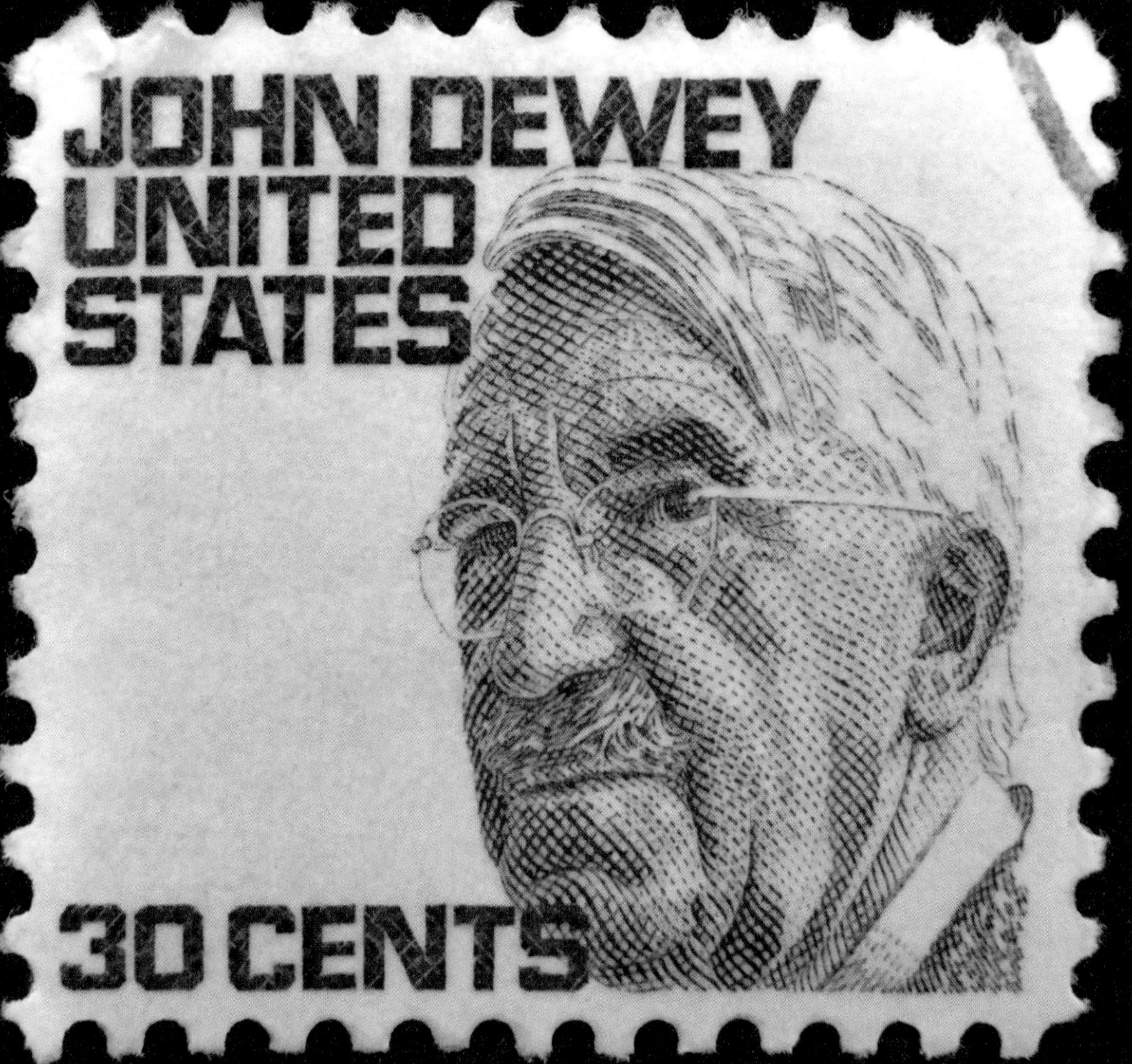
JOHN DEWEY
UNITED
STATES
30 CENTS

1897年

エディプス・コンプレックス

ジークムント・フロイト（1856～1939）

ソポクレスの戯曲『エディプス王』（紀元前429年，日本版のタイトルは『オイディプス王』）は，エディプスがテーベの王である父，ライオスを不本意ながらも殺害し，母のイオカステ女王と結婚する話です。神託によりこの殺害が予言されたため，エディプスは赤ん坊の頃に両親に捨てられました。若者へと成長した彼は，道端で出くわした男を父親とは知らず，通す通さないの押し問答の末，殺害します。その後，「朝は4本足で歩き，昼間は2本足で歩き，夜には3本足で歩く生き物は？」というスフィンクスの謎（答えは人間）を解いてテーベに迎え入れられ，女王（本人同士はこの時点は知らないが実の母）と結婚することが認められます。エディプスは，予言どおりに自分が父を殺害し母と結婚したことを知り，これはイオカステの自殺と自ら盲目となるという一連の悲劇をもたらします。

前年に父を亡くした1897年，自らの夢を自己分析した結果と格闘しながら，ジークムント・フロイトは，エディプスの神話には人間の心理の本質が込められていると気づきます。床屋に行っていたために父の葬儀に遅れるという父の死後に見た夢を思い起こし，さらに夢を分析した結果，フロイトは父の死を願っていたことをはじめ，実際に父に否定的な感情をたくさん抱いていたことを知ります。そして，このような敵対的な願いと並行して，自らの喜びのために母を我が物にしたいと願っていたことを表す夢も見ていたことが判明します。

夢を分析した結果，フロイトは自分だけが特別ではないと確信するに至ります。正常な発達の過程で，子どもは異性の親を独占し，それと同時に同性の親を排除することを望みます。フロイトはこのような一連の衝動と願望をエディプス・コンプレックスと呼びました。それは心理的発達における危機であり，どのように解決するかによって，成人後の人格が決まります。エディプス・コンプレックスは今でも伝統的な精神分析の柱の一つですが，その後に登場した精神分析理論家は，心理的発達におけるほかの危機も挙げています。

参照：ヒステリー（1886年），精神分析（1899年），夢判断（1900年），心理性的発達（1905年）

フランスの画家ジャン＝オーギュスト＝ドミニク・アングルが描いた『スフィンクスの謎を解くエディプス』（1805年頃）

INGRES
1808

1898年

トレス海峡探検

ウィリアム・ハルス・リバーズ・リバーズ（1864～1922）

19世紀も終わりを迎えようとする頃，人類学上の疑問を抱いた小集団が，オーストラリアとニューギニアの間にあるトレス海峡への探検隊を編成しました。彼らはケンブリッジ大学の若き医師で心理学者のウィリアム・ハルス・リバーズ・リバーズを雇い，探検に同行させます。

リバーズの専門は視覚で，太平洋の島の人々を対象とした心理学調査の責任者となりました。リバーズは補佐役として二人の若き心理学者C・S・マイヤーズ（のちに「**シェルショック**」という用語を考案）とウィリアム・マクドゥーガルを雇い，特別に改良した実験装置を用いて，視覚およびその他の感覚機能と運動機能に関する詳細な心理学的評価を実施します。嗅覚弁別，視覚，音程しきい値，色覚を含む20以上の心理学的，精神生理学的現象が調査されました。トレス海峡の住民が調査対象に選ばれた主な理由は，工業化された西欧諸国の規範や慣習にほとんど触れたことがないため，調査の仮説についてもまったくの無知であったためでした。リバーズは記しています「彼らは私たちがすべての観察を行えるほど十分に文明化されているのに，まったく興味深いことに，ほぼ原始的な環境に置かれていた」。

「高潔な野人」は感覚能力もすぐれているであろうという通説に反して，ほとんどの感覚能力の検査結果が，ヨーロッパ人と同様の範囲内に収まっていました。この探検の心理学調査で，心理学は先験的な前提，つまりそれまで信じられてきたヨーロッパ人の優位性を前提とした知識を吟味し，検証する手法とツールでもあると証明されたのです。この探検の結果，古くから主張されてきた人種的優位性を論破するに足る，経験に基づく証拠が提示され，環境から得られる経験の違いを根拠とした説明への道が開かれました。これは，アメリカの心理学界で1920年代から1930年代にかけて，人種と知能をめぐって繰り広げられた議論でも重要なポイントとなりました。

参照：文化依存症候群（1904年），シェルショック（1915年）

上：1898年のトレス海峡探検の参加者。（左から右へ）ウィリアム・ハルス・リバーズ・リバーズ，C・G・セリグマン，シドニー・レイ，アンソニー・ウィルキン，アルフレッド・C・ハッドン（椅子に座っている人物）

右：トレス海峡の島で19世紀に作成された仮面。現在はスイスのリートベルク博物館に展示されています。

1898年

パズル・ボックス

エドワード・ソーンダイク（1874～1949）

チャールズ・ダーウィンの**『種の起源』**（1859年）は，人間と動物の心を研究するきっかけとなりました。ダーウィンはおそらく近代比較心理学の分野では初の著作である『The Expression of the Emotions in Man and Animals（人と動物の表情）』（1872年）も手がけています。その後，彼の友人で生物学者のジョージ・ロマネスが，動物はどのように思考するかを逸話を通じて説明した『Animal Intelligence（動物の知能）』（1882年）を出版しました。ロマネスは動物の行動の記述をさまざまな出典から収集し，動物の心の働きについての信頼に足る推論を導き出しました。

19世紀末までには，アメリカの実験心理学者の間では逸話を使った手法はすたれていました。実際に1898年に出版されたエドワード・ソーンダイクの実験報告書で，動物の心を説明するのに逸話を用いる必要はなくなりました。ソーンダイクは博士論文のなかで，猫，犬，ひよこを対象としたパズル・ボックスの実験について報告し，動物は試行錯誤，報酬と罰によってのみ学ぶことを示します。動物は閉じた箱のなかに入れられると，初めはさまざまにでたらめな行動をとりますが，偶然ドアを開け，外に出て食べ物にありつけると，同じ箱のなかに入れられるたびに，同じことをより短時間で繰り返すようになります。ソーンダイクは，動物は観察，模倣，推論により学ぶのではなく，純粋に関連づけから学ぶと結論づけました。さらに，動物は箱のなかに入れられるという考えや心のなかのイメージと，逃げるという心のなかのイメージを関連づけてはおらず，刺激（箱のなかのある特定位置にいる）と反応（ペダルを踏んで逃げる）を関連づけると唱えました。

ソーンダイクの結論は広く受け入れられただけでなく，人間の学習の研究に動物を用いることを正当化する理論的根拠も提示しました。ほかの動物が進化して人間になったというダーウィンの理論に基づき，ソーンダイクにとっても動物と人間は類似しているところがありました。そのため，同じ学習の原則をすべての動物に適用したのです。

参照：行動主義（1913年），アルビノ・ラット（新行動主義，1929年），スキナー箱（1930年）

鳥の給餌器から食べ物を盗む現場を押さえられたリス。このような給餌器と必ず食べ物にありつけることを関連づけると，リスは驚くべき行動を見せます。人間が仕掛けた複雑な障害コースさえかいくぐり，目当てのものを得るのです。

1899年

ペルマン式記憶術

ウィリアム・ジョセフ・エネバー（1869～1947）

ウィリアム・ジョセフ・エネバーはピアノ制作者一家に生まれ，イギリス初の通俗心理学であるペルマン式記憶術を1899年に考案しました。その名称は，同国の心理学者クリストファー・ルイス・ペルマンにちなんで名づけられた，ロンドン・ペルマン協会に由来します。イギリスでは日々の生活をよりよいものにする応用心理学への関心が高まっており，自己改善の手法であるペルマン式記憶術はその関心を象徴するものでした。

20世紀の最初の40年間で，イギリスで人気を博した多くの心理学実践を表現する際に，実用心理学という用語がきわめて頻繁に使用されるようになります。そのような実用心理学は，大学で学ぶような科学ではなく，医療専門家が扱うような領域でもありませんでした。ペルマン式記憶術と実用心理学の魅力はむしろ，誰にでも学べて，懸命な努力と実践によって生活の質を劇的に向上できることにあります。

20世紀初頭のイギリスでは，学問分野としての心理学と**精神分析**はごく緩やかなスピードで発展したのに対し，ペルマン式記憶術をはじめとするその他の実用心理学は何百，何千人ものイギリス人に受け入れられました。ペルマン式記憶術の目的は，人々が認知処理の効率，とりわけ記憶力を向上させる一助となる精神トレーニングを行うことでした。人気の高まりとともに，次第にそれは全般的な自己改善を支援するものとみなされるようになります。

ペルマン式記憶術に加え，イギリス人はその他の通俗心理学も生み出しました。1901年に創設された心理セラピー協会は，**メスメリズム**などの古い手法との結びつきを保ちながらも，心理療法の実践も推進する組織へと進化を遂げていきました。

実用心理学は第一次世界大戦後に急激に発展します。1920年代，自助のためのさまざまな心理学を推進する地域クラブを結成することが流行しました。やがてその数は膨れ上がり，ついには実用心理学クラブ全英連合の設立にまで至ります。多数のクラブが雑誌を出版するか，通信講座を開講して実用心理学を推進し，学問的または専門的な心理学とは別に発展していきました。

実用心理学はあらゆる階級のイギリス人を魅了しましたが，特にそれを上の階級に上昇するための手段と見ていた労働者階級の間で人気でした。第二次大戦後に心理学の専門化が進むと，そのような実用心理学のほとんどはすたれてしまいました。

参照：メスメリズム（1766年），アメリカにおける骨相学の普及（1832年），精神療法（1859年）

上：ペルマン式記憶術を学んだ小説家のヘンリー・ライダー・ハガード（1856～1925）
右：ボーイスカウト運動の発起人で，ペルマン式記憶術の推進者でもあったロバート・ベーデン=パウエルが描いた風刺画。*Vanity Fair*誌（1900年発行号）に掲載されました。

Drawl

1899年

精神分析

ジークムント・フロイト（1856～1939）

ジークムント・フロイトは，ウィーンで当時を代表する医学者から神経学者としての教育を受けています。人が多くの場合，セックス，怒り，恐れなどの不合理な圧力に衝き動かされていることを説明する際に，フロイトは動機を引き合いに出しました。この発想は，精神医学，心理学，社会事業，カウンセリングといった臨床分野にとどまらず，文学，戯曲，絵画，建築においても探求されてきました。

フロイトは，飽くことを知らない知的好奇心をもった優秀な学生でした。彼は，医学をライフワークにすることを決意します。教育によって，人の行動の動機とその原動力になるものの特性の重要性に対する彼の感受性はさらに高まり，偉大な科学者になることを目指し，研究室で魚やその他の生物の神経系統を詳細にわたり研究することに6年を費やしました。しかし，マルタ・ベルナイスと恋に落ちた後は，家族を養う収入を得るために臨床医になります。

パリでは，著名な神経学者ジャン＝マルタン・シャルコーと親交をもち，トラウマが理性的思考を阻む結果，**ヒステリー**が起こるという臨床学的な洞察を得ます。ウィーンから戻ると，恩師のヨーゼフ・ブロイアーが1880年の**アンナ・O**の症例に用いた談話療法について学びました。これらすべての経験が，フロイトの精神分析の最初の原理の定式化につながったのです。患者の無意識の世界へ入っていくために，夢分析と自由連想法を開発しました。精神分析療法の基本原則である，抑圧，転移，逆転移という臨床的な現象を初めて解説したのもフロイトです。

フロイトはその生涯を通じて，絶えず自らの理論に磨きをかけ，アイデアを実際の臨床診療に応用することで常に学びを得ていました。子どもの発育，ノイローゼの原因，本能的な行動の役割，心理的防衛機制が起こる仕組みとその役割についても理論を展開しています。フロイト自身は「錯覚」と呼んだ宗教の役割についても著書を残し，文明が心理的葛藤をもたらす理由を詳説しました。彼の理論と臨床分野での仕事は，20世紀の心理学における主観性の確立に大いに貢献しました。

参照：ヒステリー（1886年），エディプス・コンプレックス（1897年），夢判断（1900年），ユング心理学（1913年），防衛機制（1936年），心療内科（1939年）

1911年の国際精神分析会議にて。2列目の中央がジークムント・フロイト

1900年

夢判断

ジークムント・フロイト（1856〜1939）

精神分析の基本的な原則は，1886〜1900年にかけてジークムント・フロイトにより確立されました。この時期の最後の年，フロイトはきわめて重要な著書『夢判断』を出版し，神経学的というより完全に心理的な心のモデルを提起します。フロイトは自らの理論のほとんどを絶えず修正していましたが，この著書で説明した主なアイデアの大部分はその後も変更，修正しませんでした。

題材は，1896年のフロイトの父の死から直接着想を得たものです。父の死はフロイトの人生に大きな動揺をもたらしました。フロイトはその後ずっと陰うつな気分でしたが，数カ月経つと患者と同じように夢と自由連想法を用いて自分自身を分析してみました。フロイトはこの自己分析で，夢こそが「無意識への近道」なのだと気づきます。彼は夢を分析した結果，夢には二つのレベルがあると提言しています。すなわち，表面的で真の心理的意味を含まない見かけ上の内容と，真の意味を象徴するものの偽装された潜在的な内容です。フロイトによると，夢とは，社会的には受け入れがたい性質の潜在的な願望が偽装して現れ，それを充足するものであるといいます。このようにして，**ヒステリー**の症状と同じく，夢は日常生活で表出するには危険な考えや願望を表すものなのです。フロイトはここで重大な見識を得ます。以前は，患者が報告する幼少期の性的な経験は，実際に起こったことだと思っていましたが，実際には起こっていない可能性があり，むしろそのような記憶は象徴的に表現された性的願望の現れであるとみなしたのです。

フロイトは自由連想法を用いて父の死後に自らの夢分析を始めたとき，自分の夢の世界のなかにも同種の願望がたくさん込められていたことを知り，ショックを受けます。最も重要なのは，自己分析により存在が明らかになった**エディプス・コンプレックス**の原則が，その後の彼の人格発達の研究で重大な意味をもつようになったことです。

参照：エディプス・コンプレックス（1897年），精神分析（1899年），心理性的発達（1905年），ユング心理学（1913年），防衛機制（1936年）

カタルーニャの画家ジョアン・ブルーイが描いた『夢』（1905年）

1902年

証言の心理学

L・ウィリアム・シュテルン（1871～1938）

法廷で誰が証言する資格があるかという基準は，法の進化に伴って変わっていきました。有史以来のほとんどの記録によると，女性や子どもの証言は信頼性が薄いとみなされ，彼らが証言台に立つことは禁じられてきました。その他大勢の階級の人々，奴隷，犯罪者，貧困者による証言も，たいていのケースで排除されてきました。しかし心理学者は20世紀初期までに，このような証言の基準を改善できる可能性を示唆しました。

ドイツの心理学者ウィリアム・シュテルンが，証言の心理学の応用研究を始めました。それまでドイツでは，1870年代後期に初の**実験心理学**の研究室が設立され，1890年代には本格的な応用心理学の研究も進んでいました。1902年，シュテルンは心理学の研究プログラムに着手し，たくさんの大学で法と心理学に関する最初の講義が始まりました。たとえば，**ゲシュタルト心理学**の創始者として有名なマックス・ヴェルトハイマーも，1904年に証言の信憑性《しんぴょうせい》を判定する論文を書き上げています。ドイツからアメリカに移住した心理学者ヒューゴー・ミュンスターバーグも，1908年に証言の研究に初めて心理学を応用しました。

証言心理学の根強い問題は，多くの変動要素が制御可能な研究室での研究内容と，複雑で混乱した実際の裁判の現場との間に大きな隔たりがあることです。それでも，1980年までのアメリカでは，研究結果の積み重ねにより基盤が固まってきました。目撃証言は，特に問題の多い領域です。その一方で，心理学者は目撃者への尋問方法をどのように改善すべきか，そして信頼性の高い証言を引き出す手法についての専門性を高めていきました。また，偽りの記憶のケースのように，記憶は操作されやすいため信頼性が低いことも心理学者は示してきました。

参照：うそ発見器（1913年），記憶と忘却（1932年），誤情報効果（1994年）

1945～1946年に開かれたニュルンベルク裁判中のナチス側の被告席。前列左端は，ヒトラー台頭の立役者だったヘルマン・ゲーリングです。

精神技術

L・ウィリアム・シュテルン（1871～1938）

ドイツ人女性の電話交換手たちが1920年代半ば，職業生活のほとんどの側面を管理することを意図した広範な心理テストを受けさせられたことに抗議します。当時のヨーロッパや北米の職場では，環境を管理して生産性を高めようという動きの一環としてそのようなテストが行われていたのです。ヨーロッパでは，そのような慣行を「精神技術（Psychotechnics）」という用語で呼び，北米では「産業心理学（industrial psychology）」，「経営心理学（business psychology）」という用語が採用されました。精神技術という言葉は1903年にドイツの心理学者ウィリアム・シュテルンが考案したもので，ハワード大学教授ヒューゴー・ミュンスターバーグの著書『Psychology and Industrial Efficiency（心理学と産業効率）』（1913年）により広まりました。

このような動きが流行した理由として，ロシアのボルシェビキ革命（1917年）が，労使問題によって引き起こされる社会的，政治的不安についての恐怖心をほかのヨーロッパ諸国で煽ったことが挙げられます。また，第一次世界大戦における驚くべき死傷率の高さにより，人手が大幅に不足していました。多くのヨーロッパ諸国では，産業インフラが大きな打撃を受けた結果として，より合理的な根拠に基づく再建と再編のニーズと機会が生じます。

精神技術はヨーロッパ諸国で応用心理学の一つとして人気を博し，ドイツに多大な影響を及ぼしました。ドイツ政府が国家の再建と安定化を図る政策の一環として精神技術を採用したため，この分野は第一次世界大戦後に急速に発展しました。そのねらいは，特に労働力のなかでも女性労働者の仕事をルーチン化してストレスを軽減することでした。1920年代までに，精神技術が雇用主に有利なものだと気づいた労働者の間で不信感が募り，自分たちを搾取するためにテスト結果が利用されるのではと恐れられるようになります。同時代のフリッツ・ラング監督の映画『メトロポリス』（1927年）で描かれているように，この恐れはドイツにおける過剰な規制と自分たちの人生が支配されつつあるという意識を反映していました。

参照：一ダースなら安くなる，あるマネジメントパイオニアの生涯（1924年），ホーソン効果（1927年）

ドイツのアーティスト，フリッツ・カーンが1927年頃に描いたイラスト。神経系を電気信号システムに，脳をメッセージが仕分けされるオフィスにたとえたもので，20世紀初期の精神技術のイデオロギーと慣行を表しています。

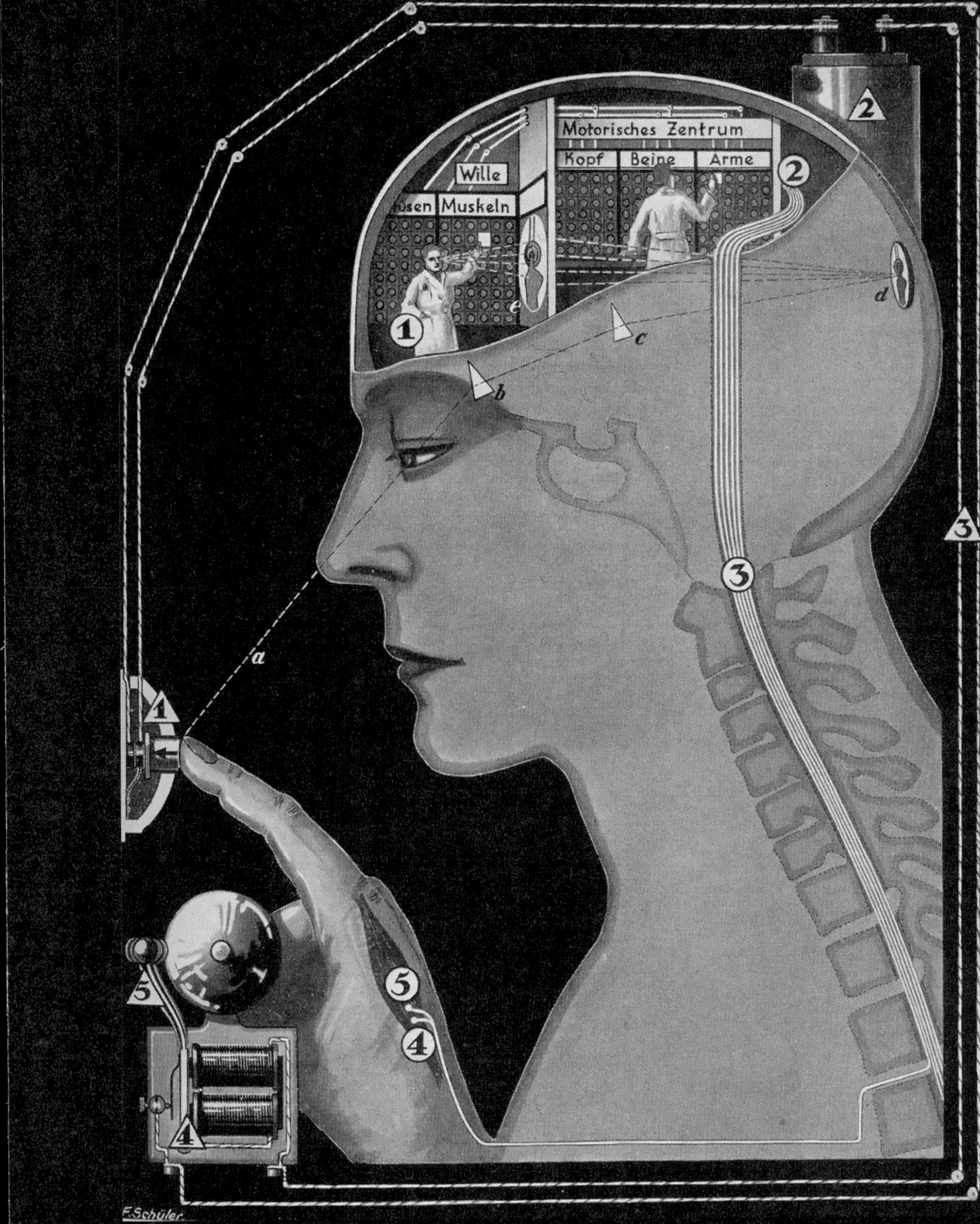
Motorisches Zentrum
Kopf
Beine
Arme
Wille
Muskeln
1
2
3
4
5
a
b
c
d
e
F. Schüler

1903年

古典的条件づけ

イワン・パブロフ（1849〜1936）

ロシアの生理学者イワン・パブロフは，神経系とその表出の科学的研究は，客観的，機械論的，物理主義的に基づいて方向づけされなくてはならないと主張しました。パブロフは村の牧師の息子として中央ロシアで生まれ育ちました。当初は父の跡を継ぐものと思われましたが，科学への興味が高じてサンクトペテルブルク大学に進学し，生理学の学士号を取得します。

パブロフは1890年，サンクトペテルブルク大学実験医学研究所の生理学部門の主任に就任しました。専門とする消化機能の研究における功績で，パブロフは1904年にノーベル生理学・医学賞を受賞します。犬を用いた実験で胃のなかでの消化に関する研究を終えると，消化作用に不可欠な唾液分泌についての研究を始めます。1903年にパブロフの研究室の飼育係が，犬が餌をもらう前から唾液を分泌し始めていることに気づきました。これがパブロフの注意を引き，彼が呼ぶところの「精神的過程」を伴うこの現象について，実験研究が行われます。

パブロフは，外的刺激をどのように操作すれば行動をコントロールできるのかを探りました。最も有名な例は英語で「古典的条件づけ（classical conditioning）」と呼ばれています。それは，ベルを鳴らすことと餌やりを関連づけると，犬は餌が実際にもらえる前に唾液を分泌するよう条件づけがされるというもので，説得力のある実証実験でした。パブロフは，このような条件づけは神経系で起こる作用であり，心の作用ではないと主張しました。この種の犬の学習は人間やその他の動物にも応用され，基本的な関連づけがさらに一連の関連づけを形成することが明らかになります。パブロフと彼のチームは長年にわたりこの学習モデルの意味することを探り続けました。それには精神疾患が起こる仕組みをどのように説明できるかという課題も含まれていました。

参照：実験神経症（1912年），行動主義（1913年），アルビノ・ラット（新行動主義，1929年）

上：イワン・パブロフ，自らの研究室にて（1922年）。
右：パブロフと犬の銅像。ロシアのコルトゥシに建っていたパブロフの実験室があった場所にて。

1904年

青年期

G・スタンレー・ホール（1844〜1924）

チャールズ・ダーウィンの著書は，アメリカの新世代の科学心理学者による子どもの発育に関する考え方に影響を与えました。そこから，子どもを研究することによって，ホモ・サピエンス（現生人類）の心の進化の謎を解明できるのではないかという希望が見えたのです。G・スタンレー・ホールはアメリカにおける科学的心理学の始祖の一人で，子どもを研究する根拠として進化を挙げました。特に，「個体発生（または発達）は系統発生（または進化）を繰り返す」という発想の反復説は，種の進化の歴史はその種の各個体の発達過程で再現されることを提唱しています。たとえば，人間の胎児は妊娠期の特定の時期にえらと初期段階の尾をもちます。したがって，出生後に成長していく人間の子どもを注意深く観察すれば，人類の心の進化をたどることができると信じられていました。また，子ども時代を理解することには重要な社会的メリットもありました。ますます複雑化，多様化する社会において，子どもを研究すれば理想的な社会秩序を築き上げていくための洞察を得られるかもしれないと考えられたのです。

1904年以前，年長の子どもたちの発育の違いについて言及する教育と心理学分野の理論家はいませんでした。そんななか，ホールは1904年に新たな発育の段階である青年期について述べた２巻から成る画期的な著書を発行しました。ホールはこの段階があらゆる社会の健全性を保つために重要であり，人類の心の進化に関する洞察をはらんでいると信じていました。『Adolescence:Its Psychology and Its Relationsto Physiology, Anthropology, Sociology, Sex, Crime, Religion, and Education（青年期：その心理と生理学，人類学，社会学，性，犯罪，宗教，教育との関係）』という題名からも，同書が人類の進化について暗示していることをうかがい知ることができます。ホールは，青年期とは児童労働の禁止と義務教育がもたらした新しい発達段階だと論じました。大人になる代わりに，この年頃の子どもはまだ独立しておらず，成熟していく身体と心を抱えて混乱とストレスの只中に投げ出されます。

参照：ルソーの自然人（1762年），赤ちゃんの成長記録（1877年），最近接発達領域（1934年），生態学的システム理論（1979年）

ドイツの印象派画家アウグスト・マッケが描いた『Four Girls（４人の少女）』（1912〜1913年）

1904年

文化依存症候群

エミール・クレペリン（1856〜1926），アーサー・クラインマン（1941〜）

精神疾患は特定文化の文脈のなかで最もよく理解できる，つまり文化に依存しているのでしょうか。蓄積されつつある一連の証拠は，人間が経験する心的，精神的苦痛はあらゆる文化圏に共通するものとは限らず，ある文化圏で有効な苦痛の治療法を別の文化に容易に適用できるわけではないことを示しています。文化による精神構造の違いは何世紀にもわたり示されてきました。精神科医のエミール・クレペリンは，1904年に文化を考慮する必要がある旨を次のように記しています。

「民族性は，精神疾患の頻度および発現の仕方に見てとることができる。……比較精神医学は心理的プロセスの病理学の理解に役立つだろう」

精神疾患を含む健康と病気における文化の役割について最初に疑問が生じたのは，医療人類学者による現地調査が行われたときでした。精神科医アーサー・クラインマンの著書『Patients and Healers in the Context of Culture（文化的な文脈における患者と治療者）』（1980年）は，文化依存症候群に関する議論の口火を切りました。心理学者のアンソニー・マーセラは，文化とうつについて広範にわたり記し，うつは多くの文化で腰痛や胃痛といった身体的な症状として表出することが多いと指摘しています。

近年，アメリカの精神科医の間で，特定の行動は精神病理学的に重要な，または重要でない苦痛を表現するものとして文化的に定着していると認識されるようになりました。二つの文化依存症候群を例として挙げることができます。

コロ（東アジアおよび東南アジア）**：**ペニス（または稀に女性の症例では，外陰部と乳首）が体内に後退し，死んでしまうのではないかという突然の強い不安症状の発現

神経性食欲不振症（北米，西ヨーロッパ）**：**肥満への病的な恐れに関連した厳しい食物摂取制限

上記のような症状は精神的な健康や精神疾患を判定するうえで，文化的信条などが重要な役割を担っていることを示しています。

参照：トレス海峡探検（1898年），アメリカの精神障害分類（DSM，1918年），思春期やせ症の謎—ゴールデンケージ（1978年）

いくつもの呪物が置かれたブードゥーの祭壇。ベナンの町アボニーにて（2008年）。西アフリカのブードゥー教の信者は，このような呪物に若返りの力が宿ると信じています。

心理性的発達

ジークムント・フロイト（1856～1939）

エディプス・コンプレックスとは異性の親を我が物にして同性の親を排除したいと願うことです。子どもは正常な精神発達の過程でこれを経験するとジークムント・フロイトは示唆しました。

フロイトは臨床的，理論的研究から，子どもは生まれながらにして多形倒錯であるか，身体のどの部分に刺激を受けても快楽を感じることができるという仮定を導き出しました。身体と精神の発達が進むと，身体の特定部位が快楽の焦点になっていきます。性的刺激に敏感な部分は成長の段階により変化していき，最も強く快楽を感じる身体の特定部位と関連づけられます。性心理の段階には口唇期，肛門期，男根期があり，その後，潜在期に移行し，最後に性器期となります。

口唇期には，主に口からの刺激で快楽を感じます。子どもの成長に伴い，2歳から3歳にかけて性的刺激に敏感な部分は肛門に変わり，排便のコントロールができる喜びを表現して社会的に受け入れられます。男根期には，自分の性器から快楽を得るようになります。快楽への関心が強くなり，エディプス・コンプレックスが起こります。この葛藤への対処の仕方により，成人したときの人格は決まります。直近の，しかし常に不完全な解決法は，子どもが同性の親を自分と同一視することです。その後の潜在期の心理性的発達はわずかなものになります。思春期が始まると性器期となり，正常で受け入れられる表現は異性の性器への興味であり，やがて子どもは異性との結婚というしきたりのなかで，生殖の社会的規範に従うよう促されます。

フロイトによれば，心理性的発達のいずれかの段階で過ちが起こることがあり，それが成人になってから重大な問題を引き起こします。**精神分析**が担う重大な役割は，常に存在する心理性的発達の不全を緩和することです。いみじくもフロイトは，精神分析の目標は，患者の状態を苦痛から平凡な不幸せにすることにあると言っています。

参照：ヒステリー（1886年），エディプス・コンプレックス（1897年），精神分析（1899年），夢判断（1900年）

ドイツの画家ヨハン・ハインリヒ・ティシュバインが描いた『Electra Mourning（喪に服すエレクトラ）』（1784年）。フロイトの共同研究者だったカール・ユングは1913年に，エディプス・コンプレックスの女性版であるエレクトラ・コンプレックスを提唱しました。エレクトラ・コンプレックスは心理性的発達の第三段階，すなわち男根期に起こります。その名称は弟のオレステスと仲がよく，母クリュタイムネストラの殺害を企てるギリシア神話の登場人物の名にちなんでいます。

ビネー・シモン知能検査

アルフレッド・ビネー（1857〜1911），テオドール・シモン（1872〜1961）

20世紀初期までに，フランスは工業生産の面でライバルのドイツに後れをとるようになっていました。それを取り戻そうと，フランスの子どもの教育成果を改善するよう学校に圧力がかかりました。しかし教師たちはクラスの人数が多すぎ，あまりに大勢の「正常以下」の子どもが普通の能力の子どもと一緒に授業を受けていると苦情を申し立てます。

この問題を解決するため，フランス政府は子どもの研究で知られていた心理学者のアルフレッド・ビネーに助けを求めました。ビネーの最初の知能検査開発の試みは失敗します。その後，精神障害者のための大規模施設で働いていた若き医師テオドール・シモンが加わり，二人は平均と平均以下の子どもの検査結果を比較できるようになります。

ビネーは重要な洞察を得ます。それは，両方のグループの子どもが同種の検査に合格することができますが，普通の能力の子のほうが，正常以下の子より早い年齢で合格するということです。この洞察に基づき，ビネーとシモンは徐々に難易度が上がる30の課題を開発しました。たとえば，試験官と握手するといったきわめて簡単な課題から，抽象的な言葉を定義するといった年上の子どもでも難しいような複雑な課題などです。子どもはそれらの課題に順に取り組み，合格しなくなったところで検査は終了します。到達度が記録され，そのレベルに対応する年齢と比較検証されます。その結果，子どもの知能レベルがわかります。検査結果が同じ年齢の子どもより2歳以上低いレベルにある子どもは正常以下とみなされ，知能レベルに合ったクラスに編入されます。

ビネー・シモン知能検査が最初に発表されたのは1905年です。1908年と1911年の改訂を経て，1916年にはアメリカで導入するために改訂も行われました。ただしビネーは，知性とは固定されたものではないため，この種の検査は未来の成績を予測するために使用すべきではなく，単にそのときの状況を反映したものにすぎないと信じ続けていました。

参照：心理テスト（1890年），投影法（1921年），TAT（1935年），ミネソタ多面的人格目録（MMPI，1940年）

上：アルフレッド・ビネー

右：1930年代版のスタンフォード・ビネー知能検査の資料のコラージュ

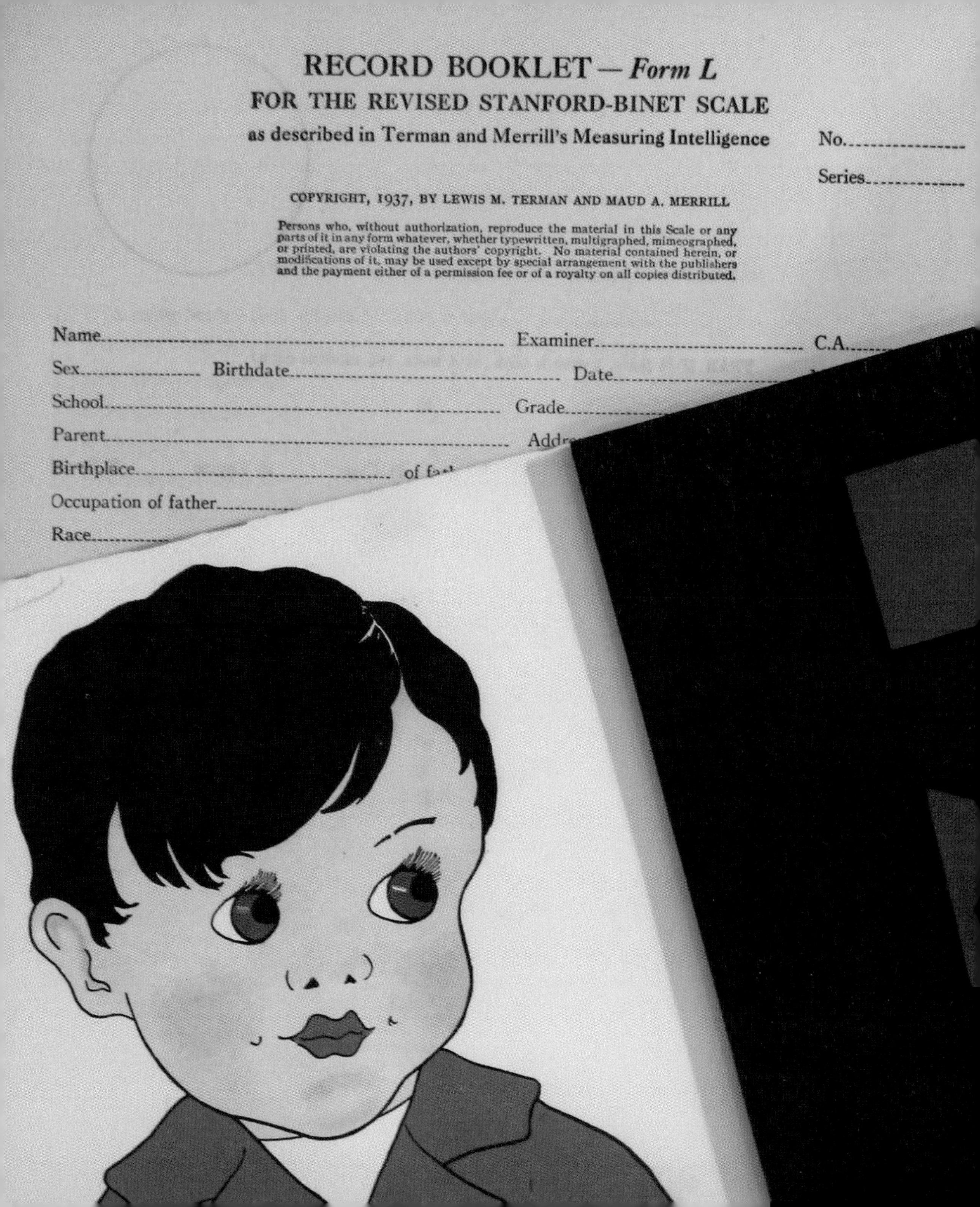
RECORD BOOKLET — Form L
FOR THE REVISED STANFORD-BINET SCALE
as described in Terman and Merrill's Measuring Intelligence
No.
Series
COPYRIGHT, 1937, BY LEWIS M. TERMAN AND MAUD A. MERRILL
Persons who, without authorization, reproduce the material in this Scale or any parts of it in any form whatever, whether typewritten, multigraphed, mimeographed, or printed, are violating the authors' copyright. No material contained herein, or modifications of it, may be used except by special arrangement with the publishers and the payment either of a permission fee or of a royalty on all copies distributed.
Name
Examiner
C.A.
Sex
Birthdate
Date
School
Grade
Parent
Birthplace
Occupation of father
Race

1906年

エマニュエル運動

エルウッド・ウースター（1862～1940），**サミュエル・マッコーム**（1864～1938）

1906年11月の寒い雨の夜，200人近い男女がさまざまな心理的，医療的な問題からの救いを求めてボストンのエマニュエル教会に集まりました。医師と聖職者が二人ずつ，合計4人の男性が人々に語りかけ，癒しの権化であるイエス・キリストから最近の無意識に関する心理学研究に至るまで，多岐にわたる話をしました。教会の牧師エルウッド・ウースターはその場で，道徳的または心理的な問題について話し合いたければ，翌朝また教会を訪れるようにと呼びかけました。大勢の人がそうした結果，アメリカにおける宗教，心理学，医学の最初の共同体が誕生したのです。

じきにエマニュエル運動と呼ばれるようになったこの運動は，エルウッド・ウースターと彼の助手であるサミュエル・マッコームが主導しており，当初は複数の優秀なボストンの医師たちから支援を受けていました。教会は無償の健康診断を実施し，心理学，医学，健康，アマチュア心理療法についての成人クラスを設けます。そのなかでも，よい意味でも悪い意味でも心理療法に最も注目が集まりました。ボストンでは，多数の医師と心理学者がそれまで何年も心理カウンセリングのサービスを提供してきましたが，心理療法はボストン以外ではあまり広く知られていなかったのです。しかし，ボストンでこの運動が成功したため，ほかの都市でも同じように教会を拠点としたクリニックとカウンセリングの需要が生じました。

手始めに，ウースターはクリニックで活動するアマチュア心理療法士にトレーニングを施しました。トレーニングと心理療法はボストンでの心理学研究に基づくもので，それ以前からある**精神療法**と心理治療学の考えも参考にしていました。聖職者によるカウンセリングはここから始まり，教会の社会奉仕部門の仕事に感化された人々がアルコホーリクス・アノニマス（アルコールの問題を抱える人の自助グループ）を発足させました。エマニュエル運動の成功および失敗の経験は，数年後にアメリカに到来するジークムント・フロイトの**精神分析**の布石ともなったのです。

参照：精神療法（1859年），心理学原理（1890年），精神分析（1899年），認知療法（1955年），健康の生物心理社会モデル（1977年）

聖エリザベス病院で男性患者に精神的な指針を与える神父。聖職者によるカウンセリングは，近代における心理療法の最初の応用例でした。

1907年

出生順位

アルフレッド・アドラー（1870～1937）

なぜ同じ家族の子ども同士で，性格や知的能力に違いが出てくるのでしょうか。心理学者たちがこのような問題を投げかけたのは，100年以上も前のことです。精神分析学者のアルフレッド・アドラーは出生順位の理論を提唱しました。この理論では，第一子は親の注意と愛情を最も多く受けると仮定します。しかし，第二子が誕生すると，第一子は一番の座を譲らなければならなくなったと感じ，第二子は劣等感にさいなまれます。末っ子は両親に甘やかされていることに悩むかもしれません。アドラーは，長子としての責任を負わされる第一子に最悪の結果がもたらされると唱えました。彼の理論に従うと，精神的に最も強くなるのは第二子である可能性が高くなります。しかし，1907年にアドラーが初めて提唱したこの仮説は，それ以降の研究によって裏づけられませんでした。

人格理論家は，先に生まれた子どもは後に生まれた子どもよりも，伝統的な家族の価値観を求める傾向にあると指摘しています。科学史研究家のフランク・サロウェイはこの考えに従い，著書『Born to Rebel（生まれながらの反逆児）』（1996年）で，出生順位が創造性や新しい経験の受け入れやすさに与える影響についてさらに掘り下げています。サロウェイは，第一子または出生順位のより早い子どものほうが，家族とのつながりから利益を得やすいと論じました。かたや出生順位の遅い子どもは，新しいアイデアや慣行を試す傾向にあり，家族の伝統の殻を打ち破り成功することが多いといわれます。『Born to Rebel』では，6人兄弟の5番目だったチャールズ・ダーウィンが最も顕著な例として取り上げられています。

心理学者のロバート・ザイアンスは，新しい子どもが生まれるたびに家族の知的資源が減少していくという出生順位の集合モデルを提唱しました。その他にも，大家族では単純に子どもが手にするあらゆる資源が少なくなることが暗示されています。

1世紀以上にわたる研究では，第一子はその後に生まれた子どもよりも大きな成功をつかむ傾向にあることが示されています。しかしこれは，第一子のみが成功する見込みがあるという意味ではありません。実際のところ，第一子ばかりか，第四子，第十子であっても大きな成功を収めている人はいるのです。

参照：赤ちゃんの成長記録（1877年），心理性的発達（1905年）

ラルフ・F・スティットが撮影した往年のコメディグループ，マルクス兄弟。（上から順に）チコ，ハーポ，グルーチョ，ゼッポ（1931年）

1907年

劣等感

アルフレッド・アドラー（1870〜1937）

英語で最も広く使用されている心理学用語はおそらく，「劣等感（Inferiority Complex）」でしょう。この用語を最初に使ったアルフレッド・アドラーはウィーン出身です。身体の発達を阻むさまざまな病いに悩まされる病弱な子ども時代を過ごし，身体の強い兄とは生涯続くライバル関係になりました。そして医療により一度ならず命を救われた経験から，医師を志します。

医師としてのキャリアをスタートさせた数年後，フロイトの**『夢判断』**（1900年）が出版されます。その内容に感動し，この書籍に対する多数の批判を公に弁護しました。アドラーは数年間フロイト派に属していましたが，理論の面で対立するようになり，一緒に研究を続けることは不可能だと判断して，フロイトのもとを去ります。フロイトは性が基本的な人間の動機づけとなると唱えましたが，アドラーは社会的利益と権威こそが最も重要だと考えるようになっていたのです。

アドラーの劣等感のコンセプトのもとになったのは，身体のある器官が弱いとほかの人より病気にかかりやすいものの，トレーニングにより鍛えることができるという器官劣等性の研究でした。1907年に出版された『器官劣等性の研究』で，このコンセプトを人の心理的能力にまで拡大し，「劣等感」という用語を生み出しました。アドラーは，かつて自分が兄に対してそうであったように，あらゆる子どもは身体の大きさや力のなさなどによる劣等感の影響を受けていると論じました。深層心理のレベルで，子どもはそのような無力感と劣等感を補おうとし，大人へと成長するにつれ劣等感を克服しようと模索を続けます。この動機づけが成功へとつながるのです。しかし心の奥底にある劣等感を克服するのは難しく，成長を妨げるおそれもあります。そのような人々を助けるため，アドラーは個人心理学と呼ばれるものを生み出しました。

参照：精神分析（1899年），心療内科（1939年）

フランドル・ルネッサンス派の画家ピーテル・ブリューゲルが描いた『子供の遊戯』（1560年）。心理学者アルフレッド・アドラーによると，このような勝ち抜き試合を模した子どもの遊びは，生涯続く劣等感の原因になるそうです。

子どもの家

マリア・モンテッソーリ（1870～1952）

1896年，魅力的で行動力あふれる若きイタリアの女性医師が，ベルリンの国際女性会議に出席しました。彼女は壇上で，社会衛生の推進と，精神薄弱児と当時呼ばれていた子どもたちのニーズに応えるうえでの女性の価値を雄弁に語りました。実際に影響力のあるフェミニズムの擁護者として，また現在でも世界で最も人気の高い教育法の創始者として，マリア・モンテッソーリは世界でよく知られる女性の一人です。

1890年，モンテッソーリはローマ・ラ・サピエンツァ大学で医学を学び始めます。当時，医師になったイタリア人女性は5人しかいませんでした。当初の彼女は知的障害のある子どもを研究対象にしていましたが，フェミニズム運動についての講演活動でも国際的に知られるようになりました。

1900年代初期，モンテッソーリは教育に焦点を当てます。フランスでアルフレッド・ビネーが行っていたように，新しい分野である**実験心理学**をイタリアの教育の基礎にしようとしたのです。1906年には，民間のイタリアの不動産業者に教育指導者として招かれます。この業者は，ローマの労働者階級の居住地区に新築されるアパートメントに学校を開校することを望んでいました。のちにその学校はカサ・デ・バンビーニ（「子どもの家」）として知られるようになりました。最初の子どもの家はマリア・モンテッソーリを校長に迎え，1907年1月に開校しました。その後の2年間で，彼女はモンテッソーリ教育法を開発します。複数の言語で出版された200以上の刊行物のおかげで，この教育法は3年以内に世界中に広まります。

モンテッソーリ教育法では，子どもが遊ぶ自由を認め，子どもの身体の大きさに合わせたサイズの椅子と机を備えた部屋に，さまざまな教材を用意しておく必要があることが強調されています。そのねらいは，子ども一人ひとりの自律性と独立を尊重することにあります。時とともに多数の改善が加えられてきましたが，モンテッソーリが広めた自由の精神という基本は，世界中に何十万もあるモンテッソーリ教育法実践校で現在も受け継がれています。

参照：幼稚園（1840年），機能心理学（1896年），最近接発達領域（1934年），心理的生活空間（1935年）

上：マリア・モンテッソーリ（1913年）　右：ニューヨーク州スリーピーホロウに建つエドワード・ハーデン・マンション。アメリカ初のモンテッソーリ教育法実践校はここで開校しました。

1908年

ヤーキーズ・ドットソンの法則

ロバート・M・ヤーキーズ（1876～1956），ジョン・D・ドットソン（1879～1955）

現代心理学で最も有名なこの法則は，比較心理学者ロバート・M・ヤーキーズと彼がハーバード大学院で指導したジョン・D・ドットソンにちなんで名づけられました。最初に定式化された当時のヤーキーズ・ドットソンの法則では，学習と記憶に最善の結果をもたらすものは適切なレベルの動機づけだとされています。最初，二人は動機づけの強いほうが学習効率も高くなるだろうと考えました。動機づけの刺激として痛みのあるショックを用いると，最初はショックを強めると，それを避けるために学習効率が上がっていきましたが，その強さが適切なレベルを超えると学習に支障をきたすようになりました。学習曲線は逆U字型になったのです。

ヤーキーズとドットソンが1908年にこの驚くべき研究結果を最初に発表した後も，何百もの研究が行われてきました。20世紀の間に，研究者はこの法則がどのように働くかを言及する際に，「動機づけ（motivation）」の代わりに「覚醒（arousal）」，「適切（moderate）」の代わりに「最適（optimal）」という用語を使うようになりました。現在ではこの法則は，覚醒により生産性に違いが出ることを基本原則とした，より総合的な覚醒理論の一つとみなされています。この法則により見いだされた原則は，運動選手の成績，ストレス反応，受験，その他何十もの場面で検証されてきました。その結果にはばらつきがあり，覚醒のレベルの適切または最適の判定は，実行する仕事の種類により異なります。最適な覚醒レベルは，身体を使う骨の折れる仕事では知的な仕事のそれよりも高くなり，難しい課題について学んだり集中力が求められる課題では，比較的簡単または退屈な課題のそれよりも低くなります。臨床的な違いは，簡単なテストでは心配性の人のほうがそうでない人よりも成績が高く，難しいテストでは心配性の人のほうが成績が低いと示唆しています。

参照：抗不安薬（1950年），感情の普遍的な表現（1971年）

上：2000年を予見した1936年ベルリン・オリンピックの戯画。テレビ技術が進歩し，観客は自宅から無線装置を通じて競技を観覧しています。応援や歓声も拡声器を通じて競技場に伝えられています。ヤーキーズ・ドットソンの法則では，スポーツ選手が最高の成績を出すには，高いレベルの覚醒が必要だとされます。　右：カナダ，マニトバ州シュタインバッハにあるメノナイト・ヘリテイジ・ビレッジ内の教室。ヤーキーズ・ドットソンの法則に従うと，難しい課題に取り組む際の最適な覚醒レベルは，簡単な課題に取り組む際のそれより低くなるといいます。

1908年

統合失調症

ポール・オイゲン・ブロイラー（1857～1939）

現在，統合失調症と呼ばれているものが，人類の歴史を通じて存在し続けたことはほぼ確実といえるでしょう。しかし今通用しているように分類されたのは1908年，精神科医ポール・オイゲン・ブロイラーによってでした。当時ブロイラーは，スイスのブルゴルズリにあるヨーロッパ屈指の精神病院の院長を務めていました。院長に就任した1898年以来，カール・ユングやヘルマン・ロールシャッハなど精神医学分野の大御所たちとともに働きました。ブロイラーは，この病状に既存の早発性痴呆という用語を使うことに異議を唱えます。臨床経験から，典型的には患者が発狂することはなく，発症も（早発性という言葉に反して）若い時期でないことがわかっていたためです。

統合失調症は，妄想，幻覚，思考の異常を特徴としています。亜型としては緊張型，破《は》瓜《か》型，妄想型，分類不能型があります。それぞれの亜型に特徴的なパターンが見られます。

たとえば，妄想型の患者は被害妄想や誇大妄想を抱くことがあり，ある患者はブロイラーが早発性痴呆の診断を告げると，次のように説明しました。「実は，私の体内にはキリストまたは使徒がいます。26人の使徒がオリーブの丘の上に立ち，私の腕に抱かれているのです」。有名な「イプシランティの3人のキリスト」のケースのように，同じ病院に入院している複数の患者が同じ妄想を抱くことも珍しくありません。ワシントンの精神病院では，同じくらいの年頃の患者二人が自分たちはジョン・F・ケネディの嫡男だと信じていました。統合失調症の患者が造語や新しい意味不明な言葉やフレーズを生み出すこともよくあります。たとえば，ある患者は「かご天気ジュース（cage-weather juice）」を吐き出すかもしれないと言い，また別の患者は「植物採取される（botanized）」「青く消される（blued-off）」と言ったりします。

100年以上にわたり研究が続いているにもかかわらず，統合失調症の原因はわかっておらず，複数の原因により引き起こされている可能性があります。一卵性双生児の研究からは，遺伝要素が強いことが示唆されました。2012年の報告によると統合失調症，双極性障害，**自閉症**，大うつ病，注意欠陥多動性障害という少なくともこれらの精神疾患には共通の遺伝的なつながりがあると示されています。

参照：ベドラム（1357年），アメリカの精神障害分類（DSM, 1918年），抗精神病薬（1952年）

上：オイゲン・ブロイラー（1900年頃）　右：統合失調症または躁うつ病を患っていたと考えられている，オランダ人の後期印象派画家フィンセント・ファン・ゴッホが描いた『麦わら帽をかぶった自画像』（1887～1888年冬）。彼は拳銃自殺を試みた末，37歳で亡くなりました。

1909年

類人猿と言語

ライトナー・ウィットマー（1867〜1956），ウィリアム・H・ファーネス三世（1867〜1920）

1909年のフィラデルフィアで，利口なチンパンジー，ピーターのすばらしいデモンストレーションが行われました。舞台に登場したピーターはスケートをしたり，自転車に乗ったり，フォークで食べたり，煙草を吸ってみせます。このショーの宣伝文句によると，ピーターは「猿として生まれ，努力して人間になった」のでした。二人の男性がこのショーを注意深く見守っていました。心理学者のライトナー・ウィットマーと，有名な冒険家ウィリアム・H・ファーネス三世です。ウィットマーは，発話や言葉などに問題を抱える子どもを支援するために心理クリニックを開設したばかりで，ピーターほど利口なチンパンジーなら話すことを教えられるだろうかと思案します。ピーターは「ママ」以外の言葉は話せるようになりませんでしたが，ファーネスはペットのオランウータンに「パパ」「カップ」という二つの言葉を教えることができました。

類人猿に人間の言葉を話す能力があるか，類人猿自身が独自の言葉をもつかという問いに，比較心理学者と自然科学者は長らく魅了されました。後者の問いについては，探検家で科学者のリチャード・ガーナーが，野生の類人猿の鳴き声はコミュニケーションの形態をとっているようだと記しています。このガーナーの見解は，心理学者ロバート・ヤーキーズにより裏づけられました。ヤーキーズは1920年代に，チンパンジーが少なくとも22種類の言葉のような音を操っていることを特定したのです。

1930年代，心理学者のルエラとウィンスロップのケロッグ夫妻は，メスのチンパンジーの赤ちゃんをグアと名づけ，同じくまだ赤ん坊だった自分たちの息子と一緒に自宅で育てました。グアは話すことはできませんでしたが，明らかにたくさんの言葉を理解していました。それから20年後，チンパンジーの赤ちゃんのビッキーが心理学者のキースとキャサリンのヘイズ夫妻のもとにやってきます。ビッキーは7歳まで生き，「ママ」「パパ」「カップ」などの言語をいくつか話せるようになりました。やはりビッキーも多数の単語を理解し，さらにはキャサリンに複数のチンパンジーの鳴き声を教えています。1960年代，ワショーというチンパンジーが，30以上の手話を正しく使えるようになり，その他にも多数の言葉を理解しました。それ以来，ある種の記号文字を用いて，さまざまな手法で猿にコミュニケーションの仕方を教える試みが続いています。最終的な判定結果はまだ出ていません。

参照：種の起源（1859年），言語獲得装置（1965年）

葉巻を片手にベッドに座り，電話をかけているチンパンジーの写真

1911年

音楽心理学

カール・シュトゥンプ（1848〜1936）

19世紀のベルリンは新たな第二帝政時代のドイツの中心地であり，その地では世界中の音楽研究を手厚く支援していました。人類学と心理学という近代学問分野がのちに発達すると，音楽と文化の研究もこの学問分野の範疇にあるとみなされるようになります。哲学者で心理学者のカール・シュトゥンプは，科学分野としての音楽心理学を確立した人物です。シュトゥンプは民族音楽学研究へと転向した頃には，1898年の学術誌*Beiträge zur Akustik und Musikwissenschaft*（音響・音楽学ジャーナル）を皮切りに，すでに聴覚に関する重要な研究結果を発表した実績がありました。

画期的な『Origins of Music（音楽の起源）』（1911年）は，20年以上にわたる心理学，音楽，文化の研究結果に基づいたシュトゥンプの著書です。シュトゥンプは，音楽がどうやって誕生したかを説明し，当時現存していた音楽理論すべてについて論じ，楽器の歴史を紹介しました。この著書は主に，世界中の音楽について文化圏をまたいで分析しています。そのねらいは，音楽の音色がまとめられる際の基本的な心理的法則を論証することにありました。同書は比較音楽学の基礎を成す1冊として，現在の民族音楽研究への布石となったのです。

ベルリンでの職に就くと，シュトゥンプは世界中の音楽の収集に取りかかりました。これは当時の技術が比較的限られていたことを考えると，驚くべきことでした。1900年には，旅行者から入手したエジソン・シリンダー（初期の市販の録音機）のコレクションを収蔵すべく，ベルリン録音アーカイブを設立します。このアーカイブはやがて，世界最大規模の音楽コレクションに発展します。

科学分野としての音楽心理学は，ドイツのみならず，たくさんの国に広まっていきました。アメリカでは，最初の科学的心理学者の一人であるカール・シーショアが音楽適性をテストする広範なプログラムを開発します。シーショア式音楽的才能尺度（The Seashore Measures of Musical Talent）は，アメリカの多くの名門音楽学校で標準的な入学審査基準となりました。

参照：ゲシュタルト心理学（1912年），[B = f(P, E)] = 生活空間（1936年）

ボローニャの音楽院に所蔵されている，1777年に描かれた肖像画『黄金拍車勲章をつけたモーツァルト』（作者不詳）の写し。ウィーンで1756年に生まれ，1791年に短い生涯を閉じたモーツァルトは，根強い人気を博しているクラシック音楽の作曲家です。

CAV·AMADEO WOLFGANGO MOZART ACCAD·FILARMON: DI BOL
E DI VERONA

1912年

ゲシュタルト心理学

マックス・ヴェルトハイマー（1880～1943），
クルト・コフカ（1886～1941），**ウォルフガング・ケーラー**（1887～1967）

1910年頃から，マックス・ヴェルトハイマー，クルト・コフカ，ウォルフガング・ケーラーから成る若き心理学者グループが，心理学の分野でゲシュタルト理論の展開を始めました。折しもドイツ人の生活の枠組みのなかで，個人として，国としての全体的なまとまりが重視されるようになった時代です。彼らは自らのアプローチをゲシュタルト理論と呼びましたが，現在ではよくゲシュタルト心理学として言及されています（ドイツ語の「Gestalt（ゲシュタルト）」という単語と同じ意味の英単語はありませんが，大まかにいうと，「形」，「形態」に対応しています）。ヴェルトハイマーはいわゆるファイ現象と呼ばれる仮現運動に関する実験結果を1912年に発表します。彼は，知覚運動とはゲシュタルトであり，個々の要素に分解することはできないため，関連づけの観点からは説明不可能であると論じました。知覚と認知における部分と全体の関係を研究することに重きを置く代わりに，ゲシュタルト心理学者は精神構造と精神的プロセスの構成要素，あるいは個々の要素を分析することをやめました。

ゲシュタルト心理学者は，人生の心理的豊かさを説明するアプローチを考案しました。ヴェルトハイマーと彼の同僚，学生たちは，知覚（例：図と地の関係），言語，表象的思考，新たな理解をもたらす方法についての洞察を研究する際に，関係性の手法を導入します。特に認識論と認知に代表される哲学的な問題を解決するため，研究を行いました。

知覚的体制化は，現在でもゲシュタルト理論のなかで最も有名な理論です。全体，つまりゲシュタルト（形態）は条件が許す限り簡潔な構造をとる傾向にあるという，プレグナンツの法則は一般によく知られています。プレグナンツの法則の具体的な例としては，近接の要因，類同の要因，よい連続の要因，閉合の要因があります。総じてゲシュタルト理論家はナチス台頭による脅威が増す時代にドイツを離れましたが，アメリカで母国と同等の地位を確立することはありませんでした。しかし，依然としてその影響は現代の社会心理学と認知心理学から見てとることができます。

参照：音楽心理学（1911年），心理的生活空間（1935年），[B = f(P, E)] ＝生活空間（1936年）

ゲシュタルト心理学の創始者マックス・ヴェルトハイマー。一定の時間，視覚的刺激を与えるために使用された当時の重要な心理学実験装置，タキトスコープとともに。

1912年

実験神経症

マリヤ・イエロフィエバ（1867〜1925），
ナターリヤ・シェンゲル・クレストブニコバ（1875〜1947）

イワン・パブロフの実験医学研究所の心理学研究室はロシアのサンクトペテルブルクにあって，20世紀初期当時は活気にあふれていました。大所帯の実験室は工場のような環境で，何百人もの職員が働いていました。パブロフはここで，食べ物以外の刺激でも唾液を分泌するよう動物を条件づけできることを実証しました。

古典的条件づけの典型が確立されると，パブロフは研究員たちにその他の可能なバリエーションを探らせました。二人の女性研究員に，条件づけされた反応の混乱を調査するタスクが割り当てられました。一連の実験のなかで，餌と丸をあらかじめ関連づけ，その丸に犬が反応（唾液を分泌）し，楕円には反応しないよう（餌とは関連づけられていない）条件づけします。条件が確立されると，連続した条件づけの試験で，楕円が次第に円に近い形になるようにしていきます。最初，犬は二つの刺激を区別することができ，円が提示されたときだけ唾液を分泌していました。楕円の形が変わっていき，区別が次第に難しくなると，犬は目に見えて動揺し，繰り返し吠え，攻撃的な行動をとるようになりました。この結果は人間の精神疾患を暗示するところがあると，パブロフは考えました。

二人のアメリカ人，ジョンズ・ホプキンズ大学のW・H・ガントとコーネル大学のH・S・リドルが，それまで実験神経症と呼ばれていたものを研究します。ヤギ，ヒツジ，ブタ，ウサギ，猫など，さまざまな種で同じ反応が得られました。この実験結果が人間の精神疾患で意味することについて，ガントとリドルは多数の文書を記しました。そこから，**心療内科**の分野が始まります。大勢の人が精神分析理論と実験神経症の研究を結びつければ，心因性疾患を説明することが可能になると考えたのです。この先駆的な研究から実験精神病理学が誕生しました。そこから得られた重要な発見の一つが，**学習性無力感**の理論です。

参照：古典的条件づけ（1903年），学習性無力感（1975年）

H・S・リドルはさまざまな種で実験神経症を誘発してみせました。写真はヤギを使った実験をしているところです。

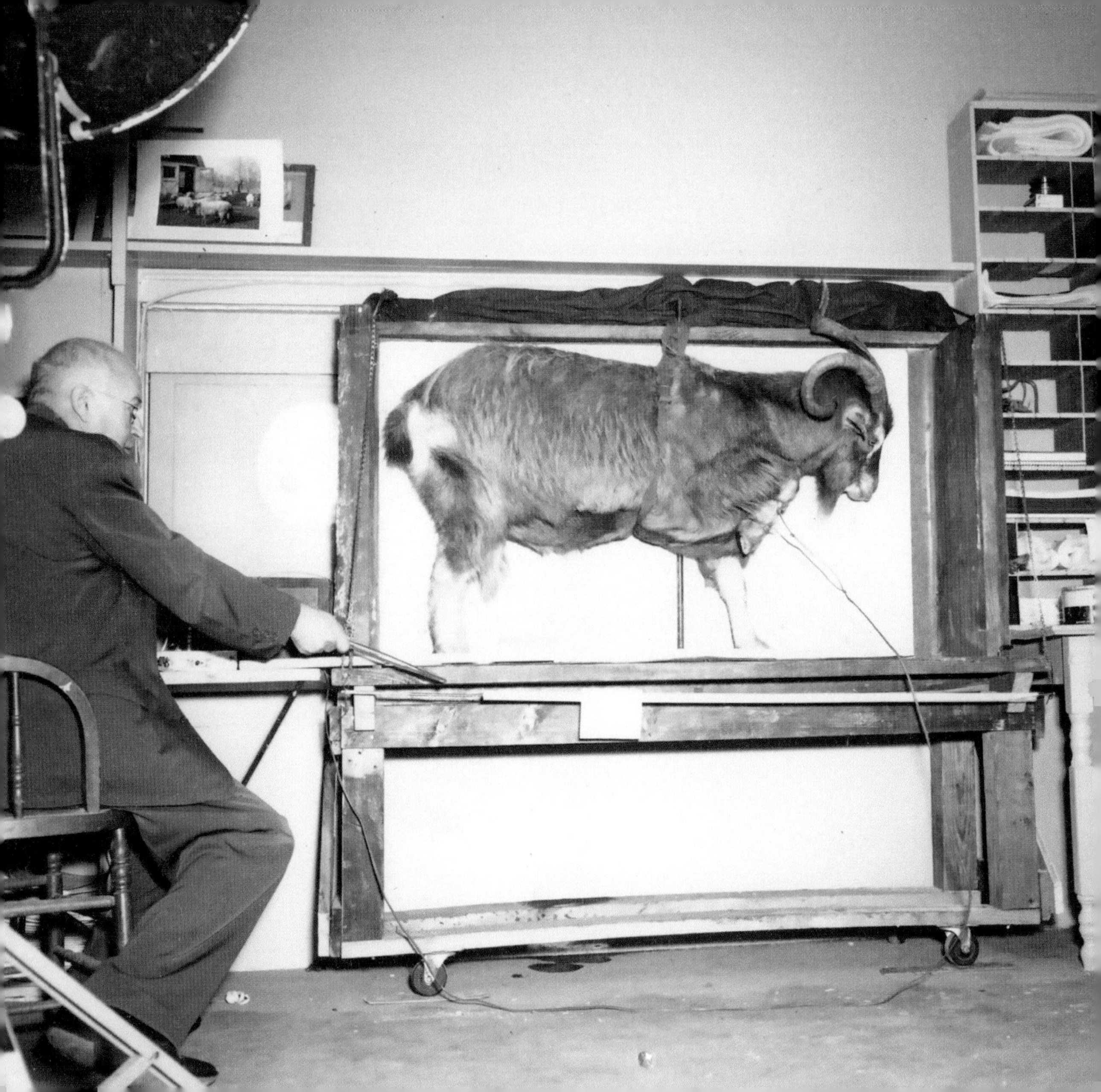

1912年

優生学と知能

フランシス・ゴールトン（1822～1911），ヘンリー・ゴダード（1866～1957）

科学者のフランシス・ゴールトンは，優秀さと才能は主に遺伝子の働きによるものだとする考えに魅了されていました。ゴールトンは測定することも好きでした。これらの二つの関心事は，優秀なイギリスの家族について研究するという一つの目的に形を変えました。ゴールトンは研究結果に基づき，「適切でない者よりも，より適切な人種または血筋の者がより早く繁栄するような，よりよい機会を与える」ため，よりよい血統を残していく方法としての優生学を発展させます。彼の積極的優生学プログラムでは，優秀な男女同士で結婚し，子孫を残すことが奨励されました。ゴールトンは一連のテストを考案し，まだ若く生殖能力のあるうちに傑出した人間になると思われる者を特定するために役立てようとしました。

ゴールトンの積極的優生学プログラムは実現しませんでしたが，20世紀初頭の南欧および東欧からの移民流入に対する懸念が高まったのを受け，アメリカで消極的優生学プログラムが始まります。望ましくない者が，それまでアメリカを偉大にしてきた種族の血を薄めてしまうと考えられたためです。奴隷解放宣言と南北戦争を受け，たいていは北部の州に移り住んだアフリカ系奴隷の子孫も人種の純潔を脅かすとみなされました。

知能テストは，移民とアフリカ系アメリカ人が劣ることを「証明」する一つの方法と化しました。おそらく最も有名な例は，ヘンリー・ゴダードとその著書『カリカック家 - 精神薄弱者の遺伝についての研究』（1912年）でしょう。カリカック家は，同じ男性を先祖とする二つの血筋の子孫から構成されていました。そのうち一方の血筋は下級階層の女性と不適切な関係をもったことから始まっており，その結果，問題のある障害児ばかりの子孫が代々生まれてきたということでした。もう一方の「正常な」血筋は，家柄のよい女性との正当な婚姻により生じたものでした。

その後，望ましくない個人が子孫を残さないようにするための消極的優生学がアメリカの多くの州の政策に組み込まれます。ほとんどの場合，その決定を下す際の評価基準の一部として知能検査が用いられました。しかし，アメリカの消極的優生学はナチスのプログラムほど徹底的なものではありませんでした。行きすぎた政策は1920年代に始まった反対運動を引き起こし，優生学の主だった主張のまやかしが暴かれていったのです。

参照：心理テスト（1890年），ビネー・シモン知能検査（1905年），軍隊の知能検査と人種差別（1921年）

ニューヨーク湾内のエリス島にて。長い間，アメリカへの移民の主な入国地点となっており，初の大規模な知能検査が行われた場所でもありました。

1913年

ユング心理学

カール・ユング（1875〜1961）

カール・ユングは，まだ子どもだった頃から自分には二つの人格があったと報告しています。一つは現在の自分，もう一つは昔の時代の人格です。賢くて優秀な学生だったユングは，精神科医への道を進むことを決意します。1900年，スイスで医学博士号を取得した後，精神病院として世界屈指のブルゴルズリ（現在のチューリッヒ大学付属精神病院）でオイゲン・ブロイラーに師事します。ユングはこの時期にフロイトの初期の著作物を目にし，1907年にフロイトに会うためウィーンに招かれます。二人は友情を育み，1909年にはアメリカへ一緒に旅行しました。旅行中，毎朝お互いに見た夢の内容を話し，分析することを約束していたにもかかわらず，フロイトが前の晩に見た夢について話すことを拒んだため，不快な諍いが生じます。やがて二人の友情はこの諍いによって幕を閉じ，ユングはフロイトと決別して残りの人生を彼が呼ぶところの深層心理学の発展に費やします。

ユングは個人的無意識と集合的無意識の両方を提唱しました。集合的無意識とは，人類の心理的経験が蓄積されたものであり，最も強力で重要な考えや感情の源となっています。集合無意識から来るイメージは，人類の経験の基礎を成す心理の象徴的な形態である，**元型**の形をとります。元型は人間の精神構造を形づくります。たとえば，母の元型の代表的なものは，母なる自然や聖母マリアです。人格の構造もエゴ，ペルソナ，影といった元型です。

人生の目標は精神的な成長であり，これをユングは個性化と呼びました。人は本来，自分の潜在的能力を最大限に発揮しようとするものです。そのため，この個性化は生涯にわたり続いていく力強いプロセスとなります。当然ながら，成長していく過程で障害に直面し，乗り越えていかなくてはなりません。そんなときに成長の助けとなるのが，セラピスト，自分自身の夢，人間関係なのです。

参照：精神分析（1899年），投影法（1921年），TAT（1935年），マイヤーズ・ブリッグス・タイプ指標（MBTI，1943年）

スイスの精神病院ブルゴルズリの前に立つ，カール・ユングの全身肖像写真（1909年頃）

1913年

うそ発見器

ウィリアム・マーストン（1893〜1947）

人間関係やビジネスで互いにうそをつくのは当たり前のことです。19世紀後期から20世紀初期にかけて，工業化された西欧諸国は次第に消費社会へと変貌を遂げました。そこで重要な問題となったのが，いかにして的確にうそを見抜くかということです。真実とその真逆にあるうそを見極める方法について見識を得るため，心理学，社会学，犯罪学，人類学といった新たな人間に関する科学が参考にされました。

1895年，イタリアの犯罪学者チェーザレ・ロンブローゾは警察向けに，きわめて粗削りで信頼性の低い装置を提供しました。1913年には，当時ハーバード大学の学部生だったウィリアム・マーストンが，最大血圧の変動でうそをついている可能性を示す装置を発明し，1914年にイタリアの心理学者ビットリオ・ベヌッシは呼吸の変動でうそを見抜くニューモグラフを発明します。

マーストンはさらに学業を続け，第一次世界大戦後に法学士号と心理学博士号を取得します。アメリカ初の法心理学の教授として，ワシントンD．C．のアメリカン大学で情動性とうそについての研究に従事しました。マーストンはうそ発見器の父を自称していましたが，1921年にカリフォルニア大学のジョン・ラーソンがより信頼性の高い装置をつくり出します。マーストンの最大血圧の変動を用いるというアイデアに，ラーソンは電気皮膚反応の変動を測るアイデアを組み合わせたのです。さらにその後，ラーソンの秘蔵っ子の一人が携帯式のうそ発見器を発明します。

ラーソンのうそ発見器は，一般に広く信頼性が認められていたわけではありませんが，警察に広く採用された最初のうそ発見器となりました。長年にわたり法の執行手段といえば容疑者に面と向かって対峙する過酷な尋問で，衰弱とそれに続く自白をねらうというものでしたが，法廷はこのやり方が好ましくないと考えるようになっていました。それと対照的に，うそ発見器はうそに対する科学的な対抗策になるのではという希望をもたらします。アメリカでは，各州の法律でうそ発見器の結果を証拠として認めるかどうかを定めています。一方，連邦裁判所では，それを証拠として認めるかどうかは判事の判断に委ねられます。

うそ発見器に関する興味深いトリビアを一つ教えましょう。ウィリアム・マーストンはのちにコミックブックのキャラクター，ワンダーウーマンの生みの親となりますが，彼女の操る真実の投げ縄はうそ発見器と同じ機能をもっているのです。

参照：証言の心理学（1902年），誤情報効果（1994年）

うそ発見器のテストでは，最大血圧の変動と電気皮膚反応の変動を測定し，うそをついている可能性を探ります。

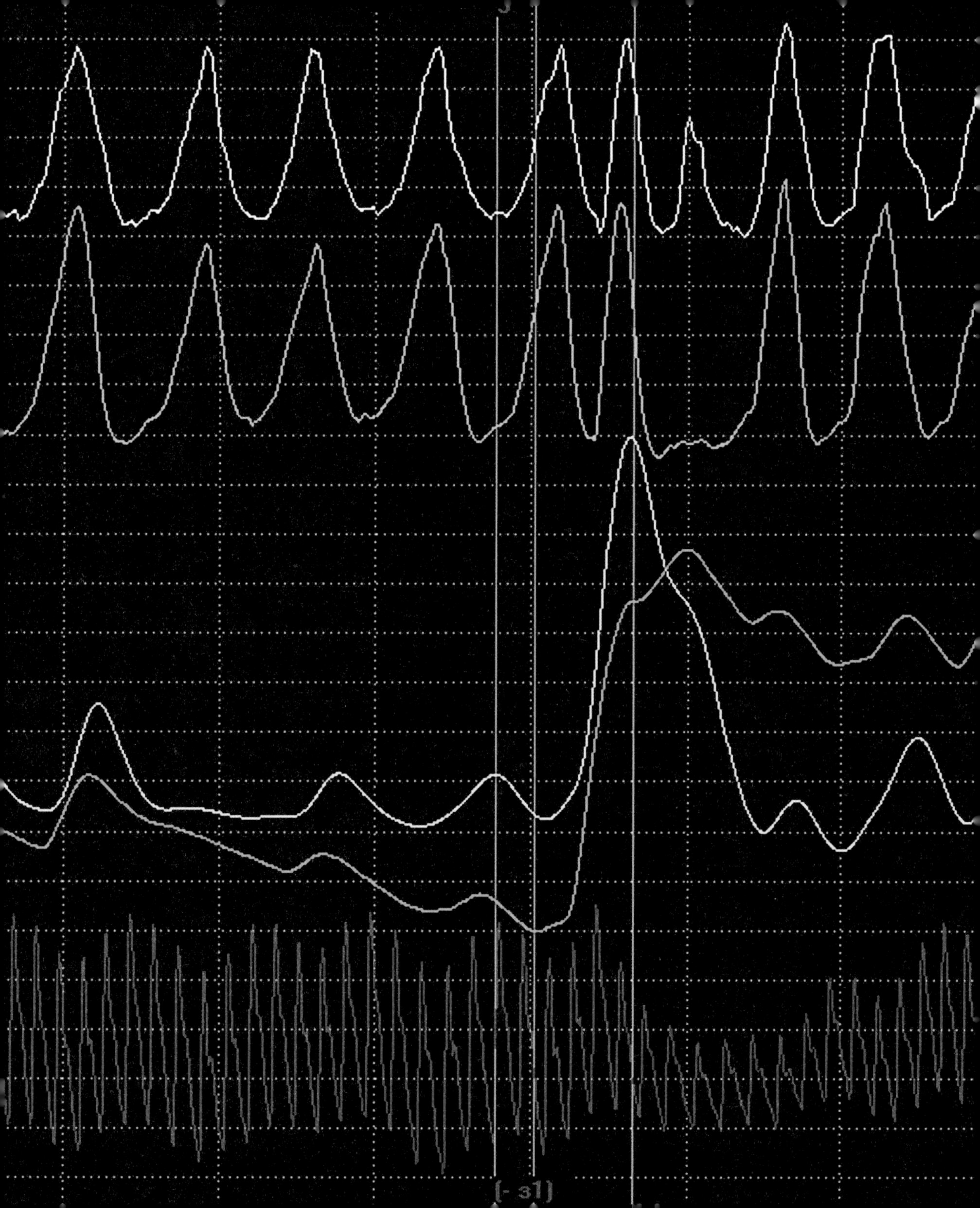
[- 31]

1913年

行動主義

ジョン・ブローダス・ワトソン（1878〜1958）

1913年，アメリカの心理学者ジョン・ブローダス・ワトソンは『行動主義者から見た心理学』というタイトルの論文を発表しました。ワトソンは行動主義について書いた最初の人物ではありませんが，のちにこの論文は行動主義者の声明書として知られるようになります。彼の主張は最も力強く，論争を呼ぶもので，その後の数十年にわたってアメリカにおける心理学の主流の座を占めることになります。

ワトソンが言及したように，行動主義は観察可能な行動を科学的に説明するために，精神生活の科学を否定するものでした。行動主義の目標は行動の予測とコントロールであり，動物の行動の研究を人間の研究にも当てはめるのが妥当とされました。事実，行動主義の伝統に沿ったほとんどの学術研究は，たいていの場合，細かく巧妙な仕掛けが施された特注の迷路や箱に入れられた白いネズミなどの動物を用いて行われました。要点は，心理学者は観察可能なことのみ研究すべきだということです。意識を否定してはいませんでしたが，それは科学的手法では研究不可能で，観察できない領域だとみなされました。そのため，ワトソンの手法は方法論的行動主義と呼ばれることがあります。その後の世代の心理学者は目的論的行動主義，文脈的行動主義，徹底的行動主義などの独自のスタイルを確立していきました。

20世紀前半にアメリカの心理学界で行動主義が優勢だったことは，ヨーロッパで台頭していた初期の実験的アプローチの特徴となっていた内観的な伝統の否定と解釈することができます。この動きは，アメリカ人が重視する適応，機能，そして行動を形づくる環境の重要な役割の研究とも合致しており，より実用的かつ外面的なものに目を向けたアプローチへの移行といえるでしょう。

参照：アルビノ・ラット（新行動主義，1929年），スキナー箱（1930年），ティーチングマシン（1954年），トークン・エコノミー（1961年）

ワトソンは，魅力的な人々や製品と古典的条件づけの行動原理をほかに先駆けて結びつけました。

1914年

変動仮説

リタ・ステッター・ホリングワース（1886～1939）

19世紀初期から広く信じられていた変動仮説とは，男性は女性よりも心身両方の面で特徴のばらつきが大きいという説です。たとえば，19～20世紀初期にかけて，男性は一般的に知能のばらつきが女性より大きいため，上層から下層まで知的レベルもさまざまな職に就いているのだとみなされました。女性はばらつきが小さいゆえに平凡さに甘んじ，男性のみが天才の域に達することが可能だと信じられていたのです。チャールズ・ダーウィンの自然淘汰による進化論も，この男性優位神話を支持する要因となりました。進化のプロセスは健康な遺伝的変異のプールに依存しているため，その種のオスの変異性が高いほうが望ましいと考えられました。経験的には裏づけられていなかったものの，大勢の社会科学者が女性の教育と就業の機会制限を正当化する際にこの考えを用います。1914年に女性心理学者のリタ・ステッター・ホリングワースが膨大な資料に基づく研究結果を発表し，男性のばらつきのほうが大きいとする説のうそを暴くまで，誰も本気でこの変動仮説に異論を唱えませんでした。

ホリングワースはニューヨーク母子診療所で男女の赤ちゃん各1000人を対象とする大規模調査を行いました。彼女は，男児の体格は女児よりやや大きいものの，解剖学的なばらつきは実際には女児のほうが大きいことに気づきます。また，資料を系統的に精査し，女性が知的に劣っているとする仮説を裏づける証拠は何もないことを知ります。そして，知能テストによって男性の得点に女性の得点よりばらつきが出たとしても，男女の経験はまったく異なる環境と社会的期待から生じているため，これだけでは男性のばらつきが生まれつき大きいことを証明することはできないと説きました。ホリングワースの研究結果は変動仮説を否定するものでしたが，現在でもこの説は心理学研究者の注目をたまに集めることがあります。

参照：種の起源（1859年），性役割（1944年）

アメリカ人アーティストのラッセル・パターソン（1893～1977）が描いた『火のないところに煙は立たぬ』（1920年代）。「狂騒の20年代」に社会的・性的規範をあざ笑ったファッショナブルな装いの「新しいタイプの女性」フラッパーを描いています。

PATTERSON

1915年

シェルショック

C・S・マイヤーズ（1873～1946）

戦争が引き起こした心理的問題に対処しようという軍の努力は，原因の理解，効果的な治療法の発見の両方において，ほとんど実を結びませんでした。第一次世界大戦中，さまざまな名称で呼ばれた「シェルショック」または「心臓神経症」という状態は，大勢の精神学的犠牲者について言及したもので，優生学的な説明がなされていました。つまり，神経衰弱に陥るのは家系的に劣っているためだとみなされたのです。この大戦の戦闘は特に過酷で，砲撃，毒ガス，爆弾で何百万人もの命が奪われました。無数の男たちが泥だらけ，障害物だらけの地形を越えて敵陣に突撃せよとの無分別な命令を受け，機銃掃射により命を落とします。開戦から最初の数カ月間で，人生の一番いい時期にあるはずの若者たちが奇妙な症状により戦地の治療テントに運び込まれます。ある者は見ることも，聞くことも，話すこともできなかったといいます。また，ある者は普通に歩くことができないか，まったく歩けませんでした。しかし検査の結果，神経に損傷がないことがわかります。

1915年，イギリスの心理学者C・S・マイヤーズは，このような反応をシェルショックと呼びました。終戦までには，イギリスの兵士8万人がこの症状に悩まされていました。マイヤーズは，砲弾の爆発による震とう性の衝撃が原因と考えましたが，シェルショックを発症している兵士のなかには，実際には軍事作戦に参加していない者も多数いました。シェルショックの症状は**ヒステリー**と似ていました。シェルショックに陥った兵士のなかには，軍法会議にかけられて銃殺された者もいました。戦場に戻ることを強いられたものの，兵士としての役目を果たすことができず，病院へ入院するため家へ送り返された者も大勢いました。人類学者，心理学者で，医師でもあるW・H・R・リバースは，このような犠牲者のためにフロイト式の対話療法をイングランドで初めて試した一人でした。リバース自身も驚いたことに，当時，軍で採用されたどの治療法よりも，対話療法の治癒率は高かったのです。この成功により，戦後のイギリスでは**精神分析**が急激に発達しました。

参照：ヒステリー（1886年），トレス海峡探検（1898年），精神分析（1899年），心的外傷後ストレス障害（PTSD:Post-Traumatic Stress Disorder, 1980年）

ウビレ＝ラ＝ボワセルのドイツ軍塹壕を占拠するイギリスの兵士たち（1916年7月）。フランスのソンムの戦いにて。

1915年

インドにおける近代心理学

ギリンドラセカール・ボーズ（1887～1953）

19世紀中期のインドでは，すでにヨーロッパと同じ意味で心理学に対する関心が寄せられていました。著名なインド人科学者マヘンドラ・ラル・シルカールは主観的，客観的，両方の観点から人の精神構造を理解するために心理学は重要だと論じました。

1915年にコルカタ大学で国内初の心理学研究室が設立されたことでもわかるとおり，インドでは学問的分野としての心理学は20世紀初頭に確立されました。それから20年間，心理学は少なくともインド国内の100の学術機関で教えられてきました。インドの学者によると，同国での心理学のほとんどは，二つの世界大戦のはざまの期間と1947年にイギリスから独立を果たしたのちに，西欧の心理学から派生したものだといいます。一方，**精神分析**はインド人の文化的な生活の豊かさを表すように発達していきました。

ギリンドラセカール・ボーズはインドの精神分析のパイオニアで，精神分析にヒンドゥー教徒の実際の家庭生活と習慣を反映しました。ボーズは心理的発達において最も重要な関係は，フロイト理論で論じられているような父子の関係よりも，むしろ母子の関係であると主張します。子どもは，男の子と女の子のどちらにもなりたいと思うものであり，フロイトの**エディプス・コンプレックス**の根拠になっているような異性の親との強いつながりはないと提起しました。ボーズの見解では，幼少期の抑圧の引き金となる競合する正反対の望みをどう解決するかが，健康的な人格の発達の鍵を握っているといいます。インドでは，1970年代以来，インド人の生活と人間関係を自国の心理学に反映しようという試みがなされてきましたが，インドの精神分析は，このような試みのモデルとなったのです。

第二次世界大戦後，ドゥルガナンド・シンハが，ボーズの精神分析の分野における業績を学術的心理学の分野に反映しました。シンハは，インド人のアイデンティティは主に他者との関係に基づいており，それはインド人にとって当たり前の真実であると論じました。インド人の心理学について語るには，この基本に根差していなければなりません。

参照：釈迦の四諦（紀元前528年），バガヴァッド・ギーター（紀元前200年）

夕暮れ時のムガール帝国皇帝フマーユン（1508～1556）廟。インドのデリーにて。同国で初の心理学研究室は1915年にコルカタ大学に設置されました。

1918年

アメリカの精神障害分類（DSM）

アメリカにおける精神障害の最初の公式分類は1918年,『Statistical Manual for the Use of Institutions for the Insane（精神障害者向け施設のための統計的マニュアル）』として発行されました。施設に入院している精神障害者の人数を把握したいという，アメリカ国勢調査局の求めに応じてつくられたのです。複数の版が発行され，たいていの版で精神障害について焦点が当てられていました。第9版になると，不安神経症を含むさまざまな神経症が取り上げられます。アメリカ陸軍も精神疾患を診断するためのマニュアルを作成しました。

現在，一般的に参照されているマニュアルであるDSMの初版は，1952年にアメリカ精神医学会によって発行されました。過去の分類マニュアルも参考にしつつ，特に従軍経験のある精神科医の立場による精神分析的視点が反映されました。また,従来の分類マニュアルと同様に，**統合失調症**，双極性障害などの重篤な精神疾患にたくさんのページを割いていました。全編を通じて神経症についての精神分析的な概念を読み取ることができました。この時代の背景を考えれば，それはごく当然のことでした。当時の開業医のほとんどが，診断の純度を重視していなかったのです。

1968年に発行されたDSMの第2版は，ほぼ初版の流れを踏襲していましたが，主要な精神障害がより細分化されました。たとえば，初版ではアルコール中毒症をそのまま列記しただけでしたが，第2版では一時的な過度の飲酒と習慣的な過度の飲酒について，追加の分類がされています。

1974年に発行された第2版7刷で，DSMに最も劇的な変更が加えられました。1970年にカリフォルニア州サンフランシスコで開催されたアメリカ精神医学会の会議に同性愛活動家たちが乱入し，DSMに同性愛を精神疾患として言及することをやめるよう求めたことがきっかけでした。組織内での多数の討議と対立の末，アメリカ精神医学会は最終的にこれに同意し，次に発行する版から同性愛を性的指向の混乱として言及するようになったのです。

参照：DSM-Ⅲ（1980年）

アメリカ国立精神衛生研究所の1980年代のポスター。DSMのように，うつについて言及,「分類」する際に症状を列記しています。

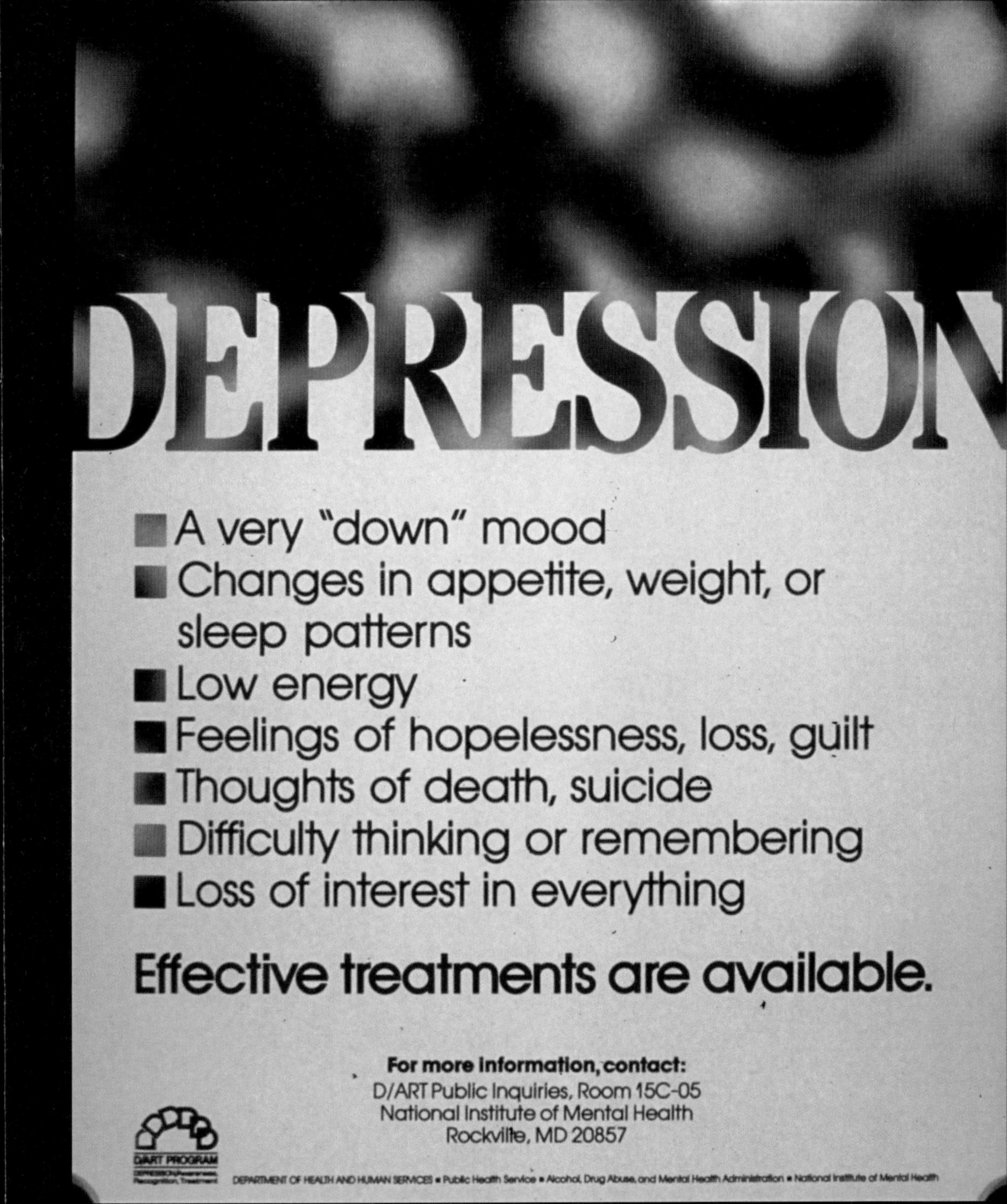
DEPRESSION
A very "down" mood
Changes in appetite, weight, or sleep patterns
Low energy
Feelings of hopelessness, loss, guilt
Thoughts of death, suicide
Difficulty thinking or remembering
Loss of interest in everything
Effective treatments are available.
For more information, contact:
D/ART Public Inquiries, Room 15C-05
National Institute of Mental Health
Rockville, MD 20857
D/ART PROGRAM
DEPARTMENT OF HEALTH AND HUMAN SERVICES ■ Public Health Service ■ Alcohol, Drug Abuse, and Mental Health Administration ■ National Institute of Mental Health

軍隊の知能検査と人種差別

ロバート・ヤーキーズ（1876～1956）

19世紀から，特定の人種がほかの人種より進化しているという新しい理論が繰り広げられるようになりました。20世紀初期には知能検査という新たなツールが登場し，人種の選別は創造主の意図するところではないにもかかわらず，特定の集団が知的ですぐれていることを「証明」するために用いられるようになります。この頃には，「人種」という言葉が出身地よりも肌の色と直接関連づけられるようになりました。

科学的人種主義の顕著な例の一つは，アメリカ陸軍による第一次世界大戦下の大規模な知能検査計画で，心理学者が200人近い兵士を検査しました。この検査を指揮した心理学者ロバート・ヤーキーズによると，最も知能が高かったのは北欧系，つまりアングロサクソン人の子孫であり，最近の移民者であるイタリア系，ギリシア系，東欧系は彼らほど知能が高くないということになりました。

軍属の心理学者はこの検査結果を拡大解釈し，アフリカ系アメリカ人は最も知性で劣り，平均得点は11歳相当だと主張しました。さらにアフリカ系アメリカ人の結果を肌の色ごとに調べ，ヨーロッパ系の血が部分的に混じっていることで得点に違いがあるかを見極めようとします。肌の色が最も明るい者は，アフリカ系アメリカ人のなかでも得点が高くなりました。1921年の公式報告書の抜粋によると「二つの大隊が即席の検査で肌の色の濃淡により大別され，また別の二つの大隊が肌の色によって黒，茶，黄に区分けられた。得点の中央値は「黒」の黒人が39，「黄」が59，「茶」はその中間だった」と記されています。

これは多数派の社会集団で信じられていたことですが，数年後に新たなアフリカ系アメリカ人心理学者と教育者の一団がこの結果に疑問を投げかけ，見事に偏見を払拭してみせます。1920年代から始まったアフリカ系，ラテン系のアメリカ人心理学者や，オットー・クラインバーグ，トーマス・ラッセル・ガースといった心理学者の研究により，知能の人種的優位性という考えには根拠がないと証明されたのです。

参照：心理テスト（1890年），優生学と知能（1912年）

第一次世界大戦のアフリカ系アメリカ人新兵の集団知能検査を実施するアメリカ陸軍。全米科学アカデミーの『Report to the Surgeon General（軍医総監への報告書）』より（1921年）。

NEGRO RECRUITS IN LINE BEFORE BARRACKS BUILDING, WAITING FOR ALPHA AND BETA GROUP EXAMINATIONS.

GROUP EXAMINATION ALPHA, BEING TAKEN BY NEGRO RECRUITS.

1921年

投影法

ヘルマン・ロールシャッハ（1884～1922）

1920年代初頭から1960年代にかけて，新しい種類の心理テストが主流になりました。いわゆる投影法は，患者の無意識の資質を顕在化できるのではないかとの望みから開発されたのです。ジークムント・フロイトは，心理学的に重要な資質は，社会的に受け入れがたい願望や衝動をはらんでいるため，たいていは抑制されているが，人間の精神状態を解き明かし，救済をもたらす鍵になると理論づけていました。投影法では，像，言葉，物などのあいまいな刺激に対し，患者に反応するよう求めます。たとえば，次のような文を完成させるよう言われます。「私が子どもの頃，父は……」。単一の反応に対し診断や治療が行われることはありませんが，このようなあいまいな刺激を何度も受けるうちに，反応のパターンからその人の心理的な問題が浮かび上がってきます。

最初の公式な投影法は，考案者の名がついたロールシャッハ投影法で，1921年に発表されました。子どもの頃から絵を描くのが好きで「インクの染み」とあだ名されていたスイスの精神科医ヘルマン・ロールシャッハは，フロイトとユングの影響を受け，インクの染みに興味を抱いたことから，精神病患者向けの検査法を考案します。これが1920年代にアメリカに紹介されると，じきに精神医学の現場で最も広く使用される評価ツールとなりました。そしてすぐに，**TAT**，略画法，ソンディ・テスト，ブラッキー・テスト，ローエンフェルド・モザイク・テストといった新たな投影法が数百種類も登場します。これらの投影法は，いずれも行動の重要な決定要因は無意識に由来すると仮定したものでした。TATの共同考案者であるヘンリー・ミュレーは，よく言っていました。「誰もが，自分自身について語りたいことを知っており，語りたくないことも知っている。そして，自分自身について知らないことと，語れないこともある」

参照：精神分析（1899年），TAT（1935年），ミネソタ多面的人格目録（MMPI, 1940年）

1921年に初めて発表されたロールシャッハ投影法は，あいまいな形のインクの染みを用いて精神病患者の隠れた心理的問題を明らかにします。アメリカでは，またたく間に精神医学の評価ツールとして広く用いられるようになりました。

Hermann Rorschach
PSYCHODIAGNOSTICS
Text
Fourth Edition
Verlag Hans Huber, Berne, Switzerland

1921年

神経伝達

オットー・レーヴィ（1873〜1921）

19世紀後期，神経解剖学者は神経細胞，つまりニューロンが独立した単位であり，お互いに直接はつながっていないことを発見しました。生理学者のC・S・シェリントンは，ニューロン同士の間にすき間があるのに気づき，これをシナプスと呼びました。しかし，ニューロン同士で，どのようにシナプスを越えて情報を伝達するのでしょうか。電流が流れているのだと考える人もいましたが，ある夢がヒントとなって本当の答えにたどり着くことができました。

1921年，ドイツの薬理学者オットー・レーヴィは，神経細胞が化学物質を放出して情報を伝達していることを示唆する夢を見ます。夢に見たことを何とか書きとめましたが，翌朝目覚めてみると，自分の手書きの文字を読むことができませんでした。しかし幸運にも，同じような夢を再度見たので，それを覚えておくことができました。夢の内容をテストするため，迷走神経がついたままのカエルの心臓を二つ使い，そのうちの一つに電子刺激を与えた際に心臓内を流れた液体を集めました。その後，この液体を使って二つ目の心臓を刺激します。レーヴィはその液体に含まれる化学物質が神経伝達を生じさせると推測しました。その化学物質こそ，人類史上初めて発見された神経伝達物質アセチルコリンでした。

現在，脳内には100種類以上の神経伝達物質があり，ニューロンのシナプス前終末内で合成，集積されることがわかっています。ニューロンが刺激を受けると，神経伝達物質がシナプスに放出され，化学的なメッセージをその神経伝達物質専用の受容体をもつほかのニューロンに伝えます。脳には1000億以上のニューロンがあるので，今この瞬間にも何十億ものメッセージが送受信されていることが容易に想像できます。

それぞれの神経伝達物質に独自の機能があります。たとえば，セロトニンは睡眠，気分，覚醒レベルに関連した重要な神経伝達物質です。そのような化学物質は，いずれも単一では機能しないことを覚えておくべきでしょう。脳とその化学物質は，バイオリンのソロ演奏というよりも交響曲みたいなものなのです。

参照：精神的放電（大脳皮質への刺激，1941年），分離脳の研究（1962年），ミラー・ニューロン（1992年）

スペインの神経解剖学者サンティアゴ・ラモン・イ・カハールは，実験室での注意深い研究と巧みな神経の図解をもって，神経同士が情報を伝達する方法について科学者に再考を促しました。

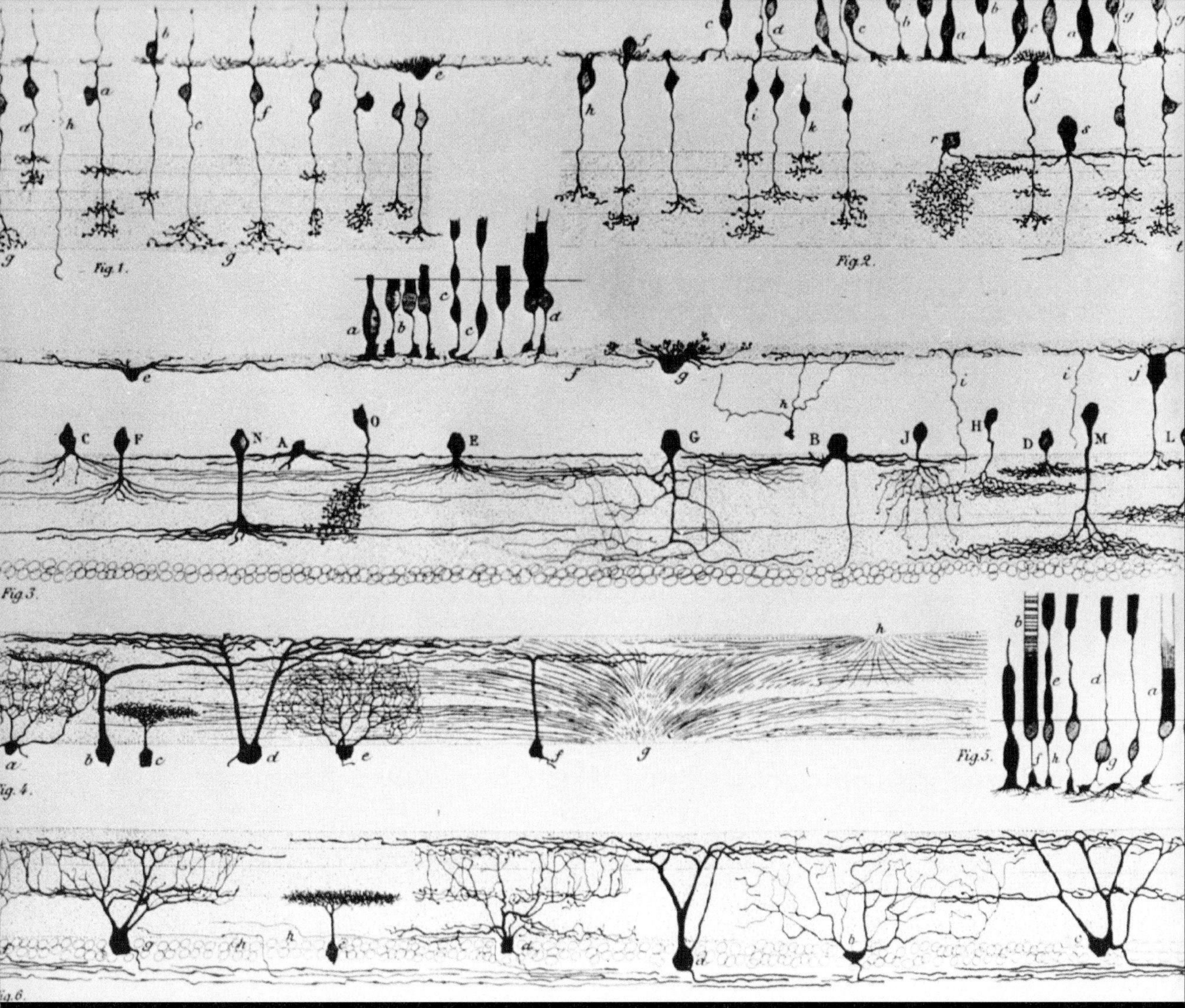
Fig.1.
Fig.2.
Fig.3.
Fig.5.

1922年

女性の心理

カレン・ホーナイ（1885～1952）

カレン・ホーナイは生涯を通じ，公私とも大きな挫折を経験しながらも，不安への対処法について重要なヒントを人々に与えました。女性の視点に根差した研究は，女性は精神的発達が不十分だとするジークムント・フロイトの考えに初めて疑問を投げかけるものでした。ホーナイは1922年から1937年にかけて女性の心理に関する一連の論文を発表しました。それらはのちに，1967年に『女性の心理』という書籍にまとめられて出版されます。

ホーナイはドイツのハンブルク育ちで，家庭環境が彼女のキャリアに影響を及ぼしました。両親はホーナイをいじめる兄の肩を持ちました。また，内科医になりたかった彼女の夢も挫かれます。そこで，医学部を卒業したホーナイは精神分析医としての訓練を受け，ベルリンで働いたのち，1932年にシカゴへ移住します。さらに2年後，ニューヨークに移ると自らの研究所と機関誌を立ち上げます。

専門職としての実務をこなしていくうちに，ホーナイは早い時期からフロイトの理論のいくつかの側面について不満を募らせるようになります。特に，女性が完全に精神的発達を遂げることは不可能で，男根によって象徴される男性の発達をうらやんでいるという考えに対してです。ホーナイは，女性の精神的発達を阻むものは身体的構造の基本的な欠陥ではなく，彼女たちに課せられている社会的制約だと論じました。そのような制約により，経済的，社会的に男性に頼らざるを得ないため，健康であっても，神経症であっても，女性は愛を過大評価する傾向があったのです。

親密な関係や家族関係というテーマは，ホーナイの著書で引き続き取り上げられました。多くの家庭で，子どもは自分が安全ではなく，軽んじられ，愛されていないと感じると，根本的不安を抱えるようになります。そこで，子どもたちは不安を緩和しようと，愛や権力，解離のいずれかを通じて自分を守る方法を編み出していきます。健康な成人はこの戦略を柔軟に使いこなせますが，そのうちのいずれかが過剰になることが頻繁に起こります。たとえば，愛が過剰になると従順になり，不安に対抗するために承認を求め，他者に過度に依存します。特にこれは女性にとっては問題で，精神的発達の妨げになると，ホーナイは論じました。

参照：精神分析（1899年），文化相対主義（1928年），人間性心理学（1961年）

上：1951年の*American Journal of Psychotherapy*誌5号に掲載されたカレン・ホーナイの写真

右：1901年に発行されたデンマークの雑誌*The Raven*のイラスト。精神的発達が阻害された妻に対して，弁護士が「喜べ，かわいい奥さん。ずっと欲しがっていた新しい帽子だよ。おまけに，毛皮のコートもあるぞ！」と語っています。

1923年

カプグラ症候群

ジョセフ・カプグラ（1873〜1950）

カプグラ症候群とは，身近にいる人が本人ではないと思いこんでしまう，稀な脳疾患です。ある奇妙な症例では，父親がロボットと入れ替わったと思い込んだ男性がバッテリーを探し，なかにあるはずのマイクロフィルムを取り出そうとして，父親の首を切断しました。カプグラ症候群を患うと，自分をだまそうと入れ替わった者と，本当の友人または家族は微妙に異なる点があると主張します。他者にはその（患者が思い込んでいる）違いがわからないため，患者は混乱し，なぜ誰も入れ替わりに気づかないのかと疑いをもち，被害妄想を抱くようになります。こうして，上述のような悲劇に至るのです。

1923年にフランスの精神科医ジョセフ・カプグラがこの疾患を最初に報告して以来，たいていは精神分析的な観点から説明がなされてきました。たとえば，抑圧された怒りまたは性的願望が「替え玉」という考えに向かわせる，といった具合です。そして，この疾患の患者は統合失調症を患っていると考えられてきました。しかし，カプグラ症候群の患者は妄想を抱いているわけではありません。むしろ，脳内での他者に関する情報処理に何らかの問題があるといえます。

最近の研究では，他者を認識する一助となる脳の部位同士の接続が切断された結果，カプグラ症候群が起こることが示唆されています。ある脳のシステム，おそらく前頭前皮質が，「お前の顔かたちは私の妻とまったく同じだ」と事実に基づく知識を処理します。しかしその一方で，別の脳の部位である辺縁系が感情に基づく情報を提供します。「お前は妻に瓜二つだが，お前に対して温かな感情をもてない」と。

この疾患は，思考と感情の間に重要なつながりがあることを示しています。多くの場合，人はある状況下で事実を認識することができます。しかし，その事実に対する感情的評価は，事実のみが示すこととは異なる結論を導き出すことがあるのです。

参照：ミュンヒハウゼン症候群（1838年），H・Mの症例（1953年），感情の普遍的な表現（1971年）

イタリアの画家マルティノー・ディ・バルトロメオが描いた『聖ステパノ伝』（15世紀初期）の細部。悪魔が生まれたばかりの聖人を取り替え子とすり替えているところが描かれています。ヨーロッパの民間伝承における取替え子の伝説は，奇形や発育異常をもって生まれてきた赤子が，迷信のせいでしばしば虐待されたり殺められていたことを伝えていた可能性があります。

1924年

一ダースなら安くなる，あるマネジメントパイオニアの生涯

リリアン・ギルブレス（1878〜1972）

20世紀初期の心理学者は，仕事の効率を高める取り組みにも関与するようになりました。リリアン・ギルブレスはこの取り組みにおいて，ビジネスと家庭生活の双方でいくつかの重要な貢献を残しました。しかも，12人の子どもを育てながら！　カリフォルニア州出身のリリアンは，1904年に技師のフランク・ギルブレスと結婚し，夫婦そろって産業心理学の分野で頭角を現します。ギルブレス夫婦は労働者の作業効率を研究する際に画像撮影技術を初めて採用し，参加者の労働時間を正確に測れるよう，1/100秒の単位で時間を測れるギルブレス時計を発明しました。

リリアンはギルブレス・コンサルティングの副社長に就任し，事業に熱心に打ち込みました。時間で管理するというアイデアは，労働者を仕事に順応させる手段となっていましたが，リリアンはこれに満足しません。心理学的要素，動機に関する要素の重要性が無視されていると感じたからです。そこで学校に再び入り直し，1914年に心理学の博士号を取得します。

新たな心理学的要素を重視したリリアン発案の手法を採用したことで，ギルブレス夫妻はアメリカで最も成功することになるコンサルティング会社を営みます。フランクが1924年に急死した後は，リリアンが夫の仕事を引き継ぎました。彼女は引き続き仕事で成功を収め，産業心理学の分野を世界で牽引するリーダーとなります。アメリカでは失業率の低下，労働市場への女性の参入の促進といったトピックを扱う国家委員会の委員を務めました。

リリアンはキャリアを通じて，働く場が工場であるか家庭であるかにかかわらず，絶えず労働者を気遣いました。現在でも世界的に人気を博している，足でレバーを踏むと蓋が開くごみ箱の発明者も彼女です。また，より効率的に動けるように，家庭のキッチンを改良し，身体障害を抱える人々のために画期的なキッチンも設計しました。ギルブレス夫妻の子どものうち二人は『一ダースなら安くなる，あるマネジメントパイオニアの生涯』というベストセラーを書きました。同書は1950年に映画化もされ，興業的に成功を収めました。リリアンはアメリカ郵便公社に切手のモデルに起用された数少ないアメリカの心理学者です（1984年）。

参照：精神技術（1903年）

レバーを踏むと蓋が開く，二つのスカンジナビア製ごみ箱。家庭のキッチンでの作業効率を改善した産業心理学者リリアン・ギルブレスが発明したものです。

„Vipp"
vipp

1924年

脳イメージング

ハンス・ベルガー（1873～1941）

1950年代の脳イメージング技術の進化により，神経科学と心理学は最も目覚ましい発展を遂げました。この技術が有効活用されたことで，現代の科学者たちはこれまでにないほど脳と行動のつながりについて多くのことを知っています。

ハンス・ベルガーが1924年に考案した脳波図（EEG:Electroencephalogram）は，人間の脳の活動を測定するために広く用いられるようになりました。これは現在の科学者にとっても，いつ（しかしどこでまではわかりませんが）脳の活動が起こっているかを教えてくれる有益なツールです。1963年には，コンピューター断層撮影（CT:Computed Tomography）スキャンの特許が取得されました。コンピューター断層撮影は，一連のレントゲン撮影の「薄片」，つまりレントゲン写真を使って脳の部位の詳細画像をつくることができます。これは，腫瘍や異常の起こっている位置を特定するのにきわめて有益な診断ツールです。

1972年，医師のレイモンド・ダマディアンはおよそ20年の歳月を費やした研究の末，がん細胞を可視化するツールとして想定した磁気共鳴画像法（MRI:Magnetic Resonance Imaging）装置の特許を世界で初めて取得しました。MRIの技術はその後も洗練を重ね，現在では電波が脳内を通過した際に脳神経細胞核の配列変化まで検出できるまでに至りました。診断結果はコンピューターで解析され，正常な組織と病変のある組織や血栓，その他の病変を示す3D画像が生成されます。

陽電子放出断層撮影（PET:Positron Emission Tomography）スキャンは，人体に投与された放射性グルコースが脳内で消費されるのを追跡することができて，脳の活動を検出できます。最も活発に動いている脳細胞で，このグルコースが最も多く消費されるからです。

現在，実用化されている技術のなかで最も有力なものは，血中の酸素消費を追跡する機能的MRI（fMRI:Functional. MRI）です。ニューロンが活発なときは多くの酸素が消費されるため，脳のどの部位の活動もリアルタイムで追跡が可能です。人間の脳機能に関するほぼあらゆる研究において，現代の脳神経学者たちはfMRI画像に絶大な信頼を寄せています。

参照：神経伝達（1921年），分離脳の研究（1962年）

脳のPET/MRIハイブリッド画像により，ニューロンの活動を追跡できるだけでなく，脳組織の病変を特定することもできます。

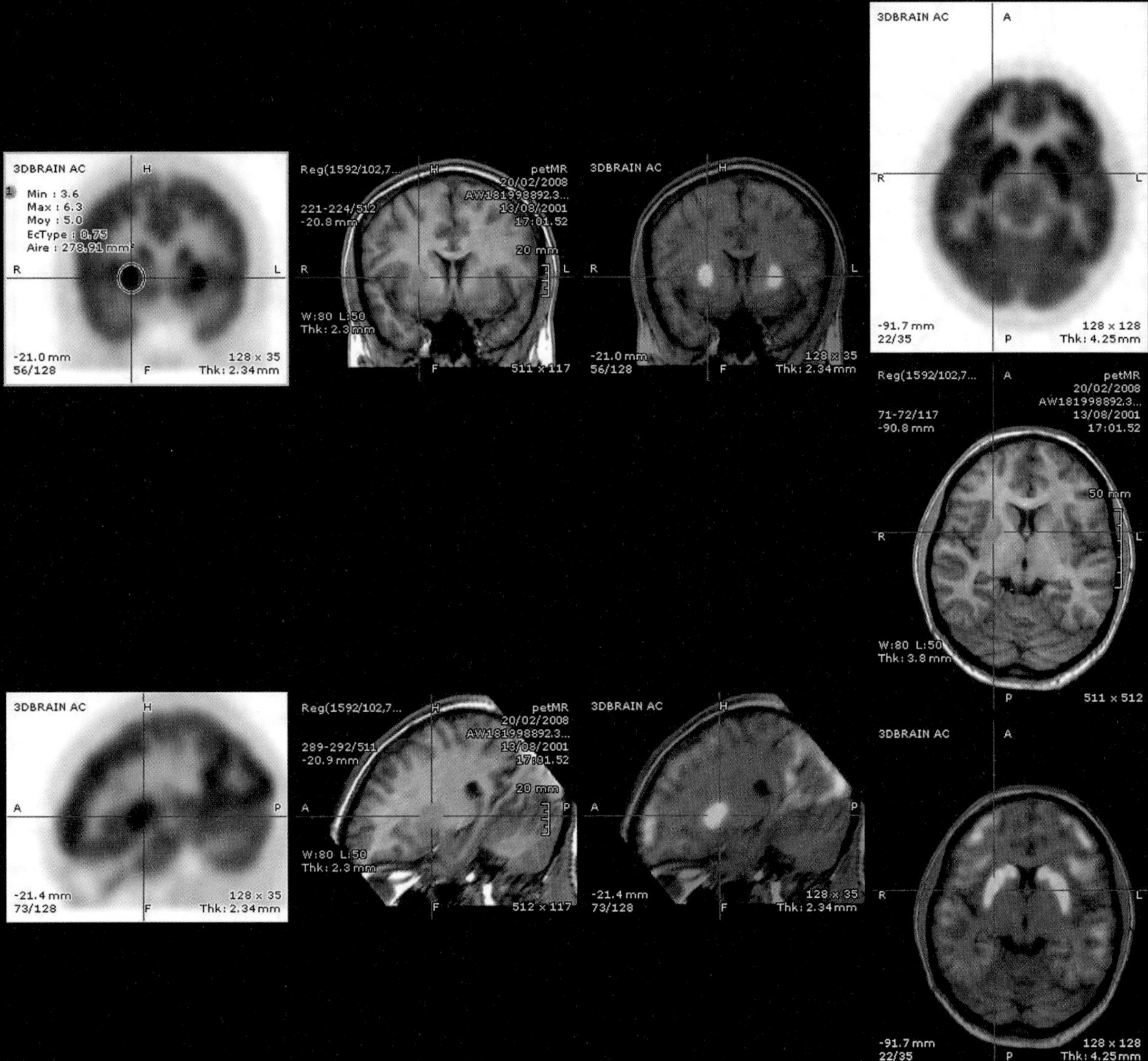
3DBRAIN AC
H
Min : 3.6
Max : 6.3
Moy : 5.0
EcType : 0.75
Aire : 278.91 mm²
R
L
-21.0 mm
56/128
F
128 x 35
Thk: 2.34 mm
Reg(1592/102,7...
petMR
20/02/2008
AW181998892.3...
221-224/512
13/08/2001
-20.8 mm
17:01.52
20 mm
W:80 L:50
Thk: 2.3 mm
511 x 117
3DBRAIN AC
-21.0 mm
56/128
128 x 35
Thk: 2.34 mm
3DBRAIN AC
A
P
-91.7 mm
22/35
128 x 128
Thk: 4.25 mm
Reg(1592/102,7...
petMR
20/02/2008
AW181998892.3...
71-72/117
13/08/2001
-90.8 mm
17:01.52
50 mm
W:80 L:50
Thk: 3.8 mm
511 x 512
3DBRAIN AC
-21.4 mm
73/128
128 x 35
Thk: 2.34 mm
Reg(1592/102,7...
petMR
20/02/2008
AW181998892.3...
289-292/511
13/08/2001
-20.9 mm
17:01.52
20 mm
W:80 L:50
Thk: 2.3 mm
512 x 117
3DBRAIN AC
-21.4 mm
73/128
128 x 35
Thk: 2.34 mm
3DBRAIN AC
-91.7 mm
22/35
128 x 128
Thk: 4.25 mm

1925年

体型と気質の類型

エルンスト・クレッチマー（1888～1964），ウィリアム・シェルドン（1898～1977）

古くから，体型は人柄や人格，人生の行く末と関わりがあると考えられていました。アーユルヴェーダのドーシャ[6]もこの考えに基づいています。その起源は少なくとも5000年前にさかのぼりますが，西洋社会における近代科学の発展に伴い，体型と気質に基づいた理論と実践は衰退しました。しかし，チェーザレ・ロンブローゾが19世紀に，犯罪者の類型にこの概念を応用しました。20世紀初頭までには，ほかの医師や心理学者も新たな解釈で理論を打ち立て，新たな応用方法を模索するようになります。

第一次世界大戦でドイツが敗戦すると，ドイツ国内の多くのエリート層は技術と機械科学に問題があったと言い，医療と心理学の分野において，包括的または全体論的な考えを求めるようになりました。精神科医のエルンスト・クレッチマーは，心理的および身体的な健康について体型と気質の類型のアプローチを考案し，遺伝的な性格型（分裂気質，循環気質など）と，肥満型，細長型，筋骨型という三つの体型を関連づけました。この理論について記したクレッチマーの著書『体格と性格』の英語版は1925年に出版されました[7]。

アメリカでは，コロンビア・プレスビテリアン病院の医師ジョージ・ドライパーが健康と疾患への心理学的要因の影響を研究に，体質と体型のアプローチを採用します。このモデルでは，形態，生理機能，心理，免疫という四つの人格構成要素が「環境に起因するストレスへの個人の反応と，その成功と失敗を決定づける」とみなされました。

医学と心理学の学位をもつウィリアム・シェルドンの理論は，体型と人格を関連づけたもののなかでも，おそらく現在最もよく知られています。彼はそれぞれ異なる人格の特徴に三つの体型を結びつけられると論じました。内胚葉型の人はずんぐりして外交的な性格，中胚葉型の人も外交的な性格ですが活発で筋骨たくましい，外胚葉型の人はやせ型で背が高く，内向的で引っ込み思案，芸術家気質です。科学者の間では，体型と気質の類型の理論に対する関心は失われていきました。しかし，大衆文化では，陽気な太っちょのステレオタイプなど，この考え方はまだ残っています。

参照：手相占い（紀元前5000年），人相学（1775年）

---

[6]アーユルヴェーダはインド発祥の伝統的医学です。ドーシャはアーユルヴェーダにおける体質の分類で，ヴァータ（風），カッパ（火），ピタ（地）の3要素が基本です。

[7]オリジナルのドイツ語版は1921年に出版されています。

1794年12月にジェームズ・ギルレイが描いた風刺画。「胴を短く見せる」ウエストの位置が高いガウンのように，女性の服装における新古典派の流行を当てこすったもので，同じファッションでまったく体型の違う二人の女性を描いています。

MES's giving the TON, FOLLOWING the FASHIO CHEAPSIDE aping

1926年

発生的認識論

ジャン・ピアジェ（1896〜1980）

スイスの生物学者で哲学者でもあったジャン・ピアジェは，心理学者としての教育や訓練を受けたわけではありませんが，人類がどのように進化して思考能力と理性を身につけたのかを人々が理解するうえで多大な貢献をしました。科学界の神童だったピアジェは，最初の科学論文（テーマは白スズメの研究）をわずか11歳で発表しています。1920年代には児童の思考能力について研究を始めますが，彼が自分の主だった研究すべてを発表する1950年代に入るまで，北米ではその内容が広く知られていませんでした。しかし，アメリカの心理学界が内的な認知活動の研究に着目するうえで，ピアジェの仕事は決定的な役割を果たしました。

ピアジェは科学的推論こそ人間の認知能力の最たる現れだと信じており，研究での主なる関心事は推論能力の発達の仕方を突き止めることでした。ピアジェはそれを理解すべく長期間にわたるプロジェクトを開始します。彼はやがて科学者とともに何百人もの子どもの知能検査の得点を収集し，子どもがどのように，いつ認知能力を獲得するのかを調査しました。そして，子どもの推論能力は量的に発達することを発見します。子どもは成長するにつれ，多くの問題を以前よりも早く解けるようになったのです。驚くべきことに，この能力は質の異なる段階を経て発達することもわかりました。子どもは感覚運動段階，前操作段階，具体的操作段階，形式的操作段階という四つの発達段階を経ると，ピアジェは唱えました。子どもは段階ごとに異なるやり方で問題を解決します。科学的推論能力の発達が見られるのは，問題を抽象的にとらえる能力が育まれる最後の段階のみです。また，ピアジェはあらゆる子どもの科学的推論能力が発達するとは限らないことにも気づきます。

ピアジェによると，このような発達パターンは，生物学と実世界における子どもの実践的な経験を両方とも反映したものです。彼はそのプロセスを後成説と呼びました。ピアジェはこの壮大な考えを発生的認識論と名づけ，知識の獲得について完全に説明するものだと唱えました。子どもの認知能力の発達については，文化的な違いも重要な要因となります。しかし，その後のさらなる研究により，ピアジェの理論の多くが正しかったことが裏づけられています。

参照：青年期（1904年），サイバネティックス（1943年），認知能力研究所（1960年）

アラスカ沖合にあるプリビロフ諸島の一離島の学童を撮った集合写真。アメリカ魚類野生生物局提供。スイスの生物学者で哲学者のジャン・ピアジェによると，子どもの認知力の発達パターンは遺伝的なものであると同時に，実践的な経験も反映されています。

成長研究

ハロルド・ジョーンズ（1894～1960），**ジーン・マクファーレン**（1894～1989），**メアリー・カバー・ジョーンズ**（1896～1987），**ナンシー・ベイリー**（1899～1994）

二つの世界大戦のはざまに，大勢の科学者と慈善活動家が社会をよりよいものにすべく科学を応用しようと試みました。特に篤志家の注意を引いた課題は，子どもの発育でした。財団から資金が投入され，北米のいくつもの大学に児童研究施設が設立されます。なかでも重要なのが，カリフォルニア大学バークレー校に設立された人類発達研究所で1927年に始まった研究でした。

心理学者のジーン・マクファーレンが指揮した研究は，学校の成績をはじめとする子どもの学習成果に親の指導が及ぼす影響を調査するというものでした。実験群では，学校生活や人間関係にまつわる問題について，親が子どもに明確な指示を出します。かたや，対照群では親の指導はことさら重視されません。この研究のねらいは，親の指導が子どもの人格の発達に及ぼす影響を理解することでした。

心理学者のナンシー・ベイリーが率いたバークレー成長研究では，74人の人々の幼少期から成人期を40年にわたり追跡し，心理的成長と身体的成長を調査しました。ベイリーはこの研究に基づき，後年に広く採用されることになる評価方法を開発しました。この評価方法はベイリー乳幼児発達検査として知られ，身体的発達と心理的発達の相関関係を探るために現在でも用いられています。

オークランド成長研究（旧名は思春期成長研究）は，医師のハロルド・ジョーンズとその妻で心理学者のメアリー・カバー・ジョーンズが指揮しました。この研究は1931年に始まり，思春期の少年少女が成人になるまでを追跡し，彼らの心身の発達を評価しました。重要な発見の一つは，身体的発達が遅い少年はおしなべて心理的に成熟するのも遅いものの，通常は成人期の早い時期に心理的成熟も追いつくというものです。

いずれの研究も，子どもの一群を経時的に追跡したものだったので，科学者は自然な条件から体系的にデータ収集することができました。これにより，子ども時代ならではの問題と解決に一筋の光明が投じられたのでした。

参照：赤ちゃんの成長記録（1877年），青年期（1904年），人生の四季（1978年），生態学的システム理論（1979年）

カリフォルニア州バイロンの日系三世の子どもたち。アメリカ政府が1942年に西海岸に住まう日系アメリカ人およそ12万人の強制収容を命じたため，集合センター（仮収容所）へ向かう次のバスを待っています。

1927年

ホーソン効果

エルトン・メイヨー（1880～1949）

2回の世界大戦のはざまの時期に，心理学は産業に欠かせないものになりました。長時間労働による心理的不安が生じ，多くの産業が労働者を管理するために心理学者の助力を仰ぎました。産業心理学という新たな分野で最も重要な研究は，現在のイリノイ州シセロにあったホーソン工場で実施されました。この工場はベル・テレフォニー向けの部品を製造していたウェスタン・エレクトリックが運営しており，おそらく当時の技術革新の重要拠点といえるでしょう。

そこは人事管理における画期的な研究現場となり，現在ではホーソン効果として知られるものが発見されました。労働者の生産性を向上する試みとして，ウェスタン・エレクトリックは実験群で照明を明るくし，対照群では照明はそのままという試験プロジェクトを始めます。3年後，同社が産業心理学者のエルトン・メイヨーに試験プロジェクトのデータ評価を依頼したところ，双方の群の生産性が向上していることがわかりました。メイヨーは，研究の参加者である労働者に対する関心が高まったため，彼らの勤労意欲と生産性がアップしたと結論づけます。この研究の結果は，ホーソン効果と呼ばれるようになりました。

第二段階では，6人の女性労働者が参加者となり，リレー組み立て試験室で（休憩と労働時間の短縮などによる）職場改善の効果を調査しました。女性労働者は同僚を選び，組み立て過程についてアドバイスを授けるように求められました。すると，生産性が劇的に向上し，以前の労働環境に戻った後でも高い生産性を保ちました。面談データを分析したところ，主に社会的な側面が生産性向上に一役買ったことが示されます。ウェスタン・エレクトリックが労働者の意見を取り入れ，いくつかの製造プログラムを見直すと，ほかの企業もこぞって追随しました。この分野への心理学の応用が成功したため，人事コンサルタントという新しい職業が生み出されました。これを機に，人間関係という現代の心理学分野も発展したのです。

参照：精神技術（1903年），一ダースなら安くなる，あるマネジメントパイオニアの生涯（1924年）

アメリカの連邦軍需生産委員会のポスター（1942～1943年頃）。軍需産業の効率を高めるため，労働者からの提案を促しています。

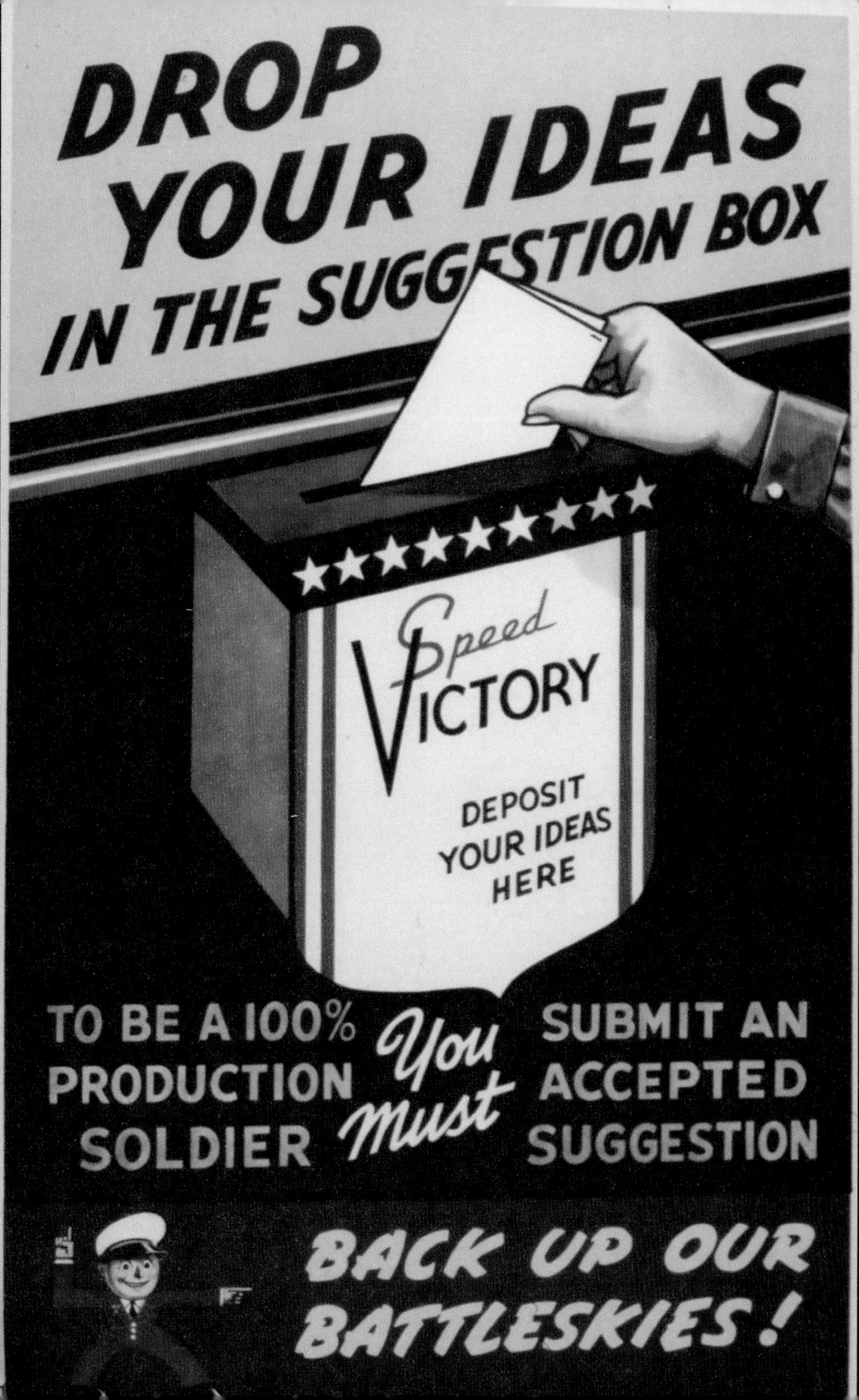
DROP
YOUR IDEAS
IN THE SUGGESTION BOX
Speed
VICTORY
DEPOSIT
YOUR IDEAS
HERE
TO BE A 100%
PRODUCTION
SOLDIER
You
Must
SUBMIT AN
ACCEPTED
SUGGESTION
BACK UP OUR
BATTLESKIES!

ツァイガルニック効果

ブリューマ・ツァイガルニック（1901〜1988）

ブリューマ・ツァイガルニックは，かつてソビエト連邦の構成国だったリトアニアの小さな村で小売店主の娘として生まれました。ブリューマは早くから才能を開花させ，病弱だったにもかかわらず，複数の学年を飛び級しました。彼女は大学入試に備えて勉強していたときに，未来の夫となるアルベルト・ツァイガルニックと出会います。当時のロシア人たちと同じく，新婚のブリューマとアルベルトは大学院で研究するため1922年にベルリンに赴きます。ブリューマは同地でゲシュタルト心理学者クルト・レヴィンに師事し，1927年に記憶に関する実証研究で博士号を取得しました。この研究結果は，ツァイガルニック効果として知られるようになります。

ツァイガルニックが発見したことを簡単に説明すると，人は達成した課題より中断された課題のほうを覚えている傾向にあります。レヴィンはある日，すべての客の注文を書きとめずに覚えられるという能力をもったウェイターについて言及しました。彼女はこのとき，研究の着想を得ました。客が勘定を済ませたのちに，そのウェイターに注文の品が何だったのかを尋ねても，彼は覚えていなかったそうです。

こうして達成した課題と達成しなかった課題の研究が，ツァイガルニックの博士論文のテーマになりました。参加者は提示された多くの課題をできるだけ早くこなすよう求められます。しかし，課題を半分こなす前に作業を中断され，残りは手つかずになります。後で課題を思い出すようにと言われると，成人の参加者はこなした課題よりも，こなせなかった課題の約90％をよく覚えていました。このように達成できなかった課題は参加者に緊張をもたらし，達成するまで記憶に残るのだと，ツァイガルニックは論じました。

この研究のユニークなところは，ツァイガルニックが参加者に課題をこなすよう直接働きかけ，それぞれ最善の結果を出せるように励ましたことです。広義の文脈では，この研究はレヴィンの全体行動の理論に基づいて実施されました。すなわち，実験者と参加者はどんな実験であれ生活空間を共有するため，実験の場では双方向のやりとりが交わされ，潜在的に協業が促されるというものです。

参照：ゲシュタルト心理学（1912年），心理的生活空間（1935年）

フランスの画家アンリ・ブリスポ（1846〜1928）が描いた『A Gourmand（美食家）』。心理学者のブリューマ・ツァイガルニックによる研究は，この絵のなかのウェイターも，食後に勘定されるまでは客の注文内容を労せずして覚えているだろうと示唆しています。

1928年

文化相対主義

マーガレット・ミード（1901〜1978）

マーガレット・ミードは文化相対主義の擁護者で，あらゆる文化はその文化独自の言語で，普遍的な背景ではなく現地の背景を参照したうえで理解されるべきだと唱えました。彼女のフィールドワークはたいていの場合，**青年期**，性役割，結婚と教育に対する姿勢といった発達経験の文化別の差異を理解することを意図していました。彼女は人類学者でありながら，文化を理解するために心理学的な理論を用いました。

また，ミードは間違いなく20世紀で最も著名な社会人類学者でした。『サモアの思春期』（1928年），『Sex and Temperament inThree Primitive Societies（三つの原始社会における性と気質）』（1935年），『火薬をしめらせるな―文化人類学者のアメリカ論』（1942年）などの著書は不朽の名作となっています。ミードは生涯を通じて真の知識人であり続け，社会的問題と科学的問題の両方に関する著書とコメントを残しました。彼女は，文化人類学という分野を生み出したフランツ・ホアズに師事し，ニューヨークのコロンビア大学で博士号を取得しました。また，共同研究者のルース・ベネディクトとともに，1930年代に起こった文化・人格運動を牽引しました。

ミードは『サモアの思春期』のなかで，現地文化を背景に求められているものが，いかに個人の心理的発達を形成するのかを示しました。文化によっては早い時期に性的関係をもつことが期待されることもあり，性的発育などの面で思春期に違いが生じます。マヌス族について記した著書『Growing Up in New Guinea（ニューギニアで育つ）』（1930年）では，原始的な民族は子どものようだという古い考えに反論しました。両著書の要点は，人間の心理的・社会的な発達は文化によって異なり，一定の普遍的なパターンに従ってはいないということです。彼女の研究は，人間の発達に関する世界初の異文化間研究でした。

ほとんどの研究が「原始的な」社会を中心にしていましたが，ミードがアメリカ文化に貢献したことは明らかです。長年くすぶっていた**「生まれか育ちか」**という議論に一筋の光明を投じて人類学を普及させ，アメリカ人の国民性を解説し，性役割についての見解で賛否両論を呼んだ一方で，アメリカのウーマンリブ運動の最前線にも立ちました。

参照：生まれか育ちか（1874年），トレス海峡探検（1898年），青年期（1904年），文化依存症候群（1904年）

上：*New York World-Telegram*誌のレポーター，エドワード・リンチが撮影したマーガレット・ミード。研究結果を記した著書『サモアの思春期』で注目を集めました。

右：3人の若いサモア人女性。鎮静作用と麻酔作用があり，社交的な集まりでよくふるまわれるポリネシアの飲み物カヴァをつくっています。

アルビノ・ラット（新行動主義）

クラーク・ハル（1884〜1952），エドワード・チェイス・トールマン（1886〜1959）

二つの世界大戦のはざまの時期，アメリカの心理学界の主流だった研究対象は，小さな白いネズミ，すなわちアルビノ・ラット（ドブネズミの改良種）の実験室の管理された条件下での行動でした。当時の心理学者たちはダーウィンが唱えた種の連続性を根拠に，人間以外の動物を代替に用いても学習について研究できると主張したのです。学習環境を調整することができる実験室では，学習の法則を発見できる可能性がありました。この法則を再現するため，白いネズミが人間の代替を担ったのです。科学的心理学におけるこのアプローチの流行を，ある歴史学者は「行動の王国」と呼びました。1913年，心理学者のジョン・B・ワトソンが行動主義者として名乗りを上げ，この王国への道を切り開きます。「行動主義者としての視点では，心理学とは純粋に自然科学の実験的な支流である。その理論上の目的は，行動を予測，管理することにある」

行動主義の多くのバリエーションを例証し，新行動主義と呼ばれるようになるアプローチをほかに先駆けて採用した二人の心理学者がいます。クラーク・ハルとエドワード・チェイス・トールマンです。1929年にイェール大学の教授となったハルは，「犬の代わりに大学２年生を用いた」アメリカ版パブロフと称されます。彼は，イワン・パブロフの条件反射モデルをアルコール中毒，精神異常，少年犯罪，いじめの研究に応用しました。教え子だった大学院生はハルの指導のもと，条件反射の理論と**精神分析**をうまく活用し，人間の欲求不満と労働争議や人種間の衝突といった問題における攻撃性との関連性を研究しました。

アメリカの対岸の西海岸地域では，カリフォルニア大学バークレー校のトールマンが，学習は一連の条件反射から成るというハルの主張に反論します。トールマンは，学習と行動は別物だと主張したのです。報酬の餌が入れられると，すぐにそれを取りにいくことからもわかるように，ネズミはやる気が強化されなくても迷路について学習します。トールマンはこれを潜在学習と呼び，学習は目的志向だとする持論を裏づけるものと解釈しました。

参照：古典的条件づけ（1903年），行動主義（1913年），スキナー箱（1930年），ティーチングマシン（1954年）

ウィスター研究所のラット。同研究所は実験用に純血の動物を初めて繁殖させました。アルビノ・ラットはすぐに心理学者のお気に入りになりました。

1930年

スキナー箱

B・F・スキナー（1904〜1990）

人間をはじめとする生きとし生けるものは報酬を目当てに行動するという昔からの真実を，B・F・スキナーは科学と技術によって実証しました。スキナーは長年にわたり厳格に管理された実験室の条件下でネズミとハトを用いて研究し，結果がどうやって行動を形成するのかを示しました。彼はこのアプローチをオペラント条件づけと名づけ，自らの科学哲学を徹底的行動主義と呼びました（オペラントという用語は，結果をもたらす環境下での生物の活動を意味します）。スキナーは，結果は行動に強力な影響を及ぼすことを実証しました。彼はこの効果を説明すべく，強化や罰といった一般に使われていた言葉に新たな意味を与え，これらの原理が人生のあらゆる場面で見られることを証明してみせたのです。

スキナーは子どもの頃から家事に使える多くの道具をつくり出していて，科学者としても多くのものを発明しました。彼は1928年にハーバード大学院に入学すると，小説家として大成することをあきらめ，すぐに興味のある現象を研究するために装置の発明に取り組みます。1930年，餌に対するネズミの反応を研究していたときに，彼の最も有名な発明であり，一般にスキナー箱として知られるオペラント実験箱のアイデアをひらめきます。およそ10年かけて改良を重ねた末，ネズミが押して餌を取り出せるレバーと，ネズミがレバーを押す回数を記録する累積記録器を備えつけた小さな箱が完成します。箱はその後も数年にわたり改良が加えられ，スキナーが実験にハトを用いるようになると，給餌用のレバーは円盤に取って代えられました。スキナーはこれにより，驚くべき精度で行動を観察，予測，コントロールできることに気づきます。1960年代までに，オペランド条件づけに関するスキナーの原理は実験室にとどまらず，さまざまな実際の条件下で応用されました。たとえば，手に負えない学童の規律を正したり，減量を支援したり，囚人を管理したり，あるいはほかの多くの実践目標を達成するために用いられたのです。

参照：古典的条件づけ（1903年），行動主義（1913年），ティーチングマシン（1954年），トークン・エコノミー（1961年）

一般に「スキナー箱」として知られるオペラント実験箱は長年にわたり，行動心理学者にとって標準的な実験装置となりました。

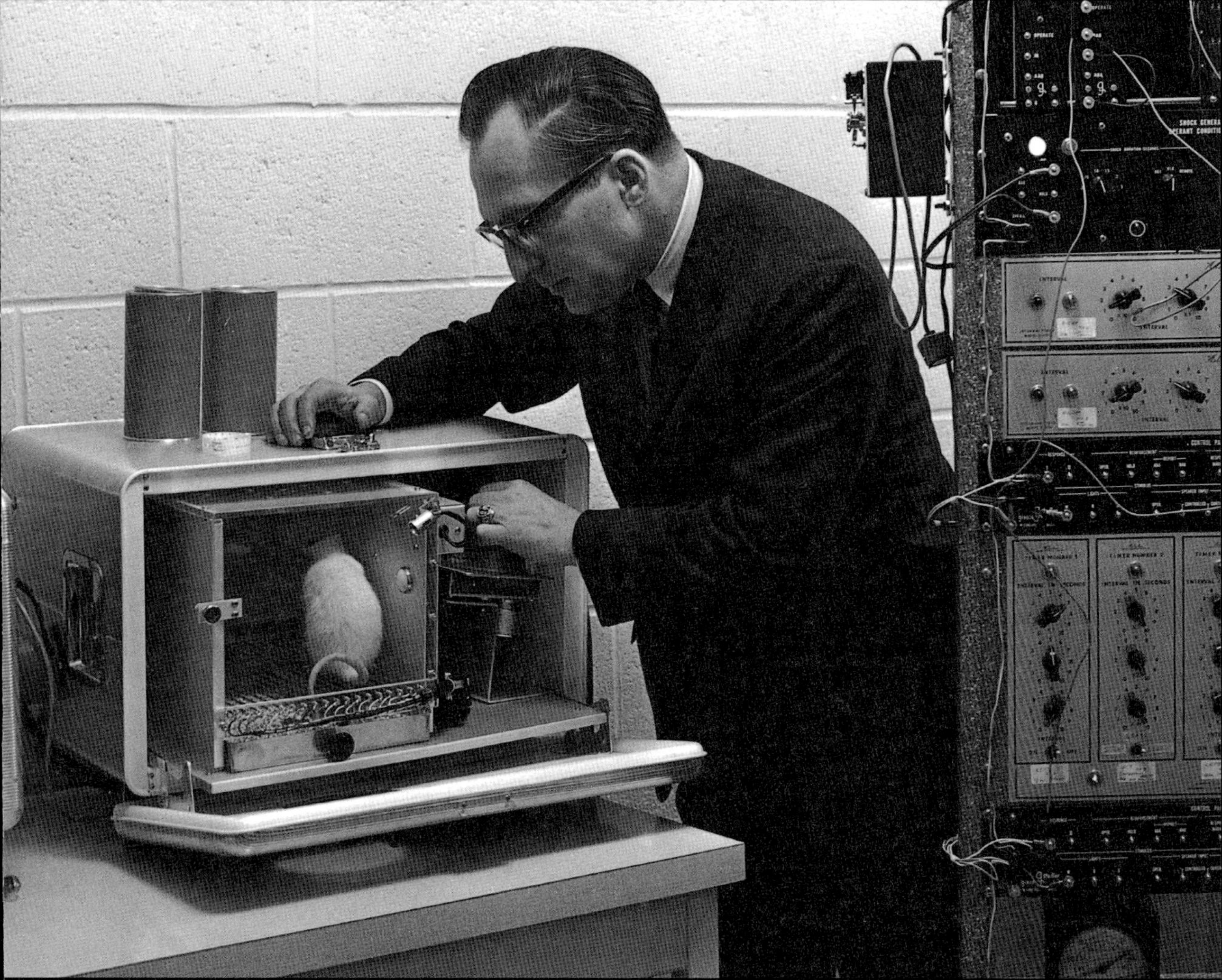

1931年

超味覚保持者

アーサー・フォックス（生没年不詳），リンダ・バルトシュク（1938～）

全人口の約25％の人が超味覚の持ち主で，50％が標準的な味覚の持ち主，残りが味覚に鈍感な人々といわれます。味を感じる能力の違いに関する科学的な発見は，1931年に偶然なされました。デュポンの化学者だったアーサー・フォックスがこの年，フェニルチオ尿素（PTC:Phenylthiocarbamide）という新たな化学物質を合成しましたが，不注意で空気中に飛散しました。同僚の一人はその苦さに文句を言いましたが，フォックスには何の味もしませんでした。フォックスはその後，PTCの結晶を学会で配布し，何人が味を感じたか聞き取り調査をしました。すると，約20％の人は味を感じなかった一方で，残りの人は全員苦かったと訴えたのです。

その後も味覚の調査は続きましたが，大きな進展が見られたのは1970年代に入ってからです。心理学者のリンダ・バルトシュクが味覚と嗅覚ならびに，それらが健康において意味することについて研究していたときのことでした。舌の神経終末のネットワークが非常に密集していて，最多で1cm四方当たり1100個の味蕾《みらい》をもつ人について言及すべく，バルトシュクと同僚は超味覚という概念を編み出します。一方，味覚が鈍感な人の舌には，味蕾が1cm四方当たり11個ほどしかありません。バルトシュクは，味覚の遺伝学が日常生活で意味することを探り始めます。個々の味蕾は味だけでなく，痛みや温度，触感という異なるメッセージを脳に伝達するため，刺激感応性と関わりがあると見られたのです。バルトシュクは研究の結果，中年または年配の女性に多く見られる口腔灼熱症候群《こうくうしゃくねつしょうこうぐん》を発見しました。この疾患は，口腔内の異常や医学的な異常は特定されないものの，口のなかが焼けるような感覚を覚えるというものです。

超味覚があればよいのにと思うかもしれませんが，それほど喜ばしいことではありません。たとえば，超味覚の持ち主は酒類が渋く，粉砂糖が甘すぎ，コーヒーが苦すぎると感じるかもしれません。

参照：感覚生理学（1867年）

舌の味蕾を極限までクローズアップした顕微鏡写真。心理学者リンダ・バルトシュクの研究は，超味覚の持ち主は舌に1cm四方当たり1100個の味蕾をもつ一方で，味覚の鈍感な人は1cm四方当たり11個ほどしか味蕾がないと示しています。

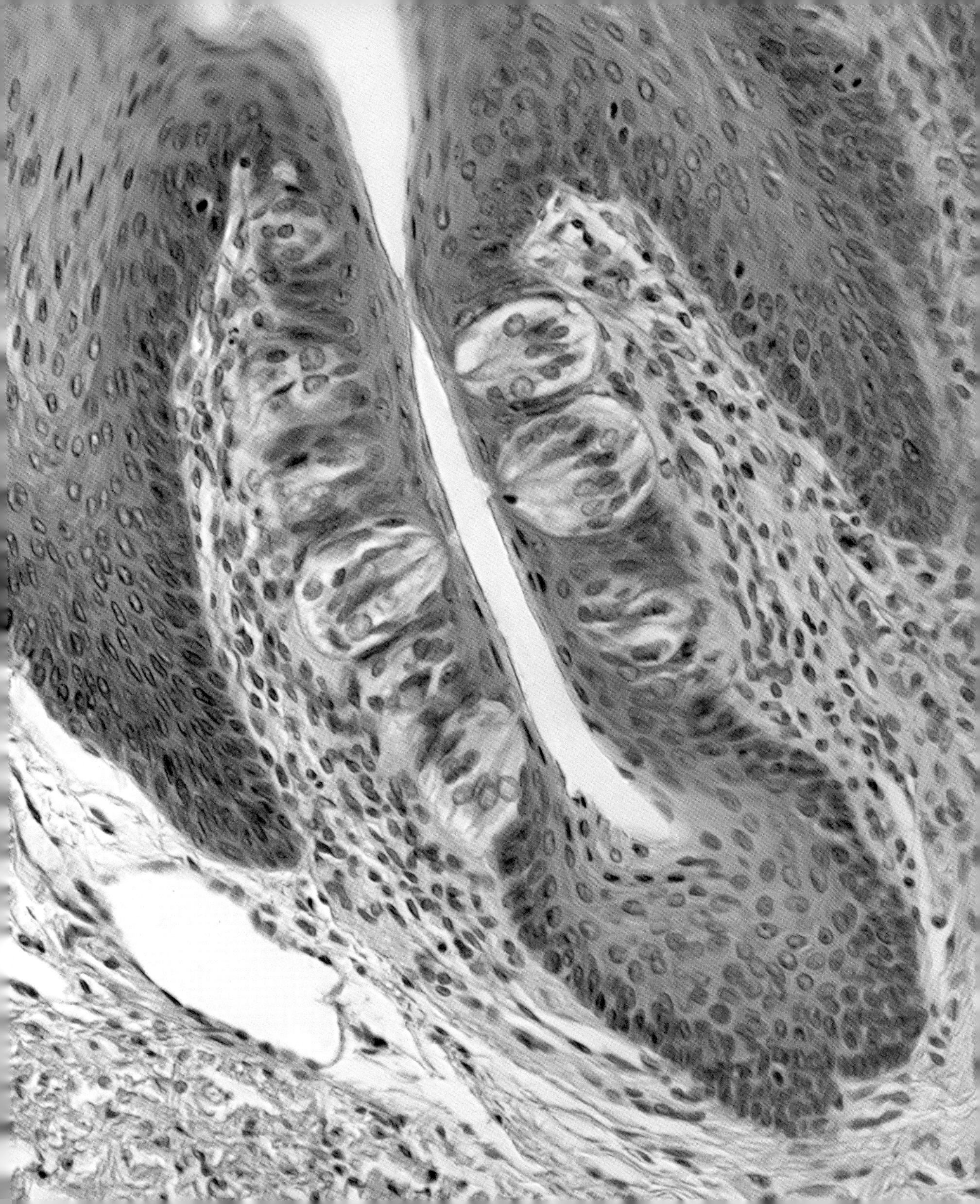

1932年

記憶と忘却

フレデリック・バートレット（1886～1969）

記憶の仕組みはどうなっているのでしょうか。人はどうやって物事を忘れるのでしょうか。記憶はどんな構造をしているでしょうか。これらの疑問に答えるために欠かせない初期の取り組みとして，イギリスの心理学者フレデリック・バートレットによる研究が挙げられます。バートレットは，人は実際に起こったことをそのまま記憶するのではなく，出来事を再構築する傾向にあると論じました。その際には，文化と文化的な親和性がきわめて重要な意味をもちます。

バートレットは1932年の著書『Remembering:A Study in Experimental and Social Psychology（想起の心理学：実験的社会的心理学における一研究）』で，記憶の研究をより自然なアプローチで論じました。参加者はある物語を読んだのち，何度もその内容を思い出すように求められます。物語は『幽霊の戦い』というネイティブ・アメリカンの民話でした。超自然を題材にしたもので，参加者，少なくともイギリスの読者には文化的に馴染みの薄い概念が複数盛り込まれています。バートレットは，物語を思い出すよう言われた参加者が要点しか覚えておらず，一つひとつの言葉はもとより，細部を思い出せないことに気づきます。その物語を参加者に語るように依頼すると，彼らにとって文化的に親和性の高い超自然に関する概念に基づいて再構築されていました。

思い出すことは実際には再構築することであり，再構築は合理化したり，文化的に親和性を高めたりといった，ある種の一般原則に沿って生じるようだと，バートレットは論じました。彼によれば，この発見は，記憶は階層的にまとめられた意味あるスキーマ（バートレットはこの用語を嫌い，その代わりに「パターン」「系統だった設定」という言葉を好みましたが）として格納されることを示しています。高次元の記憶が物語の要点を符号化し，そしてそれが，低い次元で詳細をどのように思い出すのかを決定づけます。記憶はこのように能動的かつ系統立ったもので，バートレットが言うところの意味の後づけのプロセスにおいて，受け取ったデータに意味が与えられます。この研究によって，無意味な音のような意味のない刺激を用いた従来の記憶実験は，実は異なる性質の不定型な記憶処理を評価していたことが示唆されました。

参照：カクテル・パーティ効果（1953年），記憶の処理水準モデル（1972年）

1916年，アメリカ民族学局の依頼で，ブラックフット族の酋長の話を蓄音機で録音する音楽民族学者フランセス・デンモア（1867～1957）。文化的により親和性が高くなるように出来事や物語を再構築する人間の記憶に比べ，このような録音装置は歴史上の出来事を正確に蘇らせます。

1933年

マリエンサル研究

マリエ・ヤホダ（1907～2001）

1930年代初期，ウィーン大学の若き博士課程の学生が研究チームとともに，小さなオーストリアのコミュニティ，マリエンサルにおける完全失業の影響を研究しました。マリエ・ヤホダは研修中の心理学者でしたが，革命的な思想家でもありました。彼女は赤いウィーン[8]の全盛期に左翼の社会民主党員として活動しており，マリエンサルの失業について研究した動機は，失業が労働者階級の間に革命を起こすべきという機運をもたらすか，という政治的仮説を立証することでした。

研究者たちはさまざまな手法を用いてこの仮説を評価し，失業が個人，家族，コミュニティの社会構造に及ぼす影響を文書化し，マリエンサルの478世帯の家族それぞれについて詳細な記録をまとめました。生活史を収集し，アンケートを実施し，学校に通う子どもたちには作文を書いてもらいました。調査に協力した店舗の帳簿，公共図書館の貸出記録，世論調査，移住者のデータも精査しました。また，研究者たちはコミュニティのメンバーに恩恵を与え，研究データの収集にも役立つプロジェクトも別途立ち上げます。

1933年，ヤホダと同僚は『The Unemployed of Marienthal（マリエンサルの失業者）』と題した研究論文を発表します。彼女たちの仮説に反して，マリエンサルの労働者階級の間で革命の機運は高まらず，無感動とあきらめだけが漂っていました。ヤホダはユダヤ人だったため，初版の大部分は焚書処分されました。赤いウィーンが1934年にナチスの統治下に置かれると，ヤホダは政治的信条を理由に投獄され，ただちに国外に出ることを条件に釈放されます。彼女はアメリカへ移住すると，ニューヨークの社会心理学者の活動家グループの一員に加わり，反ユダヤ主義，集団間の関係，権威主義的パーソナリティ，ポジティブ・メンタルヘルスについて研究しました。

焚書された本は約40年後，イギリスで『Marienthal:The Sociography of an Unemployed Community（マリエンサル：失業者コミュニティの社会史学）』として陽の目を見ました。失業が及ぼした社会心理学的な影響を，独創的な視点で研究した不朽の名作として認められたのです。

参照：[B = f(P, E)] ＝生活空間（1936年），権威主義的パーソナリティ（1950年）

[8]オーストリア社会民主党が市議会で与党となり，民主的な政治が行われていた1918～1934年，ウィーンはこのように呼ばれていました。

近年発生した「ウォール街を占拠せよ」運動の看板は，1930年代初頭に心理学者マリエ・ヤホダが提示した次の疑問に対する回答といえます。失業が労働者階級の間に革命を起こすべきという機運をもたらすでしょうか。

LOST MY JOB,
FOUND AN
OCCUPATION
#OCCUPYWALLST

1934年

元型

カール・ユング（1875〜1961）

カール・ユングの理論は，宗教，神話，東洋哲学，人類学，心理学，民話などに依拠していました。ユングはこれらをもとに，複雑な心理学，つまり深層心理学を考案します。ジークムント・フロイトの**精神分析**のように，複雑な心理学は個人に心理学的無意識があることを前提としています。ユングはこれに対し，人類の進化を根拠とした集合的無意識を提唱し，それを心理学的機能の基礎としました。集合的無意識は，個人の私的な人生を導き，形づくる普遍的な背景として機能します。ユングは1934年の著書『The Archetypes and the Collective Unconscious（元型と集合的無意識）』のなかで，元型とは個人の経験を形づくるのを助ける原始の古いイメージで，集合的無意識に最初から備わっているものだと述べました。そのため，元型はさまざまな象徴的な形で現れます。ユングは元型の数を特に定めませんでしたが，典型的な例としては原始の母，賢人，詐欺師，英雄などが挙げられます。長い年月をかけて積み上げられた人類の経験の象徴なので，形式や表現方法は文化と時代によって異なるものの，元型はあらゆる文化に現れます。神話，宗教，おとぎ話の真実を構成する要素は，元型との関係のなかにあります。

ユングは，個人的心理学も元型から成り立っていると主張しました。ペルソナ（人の外的人格），アニムスとアニマ（男性性と女性性），影，自我，自己は元型ですが，その現れ方は人によって異なります。自我は人間の意識の中心で，顕在的に意識している生活に連続性をもたらします。自己は人間の人格の最も深い面であり，意識と無意識をつなぎ合わせ，すべての精神的要素に秩序と調和をもたらす中心的な元型です。影は人格が抑圧された好ましくない側面を含んでいます。ユングによると，心理的発達の目標は，彼自身が個性化と名づけた状態を達成することにあります。中年以降に重要となる個性化の過程における課題は自我と自己を統合することで，これが成し遂げられると心理的な完全性と自由につながります。すなわち一つの到達点というより，長い旅を通じて得られる類いのものです。

参照：ユング心理学（1913年），千の顔をもつ英雄（1949年）

スウェーデンには，カール・アンダーソンが1912年に制作した「パック」の銅像があります。イギリスの民間伝承に登場するいたずら好きな妖精で，ユングの元型では詐欺師を表します。

1934年

最近接発達領域

レフ・ヴィゴツキー（1896〜1934）

ロシアのボルシェビキ台頭を招いた十月革命（1917年）から最初の10年が過ぎると，心理学界にも真の物質主義科学の追求につながる大変化がもたらされました。弁護士から心理学者に転身した若きレフ・ヴィゴツキーがモスクワに拠点を移したのです。彼はこの時期に，現在では文化歴史的心理学としてよく言及される，子どもの発育研究の革新的なアプローチをはじめとする多面的な研究プログラムを展開しました。彼は人生最後の2年間で，最近接発達領域の概念も確立しました。

ヴィゴツキーは研究を通じて，子どもの生活の文化的，社会的，歴史的背景が，心理的機能の発達に不可欠であることを示しました。彼とその同僚，学生たちは記憶と注意に関する研究をはじめとする野心的な研究プログラムを開発しました。これには脳損傷が認知発達，言語的思考，実際的知能に及ぼす影響や，少数民族に関する異文化間研究が含まれます。ほとんどの研究結果は，子どもの教育の場で実践的に応用することに重点が置かれていました。

最近接発達領域という用語で，ヴィゴツキーは子どもの現時点での精神年齢を測定するだけでは不十分であると示しました。むしろ，子どもの発達の可能性を考慮すべきであり，教師，親，年上の子どもとのやりとりを通じて子どもの可能性を引き出さねばならないのです。換言すると，知能の発達とは社会的プロセスでもあります。このためヴィゴツキーは，最も高度な心理的プロセスは社会的または文化的要素に由来することを示そうと試みました。

残念なことに，ヴィゴツキーは社会文化的な発達理論を打ち出そうとしていた最中に，結核により若干38歳でこの世を去ります。その後しばらく経つと，彼の野心的な研究プログラムは同僚や学生たちに引き継がれました。1980年代以降，アメリカの心理学者バーバラ・ロゴフがヴィゴツキーの理論を発展させ，さまざまな異なる環境で学習がどのように文化的に組み込まれているかを示しました。

参照：幼稚園（1840年），機能心理学（1896年），子どもの家（1907年）

小作人の家で子どもに数字とアルファベットを教える「黒人」の母親。ルイジアナ州トランシルバニアにて（1939年）。心理学者レフ・ヴィゴツキーの研究は，子どもの生活の文化的，社会的，歴史的背景が，心理的機能の発達に不可欠であることを示しました。

are fallin
6 7 8 9 10
CARDUI
JANUARY
WELD
NOTICE
COMPANY

1935年

TAT

ヘンリー・マレー（1893〜1988），クリスチアナ・モルガン（1897〜1967）

人は物語を通じて，自分と他者を理解できるのでしょうか。複数の人格理論家がそれは可能であると主張しました。なぜなら人間は物語を語る生き物だからです。そのような物語のアプローチの一つが，心理学者ヘンリー・マレーと同僚のクリスチアナ・モルガンによる精神力動的理論でした。人間は人格を形成する無意識の要素によって動機づけられると，彼ら二人は確信していました。ある日，ハーバード心理クリニックの大学院生が，病気になった幼い息子の気を紛らわせようと，雑誌の挿絵を使って物語をつくらせてみたとモルガンに話しました。これをきっかけに，モルガンとマレーが共同開発したTATは1935年に初めて発表され，20世紀で最も広く用いられるようになります。先述の幼い少年が語った物語は，自分の病気に関する心配と期待を反映していました。モルガンはこのアプローチの可能性に気づくと，自ら描いたアート作品，雑誌を見て描いた絵，写真を用いた色とりどりのカード一式を用意します。ほとんどの人はすでに起きたことと，これから起きると思われることについて，イラストに基づいて物語を語るよう求められると，自分の心理学的なニーズと問題に基づいた物語を語ります。モルガンとマレーは，この新たに考案した検査法をTATと名づけました。TATはクリニックで数年にわたり改良が加えられ，その結果はクリニックの著名な刊行物『Explorations in Personality（人格の探求）』（1938年）で報告された症例研究で言及されました。

モルガンとマレーの協力関係には，興味深い裏話があります。マレーが医師になってから，二人はニューヨークの懇親会で出会ったものの，マレーは心理学について何も知らなかったのです。マレーとモルガンは出会ったとき，それぞれ配偶者がいました。にもかかわらず，彼らはモルガンの死までロマンチックな関係を続け，協業しました。モルガンが心理学を的確に教えたため，マレーは20世紀の心理学界における最重要人物の一人になりました。

参照：投影法（1921年），ミネソタ多面的人格目録（MMPI, 1940年）

1919年に発行された『The Book of Knowledge, Volume XVII（知識の本, 第17巻）』より。このページはイラストを用いて，子どもがイメージと単語を関連づけるのを促します。これらの絵について物語を語るように求められると，子どもたちは自らの心理学的ニーズと問題を反映した物語をそれぞれ紡ぎ出します。

WHAT GAMES DO THESE PICTURES REPRESENT?

1

2

3

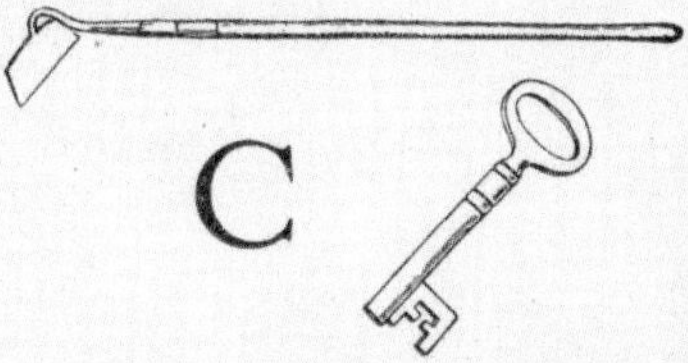

4

5

6

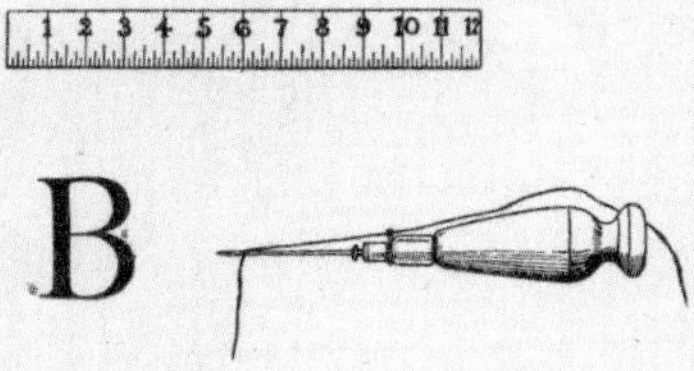

7

8

9

10

The names of the objects and scenes shown in these pictures, together with the letters given, spell correctly the names of ten games that boys and girls play. Examine the pictures and see how many of these names you can build up in the manner indicated. The answers are given in next Things to Make and Things to Do.

THE NEXT THINGS TO MAKE AND DO BEGIN ON PAGE 5517.

1935年

精神外科

エガス・モニス（1874〜1955）

ベッキーとルーシーはしょっちゅう喧嘩をしていました。ベッキーは食べ物を投げつけ，癇癪をおこし，苛立っているときにはルーシーにかみつきました。前頭葉を除去する新しい種類の手術を受けるまで，ベッキーは手が負えませんでした。しかし，術後の彼女の行動は大きく変わり，外科医はベッキーが「幸福の新興宗教」の信者になったようだと言いました。ただし，ベッキーとルーシーは人間ではなく，チンパンジーでした。

イェール大学の神経生理学者ジョン・フルトンは1935年に，共同研究者のカーライル・ヤコブセンとともに，ロンドンの国際脳神経外科会議でベッキーの症例を報告しました。聴衆のなかには高名なポルトガルの神経外科医エガス・モニスの姿がありました。この手術法は大いに期待できると確信すると，モニスは会議をあとにします。彼は1935年11月12日，自ら精神外科と呼んだ初の手術を行うと，その後の3カ月間でさまざまな深刻な精神疾患を抱える患者20人に精神外科手術を施しました。患者20人のうち，14人が完治または症状が改善したと報告しています。

モニスの新たな介入方法は世界中で報じられ，急速に広まりました。この外科手術は現在ではロボトミー手術と一般に呼ばれ，アメリカでは1949年までに年間およそ5000件が実施されました。神経学者のウォルター・フリーマンは最も多くこの手術をこなした人物で，1936年から1970年までに3500件ものロボトミー手術を執刀しました。神経学者のジェームズ・ワットとともに，フリーマンは手術用のへらを挿入して前頭葉を切り取る経眼《けいがん》窩《か》式ロボトミーの先駆者になりました。次に，フリーマンは手術室以外でも実践できる術式を開発しました。これは，眼窩を通じてアイスピックを前頭葉に挿入するもので，まだ4歳だった子どもを含む大勢の子どもにアイスピック・ロボトミー手術が行われました。

フリーマンの擁護にもかかわらず，1950年代と1960年代にかけて精神外科の人気は下火になりました。その効果に対する疑いと，効果的な治療が見込める新薬が登場したためです。しかし1970年代初頭になると，ニクソン政権が反体制派の人々を抑圧する手段としてロボトミー手術を推進するようになります。

参照：ベドラム（1357年），電気ショック療法（1938年）

フランドル派の画家ヤン・サンデルス・ファン・ヘメッセンが描いた『外科医』（1555年）

1935年

心理的生活空間

マーサ・ムホー（1892～1933）

ドイツの心理学者マーサ・ムホーは，子どもの発育に適した総合的な環境を徹底的に探求した人物の一人でした。彼女の没後に出版された著書『The Lifespace of the Urban Child（都市部の子どもの生活空間）』（1935年）は，子どもの行動の方向性を決める環境を子ども自身が認識することの重要性を調査するとともに，子どもがくつろげる，または落ち着ける環境を整えるには何が必要なのかを示しました。

ムホーは一個人としても，心理学者としても驚くべき経歴の持ち主です。1913年に教師となり，**幼稚園**運動の創始者であるフリードリヒ・フレーベルとマリア・モンテッソーリの理念に基づき，教育哲学を築き上げました。1916年には才能ある子どもに関する研究で，心理学者ウィリアム・シュテルンの補佐を始めます。シュテルンの博士課程の学生として1919年にハンブルク大学に正式に入学すると，1923年に首席で博士号を取得。ムホーはこの頃から子どもと若者を研究対象にして，彼らが都市部の環境で直面する結核などの問題を理解し，対処しようとしていました。

1920年代，ムホーは生活空間（ドイツ語でLebensraum）の理論を発展させます。特定の環境下における動物の行動を論じた，生物学者ヤーコプ・フォン・ユクスキュルの生活空間に関する著書の影響を受けたのです。ムホーはこの概念を，社会と文化が人間の心理的発達に及ぼす影響にまで拡大します。彼女は研究で，子どもが経験する環境と身体的環境には隔たりがある可能性があると主張しました。

ムホーは，都市部で育つ子どもを研究することにします。都市部という複雑な空間で，子どもはどのように達成感を得て，帰属意識を育むのでしょうか。彼女はより完全なデータを得るために，複数の異なる条件でアンケート，インタビュー，製図，時間見本法，詳細な物理的観察を実施しました。これらの手法を組み合わせることで，研究者はそれぞれの子どもの生活空間を理解できるようになると論じました。

ムホーが行った概念的・実証的研究は，心理学研究の新しい道を開きました。ナチスにより追放されたのちに彼女が自ら命を絶つと，ほかの心理学者が彼女の研究手法を取り入れるようになります。クルト・レヴィン，ロジャー・バーカー，ベアトリス・ライトといった著名な心理学者たちは，現在活発な分野である生態学的心理学を考案しました。

参照:ゲシュタルト心理学（1912年），[B = f(P, E)]＝生活空間（1936年），生態学的システム理論（1979年）

スティックボールで遊ぶキューバの少年たちの写真。ハバナの旧市街地にて（1999年）。心理学者マーサ・ムホーは，このような都市空間で「実際に経験する」環境が子どもの発育に及ぼす影響を綿密に調査した初の人物でした。

1936年

防衛機制

アンナ・フロイト（1895～1982）

アンナ・フロイトは，ジークムント・フロイトとマルタ・ベルナイスがもうけた6人の子どもの末っ子でした。父の跡を継いで**精神分析**の道に進んだ唯一の子どもでもあります。1918年から1922年にかけて父の分析を受けた後，彼女は児童精神分析の分野を考案します。

理論家として，アンナ・フロイトは自我の発達に関心をもっていました。端的にいうと，彼女の父の人格モデルでは，誕生時には食欲，性欲などの人間の本能的欲求や生理的衝動である「エス（イドともいう）」のみが存在すると理論づけていました。**心理性的発達**が進むと，エスと現実世界の要求の間を調停する存在として自我が芽生えます。最後に，エディプス・コンプレックスを克服し，両親が示す善悪の基準を反映した人格の側面である超自我が誕生します。

健全な人格は，自我がエスと超自我の競合する要求の間でバランスを保てる場合のみ形成されますが，そのような要求は不安を生じさせます。このため，自我は不安に対処するメカニズムを発達させます。父ジークムントはキャリアを通じて，自我の防衛機制の存在に気づいていましたが，ほとんど詳説しませんでした。かたや，アンナ・フロイトは画期的な著書『自我と防衛機制』（1936年）のなかでこの考えをまとめ，わかりやすい言葉で論じました。その結果，防衛機制に関する多くの用語が一般に使われるようになりました。

二つの例を挙げてみましょう。抑圧とは，不安を生じさせる考えや出来事を顕在意識から追い出すメカニズムです。抑圧された考えは無意識レベルでは活発なままで，そのはけ口としての恐怖症を患うおそれがあります。昇華は，受け入れがたい敵意や性的感情を受け入れられる表現へと向け直すメカニズムです。たとえば，きわめて攻撃性が強い人が外科医になれば，自分の攻撃性を前向きなものに変えられるかもしれません。防衛機制は，人がバランスを保つうえでプラスに働く可能性があります。しかし，その一方で神経症を誘発し，効果的に葛藤に対処する妨げになるおそれもあるのです。

参照：精神分析（1899年），心理性的発達（1905年）

1939年の父の死後，アンナ・フロイト（写真中央）はアメリカでの講演活動に多くの時間を割きました。

1936年

[B = f(P, E)] =生活空間

クルト・レヴィン（1890〜1947）

人格と行動を理解する最善の方法は何でしょうか。個々人の違いを研究することでしょうか。それとも人生全体の文脈のなかで，その人について考察すべきでしょうか。クルト・レヴィンは後者を選び，行動（B）は人格（P）と環境（E）の関数（f）（B = f(P, E)）だと述べました。彼はドイツの心理学者マーサ・ムホーに感化され，1936年にこの方程式を生活空間の公式と称した論文を発表します。レヴィンは，ゲシュタルト哲学の流れを汲む教育を受けていました。つまり，常に全体の文脈のなかで各要素を検討するよう訓練されていたのです。彼は「よい理論ほど実践的なものはない」という言葉を残したことでも知られています。

（ナチスの影響で）1933年にアメリカへ移住するまで，レヴィンはベルリン大学に在籍していました。彼とその生徒たちはベルリンで，印象的で影響力のある研究を行っていました。たとえば，達成された課題と未達成の課題に関するブリューマ・ツァイガルニックによる記憶の研究などです。多くの女性がレヴィンの大学院生となりましたが，それはレヴィン自身がキャリアの初期に望んでいたことでもありました。「女性を慣習的な制約から解放したい」と彼は考えていたのです。

アメリカのコーネル大学に2年間在籍した後，レヴィンはアイオワ大学のアイオワ児童福祉研究所に移り，集団行動を研究しました。さまざまなタイプのリーダーシップ（権威主義的，民主主義的，自由放任主義）のもとで活動する子どもたちを研究したところ，民主主義的なグループの生産性が最も高いことを突き止めました。さらに，マサチューセッツ工科大学に移って集団力学研究センターを開設すると，レヴィンの集団行動に対する関心は新たな重要性を帯びます。彼は集団で起こっている活動を説明すべく，集団力学という用語を考案しました。集団という文脈におけるリーダーシップ研究は，レヴィンが感受性訓練と呼ぶものに基づき，初のエンカウンター・グループ（問題解決と自己認識のために集められた個人から成る小集団）の布石となりました。

レヴィンの遺産（集団力学に関する研究，組織的行動の分野，社会正義に関する研究と活動）は，心理学によって世界をより人道的にするために活用されています。

参照：ゲシュタルト心理学（1912年），ツァイガルニック効果（1927年），心理的生活空間（1935年），服従と独立（1951年）

コンサート会場に密集した人々。集団力学の研究の観点では，これは特殊な環境といえます。

1937年

感覚遮断

ドナルド・ヘッブ（1904～1985）

カナダの心理学者ドナルド・ヘッブは1930年代後半に，哺乳類の赤ん坊が光と遮光から受ける影響の研究に乗り出しました。彼は1937年に，モントリオール神経学研究所の主任研究員となります。1940年代後半までに，ほかの科学者は光と遮光の領域を越えて感覚遮断の研究を始めていました。当初の研究の多くは，幼少期の経験がさまざまな生物の脳の発達と行動にどのような役割を果たすかを理解するために行われました。

米ソ間の冷戦初期に，アメリカの政治指導者と軍は，捕虜になったアメリカの兵士が洗脳されるおそれを懸念するようになりました。軍と情報機関は洗脳について理解すべく，感覚遮断の研究をはじめとする人間の心理学研究に資金を投じます。意識が通常どおりに機能しているにもかかわらず，正常な成人があることを信じて行動するよう促される洗脳などのプロセスを解明することが期待されました。

アメリカとカナダの両政府の要請を受けて，ヘッブと同僚は多くの科学者とともに，感覚遮断の役割と，成人に対するその心理的影響を突き止めようとします。この研究で複数種の感覚遮断と隔離を実験したところ，精神が正常に機能するためには，感覚的刺激と社会的刺激がきわめて重要だとわかりました。さまざまな方法で隔離され遮断された参加者は，実験中と実験後に，驚くほど多くの障害に苦しみました。たとえば，病的思考，妄想，明確な思考と集中ができない，多くの知的・運動課題での成績不振，幻覚，妄想様観念，身体的愁訴，時間と空間の見当識障害，極度の不安などです。また，多くの参加者は実験後も引き続き社会的機能障害に苦しみました。感覚遮断に関する研究で明らかになったのは，人は多くの感覚刺激と社会的刺激を必要としており，それらの刺激がなければ心理操作を受けやすいということです。

参照：適切な資質の選択（1958年）

アメリカ国立衛生研究所の講演『猿の視覚遮断とその影響――有線皮質』のポスター（1975年）

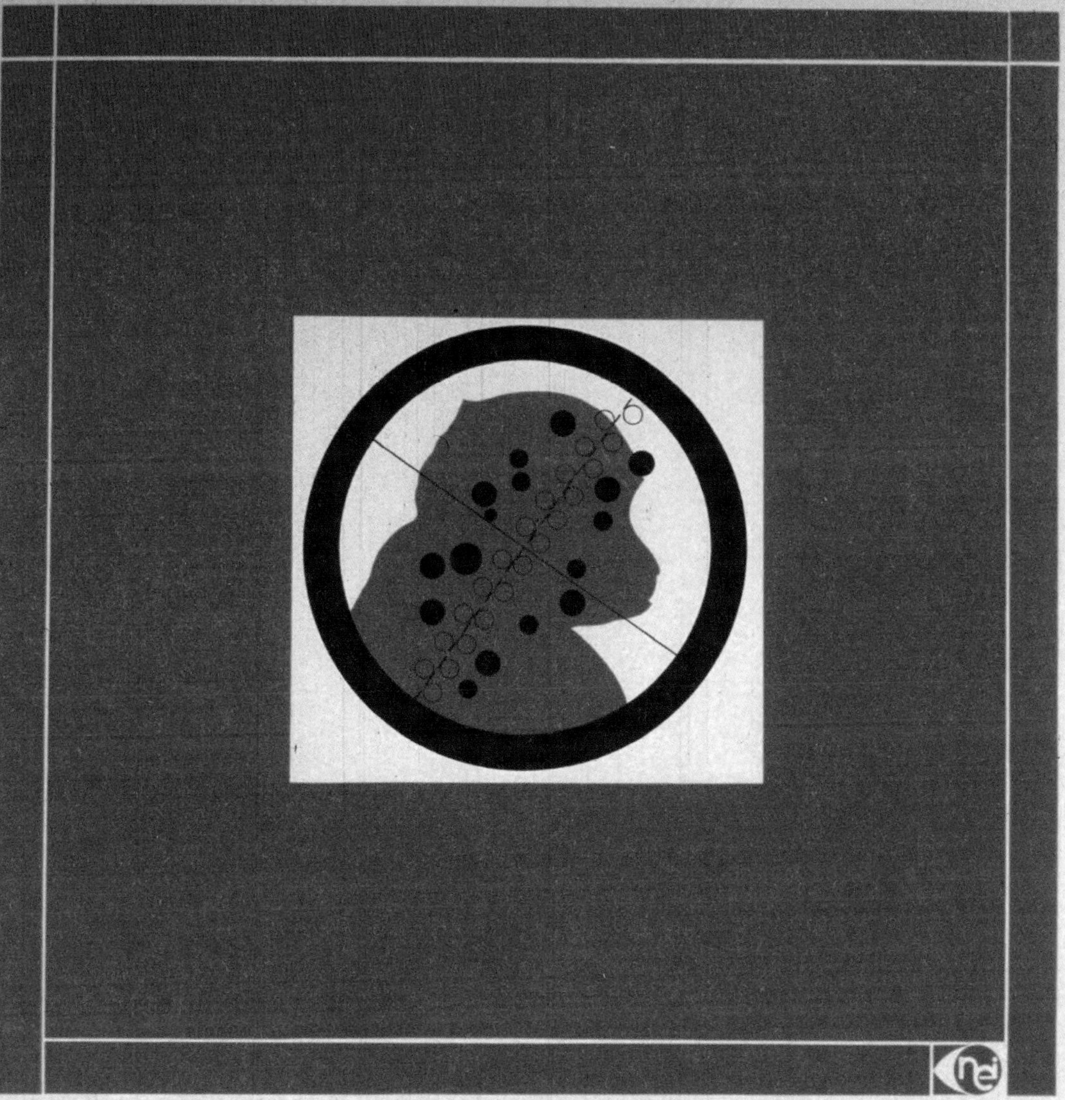

NIH LECTURE

VISUAL DEPRIVATION AND ITS EFFECTS ON THE MONKEY STRIATE CORTEX

TORSTEN N. WIESEL, M.D.

ROBERT WINTHROP PROFESSOR OF NEUROBIOLOGY,
HARVARD MEDICAL SCHOOL

CLINICAL CENTER, JACK MASUR AUDITORIUM APRIL 9, 1975 8:15pm

1937年

チューリングマシン

アラン・チューリング（1912〜1954）

イギリスの若き数学者アラン・チューリングは，現代のデジタル計算につながる偉大な発展に寄与し，後の人工知能研究の基礎を築いた人物です。1936年の『On Computable Numbers（計算可能な数字について）』と題した論文で，チューリングは計算の限界を調査するように設計された機械を提唱し，定量化できるものすべてを機械的に計算できることを実証します。こうして，現代のデジタル計算プログラム開発の基盤となる計算を実用的に定義したのです。1937年，チューリングが仮説を示した機械はチューリングマシンと名づけられます。

第二次世界大戦中に，チューリングはドイツ軍の暗号を解読すべく数学のスキルを駆使しました。先の仮説に基づき，モデル化された計算方法を用いてボンベと呼ばれる装置を作動させ，解読可能なメッセージが生成されるまで，可能性のあるほぼすべての数字と文字の組み合わせを試しました。チューリングは規則体系の観点から，計算の概念がどのように表現される可能性があるかを示しました。研究者のマーガレット・ボーデンは著書『Mind as Machine（機械としての心）』（2006年）のなかで，計算を行うことの重要性とは「抽象的な装置をいかに論理的な標準形式で説明し，あらゆる標準的な四則演算を構築する基本的計算を行うために，その装置をどんなふうに使えるのか」を示すことだと述べています。

チューリングは1950年，「機械は考えることができるか？」という問いかけをします。人間の判定者がキーボードを通じて他の人間および機械と「会話」を交わし，参加者はお互いに見えない思考実験，すなわちチューリングテストを考案したのです。どちらが機械でどちらが人間の回答なのか判定者が区別できない場合，機械はテストをパスします。これは思考実験にすぎなかったものの，チューリングテストは人工知能を開発するのに重要であることがわかります。

参照：サイバネティックス（1943年），ロジック・セオリスト（1956年）

アラン・チューリングが開発したボンベのアメリカ海軍版。第二次世界大戦中にドイツのエニグマM4により暗号化されたメッセージを解読するために，イギリスの暗号学者が使用しました。

102

1938年

エイムズの部屋

アデルバート・エイムズ・ジュニア（1880～1955）

アデルバート・エイムズ・ジュニアは，視知覚とは視覚刺激と対象を見る者の知覚世界に関する過去の経験と，現在の予想が合わさった機能だと唱えました。そこで，彼は1946年にこの機能の原理を示すために特別な部屋を設計しました。

エイムズは，ハーバード大学の心理学者ウィリアム・ジェームズの影響を受けていました。彼は，パリ在住時に興味をもった視覚光学を主な研究テーマにしました。視覚に関する生理学と心理学を人々が理解するうえで，彼の研究は大いに役立ちました。

第一次世界大戦後，エイムズはニューハンプシャー州のダートマス大学に職を得て，ダートマス・アイ・インスティテュートの設立を支援しました。そして，両眼知覚に関する研究を行い，回旋斜位（それぞれの眼が反対方向に回ること）や不等像視（それぞれの眼の網膜で同じ像が異なる大きさに見えること）など視覚にまつわる問題について重要な発見をしたのです。おそらく不等像視はエイムズにとって，視知覚の相互作用的機能主義を実証するという目標を定めるきっかけとなりました。

エイムズの部屋は直角ではない台形の空間としてつくられており，床と天井は垂直方向に傾き，外装壁の一方は他方よりも高くて離れています。特別にしつらえたのぞき穴を通じて見ると，部屋は通常の長方形の部屋のように見えます。ところが，対象物を部屋に置くと知覚変容が起き，部屋の片方に立っている人や対象物は，部屋のもう片方の人や対象物よりも極端に大きくなったように見えるのです。エイムズの部屋とその他の実証実験は，人が世界を認識するときに経験と予想が果たす役割を示しています。

参照：感覚生理学（1867年），実験心理学（1874年），視覚的断崖（1960年）

エイムズの部屋で起こる錯視を，カトリン・クリンガーベルクとサッシャ・コーラーがデモンストレーションしています。ベルリンのアドラースホーフにあるサイエンス・パークの展示会『Wanderings about the Senses（感覚の不思議）』にて（2013年8月13日）。

1938年

電気ショック療法

ウーゴ・チェルレッティ（1877～1963）

1930年代，精神科医と神経学者は1930年代，重い精神病を抱える患者を治療すべく物理的な治療法を新たに開発しました。たとえば，**精神外科**，メトラゾールけいれん療法，インスリンショック療法，電気ショック（現在，電気ショック療法［ECT:Electroconvulsive therapy］と呼ばれるもの）などです。これらの治療法は，患者の脳や身体機能に侵襲性の高い介入をするものでした。成果はまちまちで，機能する仕組みや理由も不明でした。

精神学者のウーゴ・チェルレッティは1901年に医学学位を取得後，イタリアの精神病治療施設に勤めました。1935年には，ローマ大学神経疾患・精神疾患クリニックの院長の座に登りつめます。すでにこの時期，統合失調症の患者にけいれん性発作を誘発する薬物を投与する慣行は確立されていました。しかし，チェルレッティは電気を流して患者のけいれん性発作を誘発すれば，より直接的かつ効果的な治療法になり得ると考えました。けいれん性発作は患者に再び活力を与えるもので，患者の症状を緩和するような物質が身体で生成されるのを促すと，チェルレッティは論じました。彼は数年にわたり，さまざまな動物を用いて電気ショックを研究しましたが，まだこの時点では人間の患者で試していませんでした。すると1938年4月，妄想癖があって独り言をつぶやいている39歳のエンジニアをローマの警察が路上で保護し，クリニックに連れてきました。チェルレッティは試行錯誤の末，発作の誘発に適した電圧を突き止めました。この男性患者はしばらく意識を失ったのち，正気を取り戻し，具合もよくなりました。1カ月間の治療後，患者は自宅に帰ることができ，かなり回復したとの報告がありました。

ECTの使用は世界中で急速に広まり，時間が経つにつれてだいぶ洗練されました。現在では通常，ほかの治療法で反応を示さない重篤な抑うつ状態あるいは躁状態の患者だけにこの治療が施されます。ECTの副作用として記憶喪失が頻繁に起こり，その約半数が再発すると報告されています。

参照：精神外科（1935年），抗うつ薬（1957年）

電気ショック療法に関する会議を告知する，アメリカ国立精神衛生研究所のポスター（1985年）。1930年代に開発されたECTは，倫理と実践の両面で絶えず疑問視されてきました。

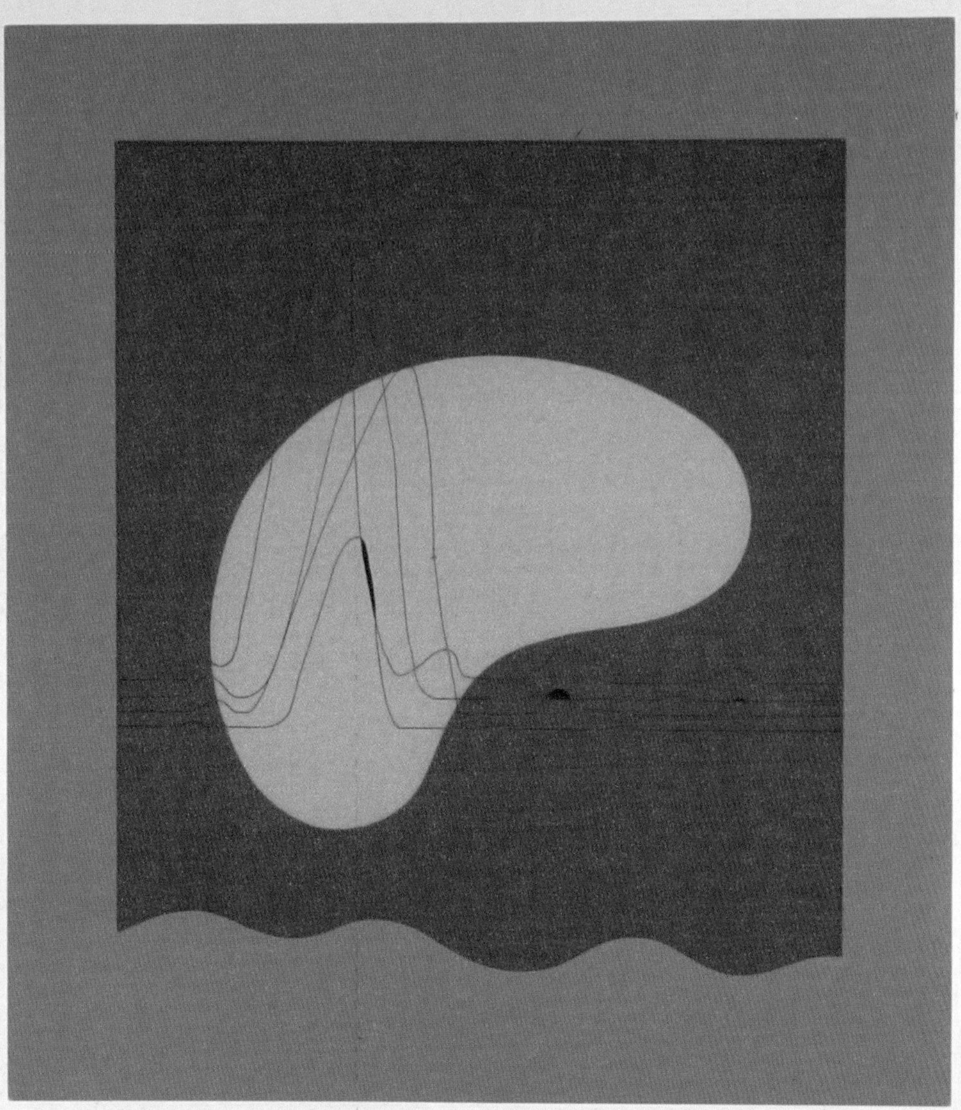

electroconvulsive THERAPY

June 10-12, 1985

Consensus Development Conference
Masur Auditorium
The Clinical Center
National Institutes of Health

Sponsors: National Institute of Mental Health and Office of Medical Applications of Research, NIH

For information call: 443-4536

1939年

心療内科

フランツ・アレキサンダー（1891〜1964），
ヘレン・フランダース・ダンバー（1902〜1959）

19世紀半ば，人々がヨーロッパ大陸を縦横無尽に走る鉄道で旅行するようになると，「鉄道脊椎症（railway spine）」という不可解な新しい病気が報告されるようになりました。旅行者はたいていの場合，医師でも身体的原因を特定できないような，大小さまざまな症状を訴えました。一つの説明は，これは身体的病理を反映したものではなく，心理的な要因から生じた機能障害であるというものでした。

20世紀初期には，無意識の心理的影響に関するジークムント・フロイトの理論を用いて，このような機能障害を転換性障害と称しました。フロイトによると，精神的苦痛から身体的病気への転換は，精神的なこと（イメージ，衝動，願望）が社会的慣習を表す自我と相いれないときに起こります。その結果，精神的なことに関する感情は抑制され，それらは意識的な思考には現れません。次に，そのような情動にまつわるエネルギーは，受け入れがたいことを象徴する身体症状へと転換され，根源にある心理的葛藤を部分的に解決します。フロイトはこれを「精神から身体への飛躍」と呼びました。

2回の世界大戦のはざまの時期，心身症に関する理論がアメリカで広まりました。ヘレン・フランダース・ダンバーは，膨大な数の文献レビューを行った『Emotions and Bodily Changes（心と肉体　精神身体医学）』（1935年）のなかで，これを「健常な状態と病的な状態がせめぎ合う感情的生活と身体的プロセスの相互関係」と明確に記しました。新たに始まった心療内科を広めようという動きのなかで，ハンガリー移民の精神分析医フランツ・アレキサンダーが急速に頭角を現します。彼は多数の書籍と論文を通じて，消化性潰瘍，甲状腺機能亢進症《こうじょうせんきのうこうしんしょう》，胃腸疾患，冠動脈心疾患《かんどうみゃくしんしっかん》などの疾患における心理学的要素と生理学的要素の両方を検討する必要があると主張しました。1939年には学会誌 *Psychosomatic Medicine* が創刊され，この新たな分野の本格的な展開を後押ししました。

心療内科は長らく主流分野とされましたが，人気は次第に衰えていきました。しかし，そこから生じた研究は，健康心理学の分野がのちに誕生する大きな一助となりました。

参照：精神神経免疫学（1975年），健康の生物心理社会モデル（1977年），心身医療（1993年）

医師が慢性的な背中の痛みなどの症状の身体的原因を特定できないとき，患者は心因性の疾患に苦しんでいる可能性があります。すなわち，精神的苦痛が身体的な痛みへと転換したのです。

1939年

生体の機能（精神と身体）

クルト・ゴールドシュタイン（1878～1965）

神経学者のクルト・ゴールドシュタインは1933年，ナチスによってドイツからオランダの通過収容所[9]に移送されました。彼はアメリカへ移住するまで，オランダに1年間とどまりました。その間に，あらゆる生物は生理的プロセスに還元できない基礎的な性質をもつと論じた独創性に富んだ書籍『生体の機能』（1939年）を執筆します。

ゴールドシュタインはドイツの高名な科学者で，失語症の患者に関する研究で知られていました。第一次世界大戦中，戦争が兵士に及ぼす心理的影響を研究して治療するための研究所を設立します。ゴールドシュタインは臨床経験をもとに，神経学的あるいは心理的欠陥を患っていても，人間がどうやって世の中に適応しようとするかを解明しようと試みました。この結果，そのような努力はできる限り完璧に生きようとする人間の奥底から湧き上がる衝動の表れだと示唆するに至ります。この自己実現に向けた努力は，人生の活力になるのです。

脳機能は局所化されるかという長年続いていた議論に，ゴールドシュタインの主張は重要な視点をもたらしました。中央神経系は関連機能のネットワークを担っており，脳の一部が損傷を受けると，局所的欠損だけでなく脳内の処理全体に影響が及ぶため，機能の混乱が生じるとゴールドシュタインは唱えました。このアプローチには，生物全体の機能に関する彼の全体論的な見解が反映されていました。**ゲシュタルト心理学**と同じく，ゴールドシュタインの概念は，2回の大戦のはざまの時期において，ドイツの科学と文化に見られた重要な傾向の流れを汲んだものでした。従来のドイツの知的伝統に依拠して，ドイツ人の生活を再活性化させようとし，統合的な全体の一部として心身を理解することに最大の価値を置いていたのです。ゴールドシュタインの研究はドイツ一国にとどまらない重要なもので，**心療内科**，心理療法，**人間性心理学**に影響を及ぼしました。

参照：ゲシュタルト心理学（1912年），心療内科（1939年），欲求階層（1943年），人間性心理学（1961年）

[9]アウシュビッツをはじめとする強制収容所へ移送する前段階の一時拘留施設を指します。

戦争中に制作された，アメリカ戦争情報局国内作戦部のポスター『Healthy Bodies-Active Minds（健全な体に活発な精神が宿る）』。アメリカ海軍が主張する心身強化のメリットを宣伝するためのものです。神経学者クルト・ゴールドシュタインによると，心身を鍛えればどちらも強化される効果があります。

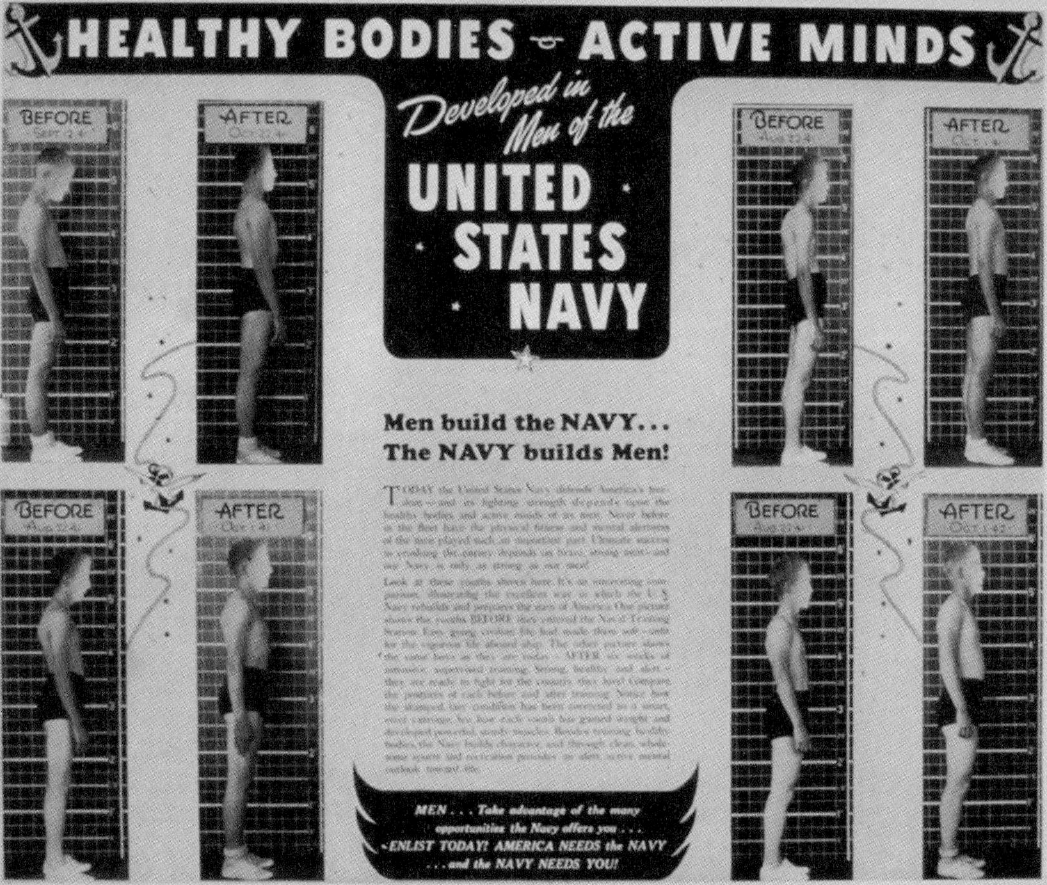
HEALTHY BODIES - ACTIVE MINDS
Developed in Men of the
UNITED STATES NAVY
BEFORE
AFTER
BEFORE
AFTER
BEFORE
AFTER
BEFORE
AFTER
Men build the NAVY...
The NAVY builds Men!
TODAY the United States Navy defends America's freedom—and its fighting strength depends upon the healthy bodies and active minds of its men. Never before in the fleet have the physical fitness and mental alertness of the men played such an important part. Ultimate success in crushing the enemy depends on brave, strong men—and our Navy is only as strong as our men!
Look at these youths shown here. It's an interesting comparison, illustrating the excellent way in which the U.S. Navy rebuilds and prepares the men of America. One picture shows the youths BEFORE they entered the Naval Training Station. Easy going civilian life had made them soft—unfit for the vigorous life aboard ship. The other picture shows the same boys as they are today—AFTER six weeks of intensive supervised training. Strong, healthy and alert—they are ready to fight for the country they love! Compare the postures of each before and after training. Notice how the slumped, lazy condition has been corrected to a smart, erect carriage. See how each youth has gained weight and developed powerful, sturdy muscles. Besides training healthy bodies, the Navy builds character, and through clean, wholesome sports and recreation provides an alert, active mental outlook toward life.
MEN . . . Take advantage of the many opportunities the Navy offers you . . .
ENLIST TODAY! AMERICA NEEDS the NAVY . . . and the NAVY NEEDS YOU!

1939年

ウェクスラー・ベルビュー知能検査

デビッド・ウェクスラー（1896〜1981）

1920年代のアメリカでは，博士レベルの心理学者が学術界以外のキャリアを選択することはほとんどありませんでした。まして心理学の分野で開業医になるのは，さらに珍しいことでした。デビッド・ウェクスラーは，まさにそのような稀有な人物でした。穏やかで洗練されたすぐれた教養人として，ウェクスラーは他者を助けるために人生を捧げることにしたのです。彼がこのような選択をした末に開発した検査法は，心理テストを受けた何百万人もの成人と子どもに大きな違いをもたらしました。

ウェクスラーは開業から５年後，ニューヨーク随一の公立精神病院であるベルビュー病院で心理学部門主任となり，エレイン・キンダーやカレン・マコーバーといった著名な臨床心理学者の先駆者たちと働きました。彼らは心理検査を実施し，その結果を精神科医が患者の治療に活用できるようにしました。

ウェクスラーは1930年代後半までに，当時の標準的な知能検査には多くの欠点があると気づき，実年齢と精神年齢を比べて知能を判定することに異議を唱えます。彼は1939年，新しい検査法を考案します。これには，言語と動作という二つの尺度に分類される複数の下位検査項目が設けられていました。言語の下位尺度には理解力と語彙《ごい》などの検査，動作の下位尺度には絵を完成させることや積み木の組み立てなどの検査が含まれました。これにより，人の知能の微妙な差異を明らかにする全体像が得られるのです。「創世記の主題は何ですか？」といった下位検査の項目の情報で，評価対象となる言語知能の種類がわかります。

成人向けのウェクスラー式知能検査の第４版は2008年に公表されました。２種類の同系統の検査も開発されました。児童向けウェクスラー式知能検査の第４版（2003年）と，未就学児向けウェクスラー式知能検査は第３版（2002年）のことです。長年にわたり，この尺度はさまざまな批判にさらされました。そのなかで最も重大なのは検査内容に文化的なバイアスがあるというものです。

参照：心理テスト（1890年），ビネー・シモン知能検査（1905年），フリン効果（1984年）

デビッド・ウェクスラーはさまざまな既存の検査の構成要素を活用して，ウェクスラー・ベルビュー知能検査の第１版を開発しました。

ISC
echsler Inte
Scale fo
THE PSYCHOLOG
Wechsle
telligen
SYCHOLOGICAL C

1939年

欲求不満と攻撃性

ジョン・ドラード（1900～1980）

ジークムント・フロイトの精神分析理論のテーマは，人は性交，喉の渇き，空腹といった生物学的衝動の充足を求めるよう動機づけられているということです。このプロセスでは，社会的な力によってこれらの衝動の充足が妨げられるので，人は否応なしに社会の本質に不満を抱きます。人間もほかの動物たちと同じく，この欲求不満に攻撃性で反応することをフロイトは示唆しました。これが真実であるほど，人間社会を管理するうえで重大な意味合いをもちます。

ジョン・ドラード率いる社会科学者のグループは1939年，心理学と**精神分析**を根拠にした『欲求不満と暴力』（日本版の刊行は1961年）を発表します。彼らが導き出した結論は，攻撃性の原因を突き詰めると，常に何らかの形の欲求不満が存在しており，それが攻撃性をはじめとする多くの反応につながるというものでした。この研究は，当時の社会的な背景と明らかにつながっていました。ドイツの反ユダヤ主義，スペイン内戦，大恐慌，アメリカ南部（および他地域での）での人種差別は，いずれも欲求不満と攻撃性の相関を示す実例でした。ダラードの欲求不満－攻撃仮説はのちに修正され，欲求不満が怒りにつながるとみなされました。人が最も怒っているときに，きっかけ（たとえ武器）があれば，攻撃性につながるおそれがあります。

同時期に，ゲシュタルト心理学者のクルト・レヴィンの教え子であるタマラ・デンボーが怒りの力学を研究し，欲求不満が攻撃性につながるというフロイトの理論を掘り下げました。デンボーは研究のなかで，見たところ簡単そうな課題を参加者が終えるのを邪魔します。最初はいつも楽しげな雰囲気で始まりますが，実験者が各課題に解決策があると言いながら参加者を苛立たせるにつれ，緊張感が生じます。苛立ちが高まると，ほぼすべての参加者が激しい怒りを示しました。デンボーはこの実験結果を生活空間，つまり行動とは人格と環境の関数だと唱えたレヴィンの方程式の観点に立って解釈しました。

参照：精神分析（1899年），ゲシュタルト心理学（1912年），アルビノ・ラット（新行動主義，1929年），心理的生活空間（1935年），[B = f(P, E)] ＝生活空間（1936年）

政治家のクリストフ・ブロッハーへの抗議をきっかけに，スイスのローザンヌで暴動が発生し，重装備の警官が制圧を試みています。ジョン・ドラード率いる社会心理学者のグループによると，暴徒を衝き動かす攻撃性の原因を突き詰めると，常に何らかの欲求不満があります。また，ジークムント・フロイトによると，欲求不満は基本的ニーズと欲求の充足が社会的な力に妨げられ続けると生じます。

POLICE
POLICE
POLICE

1940年

ミネソタ多面的人格目録（MMPI）

J・チャーンリー・マッキンリー（1891～1950），
スターク・ハサウェイ（1903～1984）

第一次世界大戦中のアメリカ軍幹部は，塹壕戦に従軍した兵士のなかで**シェルショック**のような精神障害に苦しむ者があまりに多かったため警戒感を抱きます。心理的問題を抱えた兵士をふるい落とすため，心理学者のロバート・S・ウッドワースは「女性に深入りしすぎて，傷ついたことがありますか？」「誰も自分のことを理解してくれないと感じますか？」といった質問を含むウッドワース個人データシートを開発しました。これは，精神面で問題のある人物を客観的に見極める取り組みの先駆けでした。

残念なことに，精神疾患をもつ人々を特定するもう一つの客観的な検査基準，すなわちミネソタ多面的人格目録（MMPI）が開発されたのは1930年代後半に入ってからでした。この時期までに，ほかの人格検査基準がいくつか開発済みでしたが，精神病棟の患者にとってはどれも不十分で適切ではありませんでした。そこで，心理学者のスターク・ハサウェイと精神科医のJ・チャーンリー・マッキンリーがきわめて特殊な課題を自らに課しました。すなわち，さまざまな精神疾患に苦しむ患者を信頼の置ける方法で特定する手段を見つけるというものです。

MMPI（1940年）第1版の決定稿は，回答者が「はい・いいえ」で答える次のような550の設問で成り立っていました。たとえば，「誰かに後ろをつけられていると思う」「ハンカチ落としで遊ぶのが好き」「黒いタールのような便をしたことはない」「私は神の特別な使いである」といったものです。検査結果を検証すべく，精神疾患をもたない人々の回答と多くの精神疾患者の回答が比較対照されました。どの設問も単一では精神的に健全かどうかを示しませんが，回答のパターンは10の臨床尺度と四つの妥当性尺度にグループ分けすることができます。MMPIは精神疾患のある人々を特定し，症状を区別するのに有益であることがわかっています。たとえば，うつ病患者の回答は統合失調症患者の回答とは異なります。

MMPIはすぐに精神病棟で広範に採用されました。産業界や刑務所，高等教育機関でも使われるようになりました。21世紀初期までに，MMPIは2回改訂されました（1989年と2001年）。歴史上，最も研究の進んだ心理テストといえます。

参照：心理テスト（1890年），ビネー・シモン知能検査（1905年），投影法（1921年）

ミネソタ大学ツインシティ校のイーストバンク区画の一角にあるノースロップ・モールの航空写真。MMPIは，ミネソタ大学のキャンパス内の病院で開発されました。

1941年

精神的放電（大脳皮質への刺激）

ワイルダー・ペンフィールド（1891～1976）

1939年，モントリオール神経学研究所の手術テントのなかに，一人の若き心理学者がいました。心理学者のモリー・ハロワーが脳外科手術を受ける患者からこれまでで最も興味深いデータを得て，記録しようとしています。ハロワーの役割は，患者が語る内容を一字一句漏らさず記録することです。調査対象の患者はてんかんに苦しんでいる人ばかりで，神経外科医のワイルダー・ペンフィールドが考案した画期的な処置に参加することに同意しました。ペンフィールドは，局部麻酔を施した患者の大脳皮質を外科的手法で露出させます。次に，細い電極で脳のさまざまな部分を刺激します。ある部位は，多くのてんかん患者が発作前に経験する前触れと関わりがあると思われました。彼はその部位を外科的に切除します。運動と感覚に関わる部位に刺激を与えると，予測どおりの作用を示しました。たとえば，患者は視覚野を刺激されると色のきらめきを見たと報告しました。

ペンフィールドは1941年にこの発見を初めて報告しました。彼はその際に，側頭葉へのさらなる刺激が「経験的幻覚」と自ら呼んだものや精神的放電など，驚くべき結果をもたらすことも示唆しました。側頭葉の特定部位に電極が触れると，患者は子どものときに聞いたきりの歌が聞こえたと報告し，あるいは映画で見たと思われるシーンの描写を思い浮かべました。ある有名な再現実験では，発作の発生源を刺激された患者は「焦げたトーストの匂いがする」と叫びました。これらの幻覚は原体験の正確なフラッシュバックだと，ペンフィールドは考えました。彼は非現実感，多幸感，恐怖だけでなく，既視感や知覚変容などの「解釈的錯覚」も発見しました。

ペンフィールドの患者の大半は，このような体験はきわめて鮮明で，日常での体験とはまったく違う性質のものであり，夢のなかのように非現実的だったと報告しています。当初のペンフィールドの目的は，外科的処置を通じて患者を苦痛から解放することでした。しかし，皮質刺激により図らずも**脳機能の局在性**と記憶についての知見も得られたのです。

参照：脳機能の局在性（1861年），脳イメージング（1924年），分離脳の研究（1962年）

ワイルダー・ペンフィールド（左）とメイトランド・ボールドウィン。ペンフィールドは当時屈指の神経学者の一人で，側頭葉を電気的に刺激すると精神的放電がどのように起こるかを示しました。患者はフラッシュバックと既視感を伴った体験を語っています。

1942年

行動遺伝学

ジョン・ポール・スコット（1909～2000）

若き遺伝学者だったポール・スコットはメイン州バーハーバーを1938年に初めて訪れ，ジャクソン研究所で一夏を過ごしました。近親交配のネズミの攻撃的な行動を研究するためでした。彼はのちに科学的研究の新しい領域（行動遺伝学）を開拓し，1942年に初の科学論文を発表します。彼の長いキャリアはこうして幕を開けました。スコットはネズミの研究から始めましたが，犬の研究で最も知られています。集中的な研究プログラムを通じて，スコットは遺伝学と環境の相互作用が発育にどれほど重要なのかを明確に示します。彼は科学的研究によって，特に戦争をはじめとする当時の社会問題を科学の力で解決しようと尽力したのです。

スコットが始めた研究をほかの科学者も引き継ぎ，さらに範囲を広げました。双子と養子の研究などの手法を用いて，知能をはじめとするさまざまな特性と能力に対する遺伝子の貢献度合いを探ろうとしました。その結果，遺伝的影響と環境的影響は相互作用するため，双方を完全に分けることは不可能だとわかりました。これは後成遺伝学と呼ばれることもあります。遺伝が環境を，環境が遺伝的発現を形成するのです。たとえば，遺伝的特徴は内向性と外向性といった特性に強い影響を及ぼします。静かで社会性の乏しい家庭をもつ内向的な両親と比べて，外向的な両親は多くの刺激と社会的交流の機会を得られる家庭を築こうとする傾向が強いです。遺伝と行動はどちらも子どもが育つ家庭環境に影響を及ぼし，子どもも両方の影響を受けて，内向的または外向的な性格になっていきます。

偉大なカナダ人心理学者のドナルド・ヘッブはかつて，「発育は遺伝と環境の両方に100％起因する」と述べたことがあります。

参照：生まれか育ちか（1874年），発生的認識論（1926年），成長研究（1927年），神経可塑性（1948年）

F・E・ライトによる図解『Leading Breeds of Dogs（犬の主要品種）』（1911年）。『Webster's New Illustrated Dictionary（ウェブスター新図解辞典）』に掲載されました。ベストセラー『Genetics and the Social Behavior of the Dog（犬の遺伝的性質と社会的行動）』（1965年）で解説したとおり，遺伝学者ポール・スコットは5種の犬種の遺伝と環境の相互作用を研究したことで知られています。

LEADING BREEDS OF DOGS

1943年

サイバネティックス

ノーバート・ウィーナー（1894〜1964）

数学者のノーバート・ウィーナーは自己調整系の研究の説明のなかで，サイバネティックスという用語を考案しました。ウィーナーは第二次世界大戦中，航空機の火災を防ぐための誘導制御に関する軍事プロジェクトに携わっていました。彼はその際に，自動修正追跡機能の問題を解決するには，航空機と人間の射撃手に対する統合システムとして，フィードバックという概念を採用すべきという結論に至ったのです。1943年の学術論文『Behavior, Purpose, and Teleology（行動，目的，技術）』で，生理学，行動心理学，工学の概念を集結し，サイバネティックスという有機的組織体，すなわち人間と機械の融合体について述べました。この論文はサイバネティックスの有用性を高らかに謳ったものでした。これにより，サイバネティックスについて論じる一連の年次会議が組織され，現在では認知科学と呼ばれるものが戦後に発展しました。

当初からサイバネティックスは複数の分野にまたがった研究分野で，心理学者，生物学者，数学者，技術者などが脳と機械の相互作用を研究しました。サイバネティックスの理論ではフィードバック，情報，目的という三つの概念がきわめて重要です。フィードバックは生物や機械の活動に関する情報の流れに基づき，その活動を制御します。自己調整系には，温度（あるいは体温）を一定に保つといった目的または目標があります。

このような概念は，1952年にメイシーで行われた会議で具体的に説明されました。情報理論家のクロード・シャノンは，迷路内を走る機械のネズミについて発表しました。このネズミは電気式の「指」を備えており，25の正方形で構成される迷路の壁を触って検出しました。行き止まりを避けることのできる触覚とプログラムからのフィードバックを得て，ネズミは迷路からの脱出に成功したのです。

この概念が人間系（生物的・社会的）と機械系の両方を含む情報理論と組み合わさって展開されたため，画期的な科学的発見の時代が開かれました。コンピューター科学と神経科学が同時並行で発展すると，認知科学という新たな分野が誕生し，心理学の分野に次第に変化をもたらしていきました。

参照：チューリングマシン（1937年），ロジック・セオリスト（1956年），認知能力研究所（1960年）

オレゴン州ポートランドの住人アーロン・パレツキのGPSのログに基づき，2008年と2010年にかけて生成されたマップ。まさに人間の移動経路すべてが監視されていく過程を示しています。認知科学の出現を間接的に促したサイバネティックスの理論によると，このようにコンピューター化された詳細なフィードバックを収集すれば，航法誤差を回避する一助になる自己調整系を開発するといった，有益な目的に活用できる可能性があります。

1943年

人形研究

ケネス・B・クラーク（1914〜2005），
マミー・フィップス・クラーク（1917〜1983）

1954年5月17日，カンザス州のブラウン対トピーカ教育委員会事件[10]で，アメリカ最高裁判所は公立学校での人種差別は違憲だと宣言しました。陪審員の意見が全員一致すると，判事は社会科学の研究から証拠を引用して判決を裏づけました。その際に決定的な要因となったのが，マミーとケネスのクラーク夫妻による「人形研究」です。二人は1934年に，ワシントンD.C.のハワード大学で出会いました。ケネスはほどなくして同大を卒業し，コロンビア大学に移ります。マミーが大学4年生だったときに二人はひそかに結婚。マミーは結婚後もハワード大学で学び続け，修士号を取得して1939年に卒業します。修士論文では，黒人の未就学児の人種的アイデンティティがどのように形成されるかを研究しました。

マミーは修士号を取得後，コロンビア大学でケネスとともに学び，人種的アイデンティティに関する研究を二人で続けます。肌の色が違う（白と黒2体ずつ）人形をはじめ，新しい題材を研究に加えました。彼らは学校を訪ねては子どもたちに人形を見せ，「次のように話しかけながら1体の人形を選ばせます。「あなたが遊びたい人形は？」「いい人形は？」「見た目のよくない人形は？」「いい色の人形は？」と。二人はこれにより，多くのアフリカ系アメリカ人の子どもが自らの人種的アイデンティティを自覚しながらも，いい品質を白い人形と同一視し，悪い品質は黒い人形に属するものとみなしていることを発見します。この研究は1943年に完了しました。

結果は当惑させられるものでしたが，全米有色人種地位向上協会は人種差別でオリバー・ブラウンが被った精神的損害の証拠として，クラーク夫妻の許可を得て人形研究の結果を提出しました。この判決はアメリカの歴史上でも輝かしい出来事でしたが，その先に多くの困難が待ち受けていました。クラーク夫妻は，社会正義のために心理学の力を活用したのです。

参照：成長研究（1927年），アイデンティティの危機（1950年），接触仮説（1954年），ロバーズ・ケーブ実験（グループ間の葛藤，1954年）

---

[10] アメリカのカンザス州トピーカで，黒人の子どもたちの学区が白人と分離されることを不服として，黒人の親たちが教育委員会を相手取り起こした訴訟。原告の一人がオリバー・ブラウンでした。

マミー・フィップス・クラーク（写真右）は人形研究を考案し，黒人の子どもが自分自身をどのように見ているかを調査しました。ケネス（写真左）は試験の実施と結果の解釈を支援しましたが，自分の人生で最も痛ましい経験の一つだったと後述しています。

1943年

欲求階層

アブラハム・マズロー（1908〜1970）

ニューヨークの若き心理学者アブラハム・マズローは，文化と人格をめぐる議論に関心をもつ知識人グループの一員になりました。ブルックリンの恵まれない家庭で育ったマズローは，自らの人生をよりよいものにしようと決意します。同僚から刺激を受けた彼は1943年に，人を動機づけて人格を形成するものに関する新たな理論を提唱します。人間の動機は欲求の充足と関わりがあり，それらの欲求は階層的に相関していると示唆したのです。したがって，人間の最も基本的な要求は，生き抜くために食べるという生理的なものです。これが満たされると安全を求めるようになり，強い帰属意識が芽生え，愛し愛されたいと強く願うようになります。これらが満たされると，他者に承認され，尊敬されたいと望みます。ここまで述べた欲求がすべて満たされると，最も高次元の欲求，つまり神経学者のクルト・ゴールドシュタインが言うところの自己実現の欲求に焦点が当たります。自己実現とは人間ができる限り最高の自分になろうとすることだと，マズローは述べました。

心理学では人間の欠陥と問題ばかりに関心が向かい，人間の潜在可能性についてはほとんど知られていないと，マズローは警鐘を鳴らしました。彼はこの問題に対処すべく，エイブラハム・リンカーン，アルバート・アインシュタイン，エレノア・ルーズベルトといった自己実現に成功したと思われる人々を研究します。そして，自己実現を目指している人々は自発的かつ創造的で，他人への思いやりがあり，自律的だと述べました。自己実現している人々は「至高体験」，つまり意識が高揚し，畏怖の念，さらには快楽さえ感じる可能性があるといいます。

マズローの理論は個人的成長，生成，高度な主観性の価値を強調していました。彼は同僚とともに心理学における「第三勢力」を生み出し，人間の性質のプラス面を強調して，後のポジティブ心理学の発展を予見しました。

参照：文化相対主義（1928年），生体の機能（精神と身体，1939年），人間性心理学（1961年），ポジティブ心理学（2000年）

アブラハム・マズローの階層理論によると，下層の四つの欲求が満たされると，次に追求される最も高次元の欲求は自己実現です。自己実現には，創造性，自発性，共感の発達，意識の高揚や快楽による「至高体験」が伴います。

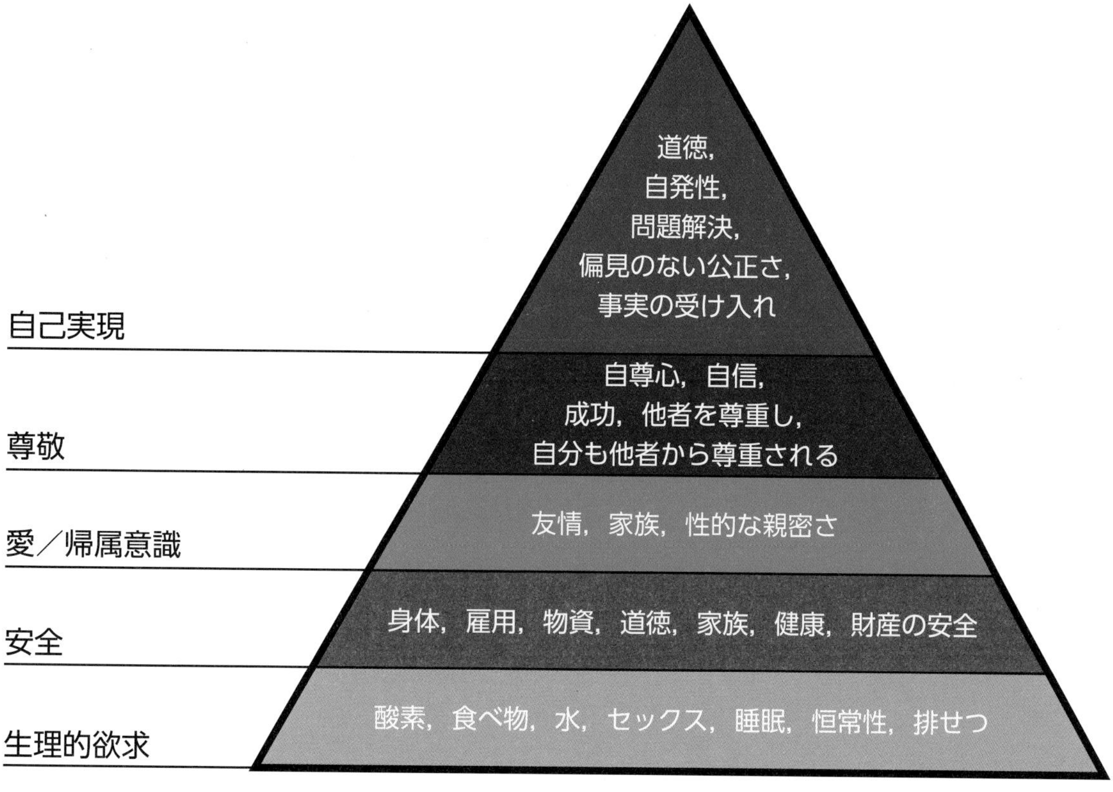
道徳，
自発性，
問題解決，
偏見のない公正さ，
事実の受け入れ
自己実現
自尊心，自信，
成功，他者を尊重し，
自分も他者から尊重される
尊敬
友情，家族，性的な親密さ
愛／帰属意識
身体，雇用，物資，道徳，家族，健康，財産の安全
安全
酸素，食べ物，水，セックス，睡眠，恒常性，排せつ
生理的欲求

1943年

マイヤーズ・ブリッグス・タイプ指標（MBTI）

キャサリン・クック・ブリッグス（1875〜1968），
イザベル・ブリッグス・マイヤーズ（1897〜1980）

キャサリン・ブリッグスは，人間の鋭敏な観察者でした。そして1923年にカール・ユングの著書『心理学的類型』の英語版を読んだとき，世界のとらえ方という重要な点で人はそれぞれ異なるという持論を説明する言葉を見つけました。

ユングが説明した基本的な人間の特徴は，内向性と外向性の二つでした。これらの用語はユングにとって，世界に対する基本的な向き合い方を説明するものでした。内向的な人は自分自身の思考と感情といった内的世界に，外向的な人はほかの人や物といった外的な世界に目を向けます。キャサリンと娘のイザベルは，ユングの類型を出発点としました。二人は1943年までに，マイヤーズ・ブリッグス・タイプ指標（MBTI）として知られる人格検査の原型を築きます。さらなる検証と改良を経て，MBTIは1962年に公表されました。

MBTIは内向（I）⇔外向（E），直感（N）⇔感覚（S），感情（F）⇔思考（T），知覚（P）⇔判断（J）という四つの指標に基づいて，16タイプの基本的人格を推定します。各指標は，人が世界を理解する際の性向を表しています。たとえば，人は感覚か直感のどちらかを通じて世界を認識します。1950年代のテレビ番組『ドラグネット』のセリフ「事実だけ話してください，奥さん」のように感覚が勝る人は，感覚に具体的なデータを求めます。直感が勝る人は理論に頼って，世界のパターンを見つけようとします。意思決定とは，思考と感情の動きから成る機能で，感覚または直感で得た情報を用いて選択することです。感情が勝る人は対人関係の調和をつくって維持する意思決定を行う可能性がありますが，思考が勝る人は論理と理性によって決定を下す傾向が強くなります。

MBTIは人々が自分と他者を理解するために使うことができて，信頼性の高さは実証済みです。有名なグローバル企業の職場，宗教団体，教育機関に至るまで，多くの場面で使用されています。

参照：心理テスト（1890年），ユング心理学（1913年），投影法（1921年），元型（1934年），TAT（1935年），ミネソタ多面的人格目録（MMPI，1940年）

オランダ黄金時代の画家ユディト・レイステルが描いた『上機嫌の酔っ払い』（1629年）。この作品で描かれた陽気な酔っ払いは，外向的で人とのつき合いを楽しむ「感情」の指向が強いといえます。

1943年

自閉症

レオ・カナー（1894～1981），**ブルーノ・ベッテルハイム**（1903～1990），**イーバル・ロヴァス**（1927～2010）

アンドレは4歳ですが，ほとんど話しません。母親が触ると，そっぽをむいて愛情で応えようとはしません。他者と視線を合わせず，見られていると落ち着かない様子です。特定の行動を何度も繰り返します。自分の頭を床に打ちつけるなどの自傷行為に走りやすいため，世話する人は彼を注意深く見なければなりません。

上記は，自閉症を患う子どもの架空のケーススタディです。アメリカ政府の公式推定によると，同国だけで88人に1人の子どもが自閉症や自閉症スペクトラム障害を抱えていると見られます。これは広汎性発達障害で，人生のほぼすべての側面に影響を及ぼすことを意味します。男児の発症率は女児の5倍です。自閉症は通常，子どもが2歳半になるまでには発見されますが，生まれて数週間でその兆しが現れることもあります。自閉症の原因は明らかではありません。

ジョンズ・ホプキンズ大学の精神科医レオ・カナーは，1943年の画期的な論文で自閉症を初めて説明しました。彼が示した見解は，子どもに敏感に反応しない冷淡な母親と自閉症には何らかの関わりがあるのでは，というものでした。精神分析医のブルーノ・ベッテルハイムをはじめとする，ほかの精神医療従事者もこの考えを支持しました。ベッテルハイムは，「冷蔵庫マザー」理論に基づいて自閉症を詳述しました。この用語は，子どもへの愛情に乏しく，子どもの存在を否定するかのように振る舞う母親を指します。このような態度のせいで，子どもは自己防衛のために内面の心理学的殻に引きこもるようになるというのです。のちにイーバル・ロヴァスなどの行動療法士は，陽性強化をはじめとする行動療法によって自閉症の子どもに対話や社交性を教えることができると実証しました。動物科学者のテンプル・グランディンは自閉症を抱えていますが，目覚ましく成功した人物として知られています。

参照：心理性的発達（1905年），行動主義（1913年），スキナー箱（1930年），トークン・エコノミー（1961年）

上：レオ・カナー

右：自閉症啓発リボン。カラフルなパズルのピースが，自閉症スペクトラム障害の謎と複雑さを反映しています。

1944年

性格と行動の疾患

ジョセフ・マクビカー・ハント（1906～1991）

20世紀前半のアメリカの心理学界で誕生した，最も刺激的かつ重要な分野の一つは性格に関する科学的研究でした。ジークムント・フロイトとカール・ユングの理論に触発された心理学研究者たちは，人間の性格を形成する力学を理解しようと試みました。ヘンリー・マレーによる『Explorations in Personality（性格の探求）』（1938年）をはじめ，このテーマについて述べた重要な書籍が多数発行されました。ただし，もし1冊だけ選ぶならば，権威ある『Personality and the Behavior Disorders（性格と行動の疾患）』（1944年）が最高の選択でしょう。ジョセフ・マクビカー・ハントが構想，編集した同書は，20世紀半ばのアメリカ心理学界で実に画期的な刊行物となりました。

上下2巻で性格と精神疾患に関する従来の研究をまとめていて，豊富な理論を引用するとともに，実用性も備えていました。実験心理学者，精神科医，精神分析医，内分泌科医，内科医，神経科医，社会学者，人類学者などが寄稿者として名を連ねています。人の性格とその発達過程で生じる問題について多角的な観点で論じており，アメリカにおける研究と理論の最高峰というべき1冊でした。選択されたテーマと用いられた手法から，アメリカの科学的心理学の世界ではそれ以降，精神疾患が重視されるようになる兆しを見てとることができます。第二次世界大戦後，寄稿者の多くは同書で述べられた問題について，広範にわたる研究プログラムを展開しました。

精神力動的なアプローチが（厳密には精神分析的でなくても），ほとんどの章に行きわたっています。最も研究が進んでいたテーマとして，心理的欠陥，実験神経症，子ども時代の人格に関する問題，性格診断，脳の活動の測定と人格機能の相関性などが挙げられます。

上下2巻にまとめられた同書は，当時の標準となりました。分野別の最新の研究結果が各章にまとめられています。しかし，おそらく最も重要なのは，同書が将来の研究の叩き台になったことです。

参照：心理性的発達（1905年），投影法（1921年），ミネソタ多面的人格目録（MMPI，1940年）

スペインのキュビズム画家ファン・グリスが1913年に描いた，『The Smoker (Frank Haviland)（煙草を吸う男（フランク・ハビランドの肖像）』。ジョセフ・マクビカー・ハントの画期的な著書『Personality and the Behavior Disorders（性格と行動の疾患）』で述べられた，人間の性格と病理のさまざまな側面を反映した絵です。

1944年

性役割

ジョージン・スワード（1902〜1992）

性役割，それに1970年代から登場したジェンダー・ロールという用語は，心理学者とその他の社会科学者によって，男女別に適切とみなされている社会的に定められた行動，態度，活動を指すときに使われました。1800年代末から，性役割は心理学者の興味を引くテーマでした。ヘレン・トンプソン・ウーリーとリタ・ホリングワースといった女性の心理学者が実証研究を通じて，当時の性役割のステレオタイプを正当化する男女の違いに関する意見に異議を唱えた時代でした。多くの女性が戦時中，従来は女性の仕事とみなされなかった仕事を引き受けるようになったため，性役割に対する関心が戦後に高まります。心理学者のジョージン・スワードは1944年，社会問題心理学的研究協会（SPSSI:Society for the Psychological Study of Social Issues）にて，戦後社会における性役割を論じる委員会の議長を務めました。彼女は戦後復興に当たり，労働市場に男女が平等に参加できるよう，伝統的な性役割を抜本的に再構築するように求めます。この主張は，現代的なジェンダー・アレンジメントの下で女性が直面する文化的葛藤の分析を根拠としたもので，1946年には『Sex and the Social Order（性と社会秩序）』が出版されました。

1960年代後半から1970年代にかけて女性運動の勢いが増すと，フェミニストの心理学者は広範にわたる研究を行い，性役割のステレオタイプが態度と行動に及ぼす影響を調査しました。ある研究では，性役割のステレオタイプとメンタルヘルスに関する認識との関係性が評価されました。一部の研究結果からは，精神的に健常な男性はステレオタイプとして男性的，精神的に健常な女性は女性的とみなされるものの，健常な成人（性別を問わず）は男性的な特徴をもっているとみなされることが多いと示されました。1975年には，学術誌*Sex Roles*が創刊され，さまざまなジェンダー問題に関する社会学的，心理学的研究が発表されるようになりました。

参照：新しい女性の創造（1963年），成功恐怖（1969年），女性と狂気（1972年），心理的両性具有の測定（1974年）

子どもを診察する女性医師（1974年）。男女機会均等雇用に向けた運動は第二次世界大戦中に始まり，1960年代から1970年代にかけて盛り上がりを見せました。これにより多くの女性が，従来は主に男性が就いていた職業に参入しました。

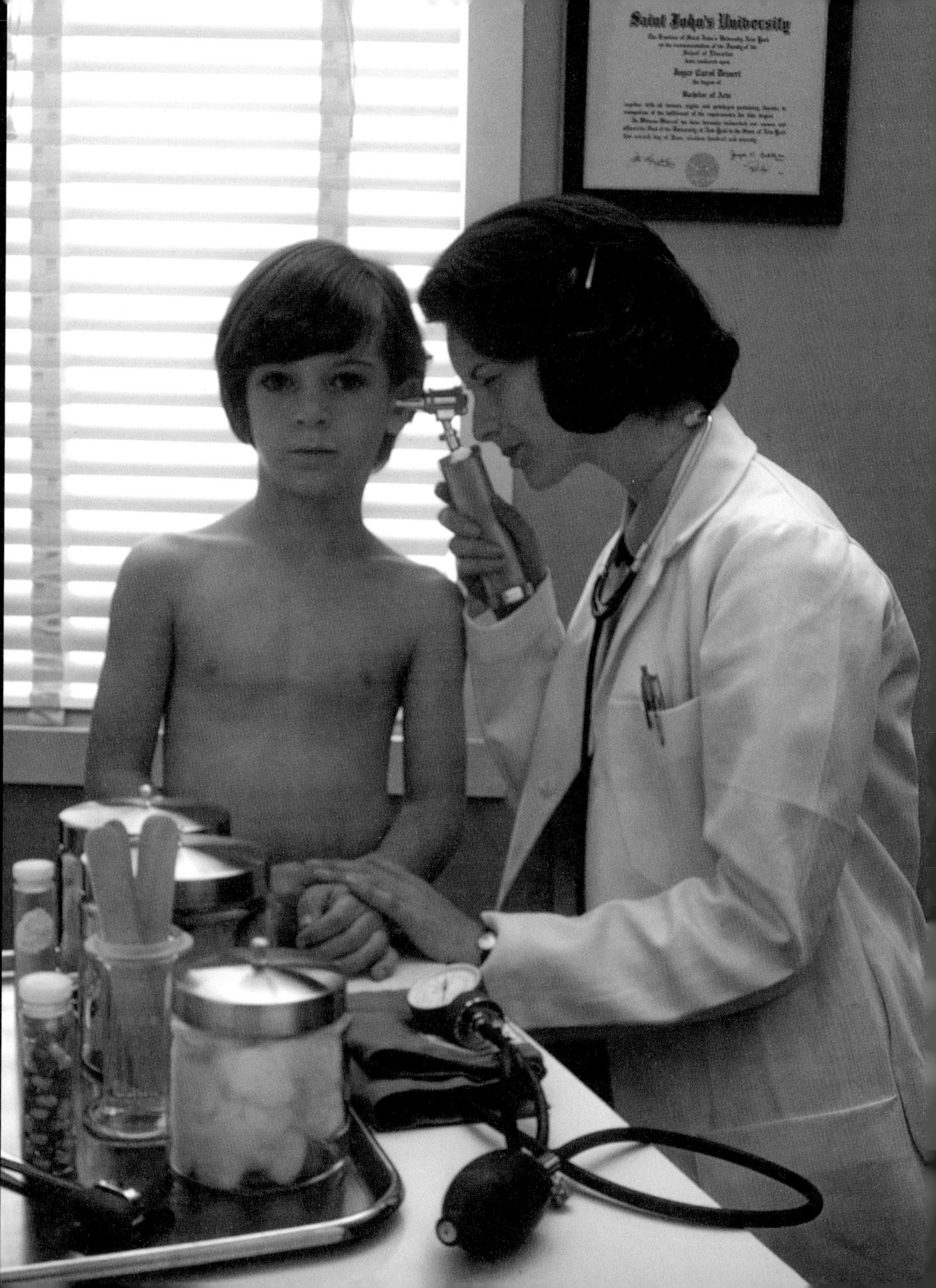
Saint John's University

発育不良

ジョン・ボウルビィ（1907〜1990）

イギリスでは第二次世界大戦中，何千人もの幼児と子どもが両親を失い，ほかに養育してくれる者もいなかったため，孤児として病院に収容されました。たいていの場合，このような子どもは消極的かつ無関心で，健常な子どもより小柄でした。適切な量の食べ物を与えられても，養育者が体に触れることはめったにありません。当初の説明は，子どもたちは養育者を失ったせいで，ふさぎこんでいるというものでした。精神科医のジョン・ボウルビィは観察を出発点として，健全な発達における愛着の重要性を強調する一連の研究を開始しました。

入院した子どもの多くが年齢相応の体重と身長を下回っていたため，「発育不良」という用語が考案され，1945年までに医療の分野で幅広く用いられました。しかし間もなく，家族と生活する子どもも同じく，発育不良に陥るおそれがあることが判明します。当時の北米は，精神分析の理論の全盛期を迎えていました。そのため，この疾患を説明する際に，心理学的理論や心理社会的理論が引き合いに出ました。たとえば，子どもは感情的な引きこもりのせいで，あるいは一方の親あるいは両親に拒絶されたせいで発育不良を起こすという主張もありました。しかし，ほとんどの場合は，母親が適切な世話の仕方を知らない，子どもに敵意を抱いているなど，誤った育児法に注目が当たりました。発育不良は貧困線を下回る家庭で見受けられることが多かったため，文化的剥奪[11]などの心理社会的な説明もなされました。

行動心理学者は1970年代までに，親または子どもの根底にある心理的問題にかかわらず，動機づけや見返りによって摂食行動を改善する方法があることを示します。さらに重要なこととして，健康心理学者とほかの研究者が，成長障害の主な要因は単にカロリー不足だと示し始めました。心理的問題が発育不良を引き起こす事例は依然としてあるものの，今日ではたいていの場合，適切な量の食べ物を提供すると治療に成功しています。

参照：（代理母の）母性愛（1958年），愛着理論（1969年），ストレンジ・シチュエーション法（1969年）

---

[11] 栄養状態など身体的な要因ではなく，養育者との関わり合いや教育の機会がないことなど，心理社会的な環境要因の不備を文化的剥奪と呼んでいます。

ドイツ軍がイギリスのロンドンを空襲したのち，廃墟のなかで動物のぬいぐるみを抱く捨て子。トニー・フリッセル撮影（1945年）。「発育不良」に関する初の系統だった研究は，第二次世界大戦中のロンドン大空襲で両親を失った子どもを対象に行われました。

Photo Credits

Courtesy of the Author: 31, 33, 45, 61, 101, 109, 135, 167, 201, 207, 267

Courtesy of National Archives and Records Administration: 155, 189, 221, 223, 225, 265

Courtesy of National Library of Medicine, National Institutes of Health: 72, 73, 77, 81, 83, 95, 118, 121, 140, 157, 166, 169, 178, 203, 209, 210, 251, 255, 261, 272, 284

Courtesy of Prints and Photographs Division, Library of Congress: p.113 LC DIG-hec-11308; p.127 LC-DIG-ds-04518; p.131 The Donaldson Litho. Co., Newport, KY; p.137 LC-DIG- ggbain-36662; p.138 LC-USZ62-94957; p.148 LC-DIG-ggbain-06516; p.151 LC-DIG-ppmsca-10504 DLC; p.171 LC-USZ62-126207; p.191 LC-DIG-ppmsca-07205; p.197 LC-DIG-ppmsca-01589; p.219 LC-USZC4-6231; p.228 LC-USZ62-120226; p.237 LC-DIG-npcc-20061; p.243 LC-USF34- T01-031938-D; p.279 LC-USZ62-112521; p.291 LC-DIG-ppmsca-19004

Courtesy of Stephanie Machiwita: 17

Used under license from shutterstock.com: p.27 © tamir niv; p.29 © Panos Karas; p.68 © Georgios Kollidas; p.103 © CLIPAREA / Custom media; p.119 © Michelle D. Millman; p.133 © Tereshchenko Dmitry; p.141 © Neftali; p.147 © James Horning; p.181 © Everett Collection; p.195 © Andresr; p.235 © Christopher Meade; p.263 © mast3r; p.285 © A pyro Design

Other Images: p.3 The Yorck Project; p.18 Rama/Wikimedia; p.19 Museo del Prado/ Wikimedia; p.21 Dorotheum/Wikimedia; p.23 National Library of Australia; p.25 Courtesy of Gillian Fernandopulle; p.35 Courtesy of Dover Publications; p.37 Dschingis Khan und seine Erben/Wikimedia; p.39 © The Art Gallery Collection/Alamy; p.41 The Yorck Project; p.42 Web Gallery of Art/Wikimedia; p.43 Louvre Museum/Wikimedia; p.47 Frick Collection/Wikimedia; p 49 © Mary Evans Picture Library; p.50 Wikimedia; p.51 The Montaigne Project/Wikimedia; p.53 Wikimedia; p.55 Rama/Wikimedia; p.57 Rare Book & Special Collections Division, Library of Congress; p.59 © Dr Michel Royon/Wikimedia; p.63 Old Book Art Image Gallery/Wikimedia; p.65 Patafisik & Elena Tartaglione/Wikimedia; p.67 Pete/Flickr; p.69 DesertEagle/Wikimedia; p.71 Plínio Ganzer Moreira/Wikimedia; p.75 © rook/age fotostock; p.79 Jastrow/Wikimedia; p.82 Minivalley/Wikimedia; p.84 Wikimedia; p.85 J. E. Kunte, Gustav Theodor Fechner. Leipzig: Breikopf & Hartel, 1892; p.87 Stefano Bolognini/ Wikimedia; p.89 Wikimedia; p.91 Dorotheum/ Wikimedia; p.93 © Image Asset Management Ltd./ Alamy; p.94 Gage family of Texas photo collection/ Wikimedia; p.96 Cacophony/Wikimedia; p.97 The Yorck Project; p.98 sevenroads.org/ Wikimedia; p.99 Daderot/Wikimedia; p.100 Wikimedia; p.105 Illustrated London News, March 11, 1854; p.107 Hampel Auctions/Wikimedia; p.108 BenRG/ Wikimedia; p.111 Mouagip/Wikimedia; p.115 Petr Kratochvil/Pixabay; pp.117, 120 Virtual Laboratory at Max Planck Institute; p.123 © Mary Evans Picture Library/Alamy; p.124 BIU Santé/ Wikimedia; p.125 Hans-Peter Haack/Wikimedia; p.127 Joseph.valet/Wikimedia; p 134 Houghton Library/Wikimedia; p.139 Namiba/Wikimedia; p.143 Courtesy of Dover Publications; p.144 Cambridge University Museum of Archaeology and Anthropology, 1898; p.145 Nicolas Guérin/ Wikimedia; p.149 Vanity Fair, July 5, 1900; p.153 Museu Nacional d'Art de Catalunya/Wikimedia; p.158 Perry Point VA Hospital, Perry Point, MD; p.159 Tekashifuka/Wikimedia; p.161 Museum Kunstpalast/Wikimedia; p.163 Dominik Schwarz/ Wikimedia; p.165 Anagoria/Wikimedia; p.173 Ariadne3/Wikimedia; p.174 Svajcr/Wikimedia; p.175 Daniel Case/Wikimedia; p.176 Berliner

Illustrirte Zeitung, 1936; p.177 Brigitte Werner/ Pixabay; p.179 Metropolitan Museum, New York; p.183 Wikimedia; p.185 Virtual Laboratory at Max Planck Institute; p.187 Courtesy of Cornell Rare Books and Manuscripts; p.193 DENker/ Wikimedia; p.199 © IWM (Q 3990); p.205 Report to the Surgeon General, National Academy; p.211 Ravnen (The Raven), February 17, 1901; p.213 Städelsches Kunstinstitut und Städtische Galerie/ Wikimedia; p.215 Swtch/Wikimedia; p.217 Mco44/Wikimedia; p.227 Dorotheum/ Wikimedia; p.229 National Library of New Zealand, c. 1890; p.231 Janet Stephens, National Cancer Institute, 1992; p.233 York University Archives; p.239 David Shankbone/Wikimedia; p.241 Boberger/ Wikimedia; p.245 The Book of Knowledge, Volume XVII, 1919; p.247 Museo del Prado/Wikimedia; p.249 Cliff/Flickr; p.253 Dirk Schumacher/ Pixabay; p.257 National Security Agency; p.259 © Stephanie Pilick/AFP/Getty Images; p.269 Rama/Wikimedia; p.271 Ben Franske/Wikimedia; p.275 "Leading Breeds of Dogs," F. E. Wright, 1910; p.277 Aaron Parecki/Flickr; p.281 Factoryjoe/Wikimedia; p.283 RIbberlin/Wikimedia; p.287 Museo Thyssen-Bornemisza/Wikimedia; p.289 U.S. Department of Defense

Cover Design: Elizabeth Mihaltse
Cover Image compsite: agsandrew/Shutterstock/ Pixabay/Piotr Wojtkowski

▌著者　ウェイド・E・ピックレン／ Wade E. Pickren

フロリダ大学にて心理学と科学史の博士号取得。現在はイサカカレッジのファカルティエクセレンスセンターのディレクター，および心理学史の編集者として従事。1998年から2012年までアメリカ心理学会の歴史家を務め，一般心理学会の会長としても任期を満了。さらに，ワイリー・ブラックウェル百科事典の心理学の歴史の編集長および心理学史協会の会長を務めた。ニューヨーク科学アカデミー，国際社会行動科学史学会，東部心理学会，心理科学協会などに所属し，心理学者の国際交流にも尽力している。

▌監訳者　川口 潤／かわぐち・じゅん

追手門学院大学心理学部教授。名古屋大学情報学研究科価値創造研究センター特任教授。名古屋大学名誉教授。博士（教育学）。京都生まれ。京都大学大学院教育学研究科を終了。専門は認知心理学。特に記憶に関する認知心理学研究を進めており，記憶と意識，エピソード記憶などの解明を進めている。著書に『よくわかる認知科学』（ミネルヴァ書房），『記憶（心理学概論）』（遠見書房），『記憶の制御（認知心理学ハンドブック）』（有斐閣），『潜在記憶（誠信心理学辞典）』，『人はなぜなつかしさを感じるのか（なつかしさの心理学）』（共に誠信書房）などがある。

▌訳者　大森佳子／おおもり・よしこ

翻訳者・ライター。日本外国語専門学校翻訳専攻科で翻訳を学ぶ。外資系企業勤務，雑誌記者，翻訳会社代表などを経て，現在はフリーランス。フィクション，ノンフィクションのさまざまなジャンルの翻訳に携わる。訳書にダニーロダ・クレメントーニ『地球への旅アザキスとペトリの冒険』，リドミラ・アナニーヴァ『健康と美のエッセンシャルオイル』（共にTektime）などがある。

▌訳者　久米佑天 ／くめ・ゆうてん

東京大学文学部卒業。大手学習教材制作会社にて英語教材の校正・翻訳の経験を有する。現在は株式会社Ａプラス専属校正・翻訳者。

心理学超全史 上

～年代でたどる心理学のすべて～

2021年3月15日発行

著者　ウェイド・E・ピックレン
監訳者　川口 潤
訳者　大森佳子，久米佑天
翻訳協力　株式会社Ａプラス
編集協力　合資会社 アンフィニジャパン・プロジェクト
編集　道地恵介，目黒真弥子
表紙デザイン　岩本陽一
発行者　高森康雄
発行所　株式会社 ニュートンプレス
〒112-0012　東京都文京区大塚 3-11-6
https://www.newtonpress.co.jp

ISBN 978-4-315-52341-6